創批新書 16

韓國의 歷史認識(下)

韓國史學史論選

李佑成・姜萬吉 編

창비

차　례

上卷 目次

제 3 부 (續)

17·8세기의 史書와 古代史認識

李 萬 烈

序 言

한국의 사학사(史學史)를 살펴보면 대체로 삼국시대, 고려 초·중기, 몽고침입∼고려말, 조선건국∼임진란, 조선후기 및 한말·일제하 등으로 시대구분할 수 있을 것이며, 이 시대마다에는 그 시대의식의 소산이라 할 많은 사서(史書)들이 간행되었던 것이다. 그리고 각 시대마다에 대한 사학사적 연구도 많이 진행되고 있다. 그러나 우리가 거론하고자 하는 조선후기 특히 17∼18세기 사학사에 대하여는 겨우 안정복(安鼎福)의 『동사강목(東史綱目)』이 거론될 뿐, 어떤 종류의 사서가 있는지조차도 소개되지 않은 실정인 듯하다. 임진왜란(壬辰倭亂)·병자호란(丙子胡亂) 후의 17∼18세기에는 우리 사회에 많은 변화가 있었는데, 거기에 따른 역사의식의 변화가 나타나지 않았다고는 생각할 수 없다.

그런데 이 시대의 사서를 보면, 사학사적으로 대단히 중요한 시기를 획(劃)할 수 있는 역사기술(歷史記述)·역사의식상의 변화가 일어나고 있었으며, 이로 인하여 한국사 특히 고대사 인식에도 새로운 변화가 보이고 있다. 즉 정통론(正統論)이라는 사론(史論)에 입각하여 한국사 특히 고대사를 주체적으로 재구성하려는 작업이 주어지고 있었다는 사실이다. 그리고 우리가 혼히 거론하고 있는 『동사강목』을 실학(實學)의 소산으로 보면서 그 이전의 사서와의 관계에 대하여는 하등의 언급이 없으며, 따라서 『동사강목』의 사학사적 위치를 평가하는 데에도 여러가지 무리가 뒤따르지 않을 수 없었던 것이다. 그러나 이 시대의 사서를 조사해보면 『동사강목』의 배경을 이해하는 데에도 도움이 될 것으로 생각된다.

이러한 몇 가지 점에 유의하면서 이 시대의 사서를 대강 훑어보고, 이들이 전대의 사서에 비하여 어떠한 특징이 있고, 그것이 가지는 사학사적 가치는 어떠한 것인지를 규명해보고자 한다. 그렇게 하자면 자연히 이 시대의 사학이 가졌던 특징의 하나인 고대사의 체계화에도 다소 언급이 될 것으로 생각한다.

1. 史書와 그 특징

(1) 17·8세기의 史書

이 시기에 나온 사서(史書)로서 안정복 등 후대의 학자들에 의하여 거론된 것을 보면 대략 다음과 같다.

저　자	서　명
오　운(吳澐, 1540~1617)	『동사찬요(東史纂要)』
조　정(趙挺, 1551~ ?)	『동사보유(東史補遺)』
유　계(兪棨, 1607~1664)	『여사제강(麗史提綱)』
홍여하(洪汝河, 1620~1674)	『휘찬여사(彙纂麗史)』
〃	『동국통감제강(東國通鑑提綱)』(東史提綱)
홍만종(洪萬宗, 1643~1725)	『동국역대총목(東國歷代總目)』
임상덕(林象德, 1683~1719)	『동사회강(東史會綱)』
안정복(安鼎福, 1712~1791)	『동사강목(東史綱目)』

여기에 곁들여 안정복과 거의 동시대인인 듯한 수산(修山) 이종휘 (李種徽)의 역사서술이 보이는데, 이는 그의 문집 『수산집(修山集)』 속에서 『동사(東史)』라는 이름으로 보여지고 있다.

사학사 연구를 위하여는, 이들 사서들에 대한 개별적인 연구를 앞세워야 할 것이다. 그러나 이 글에서는 이들 사서들에 대하여 간략하

게 살펴보는 정도로 하여 이 시대 역사서술이 가졌던 경향성의 일단
을 추출하는 데에 중점을 두고자 한다. 그리고 위에 제시한 것 중 『동
사보유』와 『동국역대총목』은 설명에서 제외됨을 미리 밝혀둔다. 이는
우리의 주장에 크게 영향을 주지 않는다고 느끼기 때문이다.

『동사찬요』는 권8 말미에 있는 〈만력 기유 계림부 간(萬曆己酉鷄林
府刊)〉이라는 간인(刊印)으로 보아 1609년에 계림부(鷄林府)에서 간
행된 듯하다. 그러나 만력 42년(1614) 갑인(甲寅) 5월 계축(癸丑)에
쓴 오운(吳澐) 자신의 발문을 보면 초간이 있은 후 일부 내용의 수정
증보가 있었던 것으로 보인다. [1]

오운은 이웃에 있는 우인의 가장(家藏)한 『삼국사절요(三國史節要)』
와 『동국통감(東國通鑑)』을 빌려 보고서는 우리나라 역사에 있어서 군
덕지혼명(君德之昏明)과 현사지소장(賢邪之消長)·흥망지수적(興亡之
殊迹)·교린지실득(交隣之失得)의 가감가계(可鑑可戒)한 것을 보고,
문헌무징(文獻無徵)한 삼한 이전의 역사와 기재한만(記載汗漫)한 고
려 이후 기록을 간추려서 권선징악의 사서를 만들었던 것이다. [2] 그는
이 책을 찬집(纂輯)하기 위하여 위에서 든 사서 이외에도 『동국사략』
『고려사』『여지승람(輿地勝覽)』『동문선(東文選)』 『퇴계문집(退溪文
集)』등의 역사·지리·시문집을 열람한 것 같으나, [3] 당시에 쉽게 구
할 수 있었을 『삼국사기(三國史記)』와 『삼국유사(三國遺事)』는 자료

---

1) 吳澐, 東史纂要 跋文 『抑又思之 始之編錄 詳於傳而略於紀 未爲完書 今旣
刊行 則有所未盡 竊改增修 不獲已也 玆故更就原史 自新羅始祖甲子 至高
麗恭讓王壬申 一千四百四十九年間事蹟 刪冗節約 纂成君王紀 自始至今 三
撰三改 積功粗完酒刊 去前刻第一卷以今撰紀 依訓義綱目例 分作上中下四卷
追刻而弁之篇首略敍顚末于後 極知借蹝 觀者恕之』

2) 吳澐, 東史纂要 跋文 『余經龍蛇 亂離來屛迹窮巷 思見東史 攬古證今 隣有
友 借其家藏三國史節要及 東國通鑑 因得覽閱 自吾東方有國之後 君德之昏
明 賢邪之消長 興亡之殊迹 交隣之失得 可鑑可戒者視 他史尤爲切近 而老悎
且病 過眼輒忘窃 自慨 然思欲譬寫展玩 則三韓以上 文獻無徵 麗紀以下 記
載汗漫 輒不自葵 就其中而撮其要 至於三國以後 名臣言行 隨手抄刊 旋念
善惡俱存 勸懲斯脩 乃拈出叛賊權兒之尤者別錄于下……』

3) 『東史纂要』凡例에 纂輯諸書라 하여 列擧한 책들은 『東國通鑑』『東國史
略』『高麗史』『三國史節要』『輿地勝覽』『天運紹統』『東文選』『牧隱文集』
『靑丘風雅』『秋江冷話』『御製詩』『益齋亂稿』『櫟翁稗說』『退溪文集』『南
冥遺稿』『竹溪志』『丙辰丁巳錄』『慵齋叢話』『謏聞瑣錄』『吳山志』『東國
名臣行跡』『大東韻玉』이다.

로 이용하지 못했던 것 같다.[4]

권선징악을 목적으로, 그 대요만을 편찬하려고 한[5] 『동사찬요(東史纂要)』의 체재는 본기(本紀)와 열전(列傳)만 있는 역사서술형식을 취하였다. 권 1 상에서 권 2 상까지의 단군조선·기자조선·위만조선·사군이부·삼한(辰韓·馬韓·弁韓)·삼국기(三國紀 : 新羅·高句麗·百濟)·신라기(新羅紀)·고려기(高麗紀)는 『동국통감』과 거의 같은 내용으로 분기(分記)되었고, 권 2 하부터 권 7까지는 열전으로 삼국명신·신라충의전(附 孝烈)·여제의열(麗濟義烈)·고려명신을, 권 8은 별록으로 반적(叛賊)·권흉(權兇)을 취급하고 있다.

그런데 『동사찬요』에서 우리가 정작 주목해야 할 것은 16항에 걸친 범례이다. 사실상 자서의 성격을 띠고 있는 이 범례에는 권선징악[6]을 비롯한 그의 역사의식과 역사기술상의 문제에 대하여 언급함이 보인다. 그는 단군을 조선개국의 시조로, 기자를 〈동국풍교지소자(東國風敎之所自)〉로[7] 보는, 전대의 이원적 역사인식체계를 그대로 답습하였던 것 같다. 그리고 야은(冶隱) 길재(吉再)를 비롯하여 서훤(徐甄)·이양중(李養中)·김주(金澍) 등의 사군자(四君子)는 원사(原史)에 보이지 않아 처음에는 불서(不書)하였으나 추후에 보록(補錄)하였다고 하는바[8] 이는 인물에 대한 사평(史評)이 조선초기와는 약간의 변화가 있었다는 것을 암시하는 점이기도 하다. 특히 본기 중에는 선유(先儒)와 사가(史家)의 논평을 간취절요(間取節要)하여 수록하고 있는

4) 『東史纂要』가 『三國史記』『三國遺事』를 직접 이용하지 못한 데 반하여 吉州牧使 趙有道(趙挺의 子)의 跋文(1646年記)이 있는 『東史補遺』는 이 두 책을 충실히 인용하고 있다. 이로 보아 『東史補遺』는 『東史纂要』의 반성에서 나타난 것으로 보여진다.

5) 吳澐, 東史纂要 권1상 三國紀 『今是編 只纂其大要而已』, 同凡例 『東國原史 編年之書 今此書 只纂大要 不暇備載』

6) 吳澐, 東史纂要 凡例 『善之可以勸 惡之可以戒者 必書 且如君王失德 必書者 爲以垂戒 至方帷薄之間 淫穢隱惡 近於禽獸處 不必形之 史筆以詔後世 雖以桀紂楊廣之淫 愚惡無所不至 而古史所記未見 如今史書之所云 殊非聖人 闕文之意 故於此類 皆略之』

7) 吳澐, 東史纂要 凡例 『箕子東來事蹟 本史外紀及見於他書者 參考而備載之 欲使看此書者 開卷第一 知東國風敎之所自』

8) 吳澐, 東史纂要 凡例 『冶隱以下四君子 原史不見 故初不書 追得於諸書 補錄之』

데,[9] 그의 사명과 비교해볼 때 흥미있는 점이 발견되기도 한다.

『여사제강(麗史提綱)』은 숭정(崇禎) 정미년(1667)에 쓴 송시열(宋時烈)의 서문이 있는 것으로 보아 이 책의 간행은 일러도 유계(兪棨)의 몰(1664)후 3년 후에 이루어졌을 것으로 생각된다.

그의 저술동기는 전사에 대한 비판에서 시작되었던 것 같다. 특히 그는 고려 단대사(斷代史)를 쓴 이유를,

우리 동방은 기자(箕子) 이후 문자가 있었으나 재적(載籍)이 무징(無徵)하였고, 삼국분쟁에 각기 문사(文史)가 있었으나 역시 부전(不傳)함이 많았다. 김부식이 편찬한 『삼국사기』의 소재류(所載類)는 모두 황탄(荒誕)하여 족히 빙신(憑信)할 수 없고, 또한 세대가 요원하여 국정연혁(國政沿革)과 인물출처가 가히 고신(考信)할 수 없다. 그러므로 이제 고려태조의 즉위후부터 끊어 편년작서(編年作書)하여 『여사제강』이라 이름했다.[10]

고 하여 김부식(金富軾)의 『삼국사기』를 비판하고 있으며, 또 『고려사』와 『동사찬요』 및 『동국통감』에 대하여도

『고려사』는 대개 역대의 전사지체(全史之體)를 모방하였으므로 그 세가는 즉 단지 연월강령(年月綱領)을 실었을 뿐이며 그 나머지 국정연혁과 인물출처의 가감가계자(可鑑可戒者)는 모두 잡지(雜志)·열전(列傳) 중에 산재하여, 배우는 자들이 갑자기 그 산만함을 보나 선후차서를 밝히지 못하여 비록 일서(一書)라 하나 실은 삼서(三書)이다. 또한 권질(卷帙)이 많아 파람(披覽)에 절반도 못 미쳐서 문득 실증을 내게 된다. 오운(吳澐)은 이 병폐를 고치기 위하여 『동사찬요』를 지어 관람(觀覽)에 편하게 하였으나 기년(紀年)은 소재가 태략(太略)하고 사실의 가고자(可考者)는 모두 열전에 있어서 이 역시 1책이지만 2서임을 면치 못하며 참고의 어려움은 『고려사』와 마찬가지다. 『동국통감(東國通鑑)』은 진합성서(溱合成書)되었으나 강목지별(綱目之別)과 편년지차(編年之次)가 없어 보는 자가 역시 그 강요(綱要)를 파악할

---

9) 吳澐, 東史纂要 凡例 『本紀所載先儒及史家評論 間取而節要 當時史官 則稱史臣 撰史時諿臣 則稱史氏』

10) 兪棨, 麗史提綱 凡例 『我東方 自箕子以後 即有文字 而載籍無徵 三國分爭各有文史 然亦多不傳 金富軾撰三國史所載類 皆荒誕不足憑信 且世代遼遠 國政沿革 人物出處 然可考信 故今斷自高麗太祖即位之後 編年作書 名以麗史提綱』

수가 없다.[11)]

고 하였다. 따라서 그는 전사(前史)의 이러한 모순점을 바로잡기 위하여 『여사제강』을 집필하였던 것으로 보인다. 그리하여 그는 『고려사』의 세가강령(世家綱領)과 제서의 특필자(特筆者)를 〈강(綱)〉으로 하고 여기에 곁들여 열전과 잡지 및 제서 중의 사적을 찾아서 〈목(目)〉으로 하며 그 아래에 분주(分注)를 두었던 것이다.[12)] 그렇다고 유계(兪棨)가 강·목·분주로 분류한 것은 전적으로 전사의 가치관에 입각한 것이 아니고, 그의 판단에 의하여 사실(史實)을 분류·포폄(褒貶)·증손(增損)하였던 것이다.[13)]

여기에서 우리가 주목하는 것은 그의 역사서술 형식이 주희(朱熹)의 『자치통감강목』을 본받고 있다는 점이다. 즉 『여사제강』은 강목체고려사(綱目體高麗史)라고 할 수 있다. 강·목·분주의 서술형식뿐만 아니라, 사대교린·칭호·제배(除拜)·인물사적 등의 기술내용이 『강목』을 많이 참고하였고 무통(無統)이니 참위(僭僞)니 하는 용어들이 강목례에 준하고 있음이 보인다. 즉

　이 책은 비록 여조(麗祖)의 즉위부터 시작되었으나 당시 신라·백제가 상존하였으므로 여조통합(麗祖統合) 이전은 강목의 무통례(無統例)를 써서 갑자하(甲子下)에 삼국을 열서(列書)하였다. 단지 여·제는 모두 신라에 근본하였으므로 군신지례를 약용(略用)하였다.[14)]

라든가,

---

11) 兪棨, 麗史提綱 凡例 『麗史 盖倣歷代全史之體 故其世家 則只載年月綱領而已 其餘國政沿革 人物出處 可鑑可戒者 皆散在雜志列傳之中 學者乍見漫不省先後次序 雖曰一書 而其實三書也 且卷帙甚多 披覽未半 輒至厭倦 吳氏澐 爲是之病 作纂要以便觀覽 而但紀年則所載太略 事實之可攷者 盡在列傳 是亦未免 一册而二書 參考之難 猶夫前也 通鑑雖湊合成書 而旣無綱目之別 編年之次 觀者亦無以挈其綱要』

12) 兪棨, 麗史提綱 凡例 『今姑取麗史世家綱領及諸書特筆者 爲之綱 旁搜列傳雜志及諸書中事迹 以爲目而分注其下』

13) 兪棨, 麗史提綱 凡例 『雖世家所不載而必 當之綱處 則亦別立綱 而注其事 至於筆法 褒貶則略倣舊史 不敢以要意 多所增損』

14) 兪棨, 麗史提綱 凡例 『此書雖起自麗祖之卽位 而當時新羅百濟尙存 故麗祖統合以前 則用綱目 無統例 列書三國於甲子下 但麗濟皆本於羅 故略用君臣之例』

　　무릇 종(宗)을 칭한다든가 폐하(陛下)·태후(太后)·태자(太子)·절일(節
日)·조(詔)·제(制) 등을 칭하는 것은 비록 참위(僭僞)한 것이지만 이제 모
두 산삭(刪削)한다는 것이 불가하므로 당시의 소칭을 따르겠다.[15]

고 한, 무통(無統)과 참위(僭僞)가 그것이다.

　『여사제강』역시 유가적 합리성에 충실하려 하여 참위(讖緯)·불경
(不經)·황탄(荒誕)·비속지설(鄙俗之說)은 모두　산거(刪去)하고 단
지 사실에 가까운 것만 기록하였던 것이다.[16]　그리고 선유와 사가들
의 평론들을 간취(間取)·삼재(芟載)하여 독사자(讀史者)들의　사안
(史眼)에 도움을 주려 하였다.[17] 이 모두가 22항에 걸친 범례 속에서
보이고 있다. 비록 체재가 강목체임에 비하여 이 책이 당시에 끼친 점
은 국왕의 통치에 공(供)하는, 자치통감적 역할을 했던　것같이 보인
다. 송시열의『여사제강』서문에,

　　일찌기 사마공(司馬公)이『자치통감』을 편진(編進)하여 명의를 헤아린 것
　은 대개 세치(世治)에 자(資)하고 후감(後鑑)에 통(通)하려 했기 때문이다.
　유공(俞公)의 용심지근(用心之勤)이 반드시 이에서 불출(不出)한 것은 아니
　지만 주어(奏御)에 미급한 것은 애석하다. 그러나 이 책은 끝내　사사로이
　할 수 없었다. 혹시 천행득몽(天幸得蒙)하여　예람(睿覽)한즉 성조의　감계
　(鑑戒)에 도움이 됨이 어찌 적겠는가.[18]

라고 한 데서 어렴풋이 보이듯이 송시열은 어람을　위하여 애썼던 것
같이 보이며, 숙종 7년(1681) 2월에 그의 상주에 의해　어람케 되었
다.[19] 같은 해 2월에 영의정 김수항(金壽恒)은

---

15) 俞棨, 麗史提綱 凡例『凡稱宗 稱陛下太后太子節日詔制之類雖涉僭僞今不
　　可盡行刪削故只仍當時所稱』
16) 俞棨, 麗史提綱 凡例『凡讖緯 不經 荒誕 鄙俗之說 今皆刪去 祗存其近實
　　者』
17) 俞棨, 麗史提綱 凡例『凡諸書中 先儒及史家評論 間取而芟載之 當時史官
　　則稱史臣 後日撰史時諸臣則稱史氏 若其人姓名可考者 則皆書某氏某』
18) 宋時烈, 麗史提綱 序文『昔司馬公 編進資治通鑑 揆其名義 盖欲資世治而
　　通爲後鑑也 俞公用心之勤 未必不出於此 而惜乎未及奏御也 然此書終不可
　　私也 儻有天幸得蒙睿覽 則其有助於聖朝之鑑戒也 豈其少哉』
19) 肅宗實錄 권11, 肅宗 7년 2월 乙未條『時烈又言 故參判俞棨撰麗史提綱
　　欲封進 而不幸身死 麗史異於古史 倘賜取覽 則必有鑑戒處 上曰 詩云殷鑑不

　　이 책은 한결같이 『강목』을 준용하였고　규모가 최정(最精)하고　상략(詳略)이 적중(適中)하여 그 감계지방(鑑戒之方)에 있어서는 더욱 절실하다.

고 하여 영남에서 간포(刊布)토록 상주하여 윤허를 얻었던 것이다.[20] 이후 노론 집권하에서는 『여사제강』이 고려시대사를 조감하는 표준사서처럼 되었던 것으로 보인다.

　　『여사제강』은 송시열 서문에는 총 12권으로 되어 있으나[21] 현존본은 23권으로 되어 있으며, 창왕(昌王)이 방축(放逐)되고 공양왕이 즉위하여 이색(李穡)이　판문하부사(判門下府事)로,　심덕부(沈德符)·이성계(李成桂)가 시중(侍中)으로, 정몽주·지용기(池湧奇)가 찬성사로 들어서는, 일련의 정계 개편작업이 이루어지는 데서　끝나는 것으로 되어 있다. 그러나 원래의 초판본에는 그 뒷부분이 있었으나 영조시에 고려와 조선, 정몽주와 이성계의 관계에 얽힌 〈대의명분〉과 〈춘추필법〉 때문에 고의로 사장시켰던 것으로 보이며,[22]　그 부분을 『여사제강별록(麗史提綱別錄)』으로 부르는 것 같다.[23]

　　집권층 사이에서 상당히 주목되고 있던 이 책이 역사의식면에 있어서도 그만큼 주시되고 있었는지에 관해서는 분명치 않다. 안정복은, 『여사제강은 비교적 우수하나 단지 여사를 논하여 입강(立綱)한 데 불

　　　遠 在夏后之世 即今鑑戒 其不在麗朝乎 自政院覽入』

20) 肅宗實錄 권11,　肅宗 7년 3월 甲子條『壽恒又言 頃因宋時烈所達 故參判
　　俞棨所撰麗史提綱 有覽入之命 此書一遵綱目 規模最精 詳略適中 其在鑑戒
　　之方 尤爲切實 宜令嶺南刊出廣布 上許之』

21) 宋時烈,　麗史提綱 序文『高麗史凡一百三十七卷 有世家 有列傳 有志 有
　　表 辭事散出 不可領要 市南俞公棨爲之病 略依朱子凡例表年著統 大書提
　　要 而又分註以備事 總十二卷 名曰麗史提綱』

22) 英祖實錄 권69,　英祖 25년 6월 丙寅條『上行召對 講麗史 至恭讓而止 講
　　命藏麗史提綱恭讓王以下板本於太白山史庫　敎曰凡史草雖以帝王之尊 不敢
　　取看 界限至嚴 盖以當時所當諱 後世嚴史筆故也 故綱目止宗訓 立溫公通鑑
　　亦止於恭帝 以韓通事 付之後史 先儒大賢 其意一也 提綱即俞棨所撰 而殺
　　鄭夢周云者 有異宋史之意 欲改 則恐非春秋筆法 欲置則爲後王者 於心便乎
　　威化回軍 大義彰於昔年 書立定昌 倫理正於前朝 雖棨復生 不易予言矣 前
　　刊之本 不可刮去 其藏史庫已印者 收聚洗草 此不過正史體 不必諱也 不必
　　禁也 私室所在 許令更印 以廣其傳又命改麗史序文中 夷狄禽獸四字曰 倫綱
　　不正 以其言勝朝也』

23) 正祖實錄 권2,　正祖 즉위년 8월 乙巳條『至於太祖大王受誣之事　載於俞
　　棨所撰麗史提綱末端 而故相臣宋時烈所書名之爲別錄者也』. 正祖實錄 권2,
　　正祖 즉위년 8월 辛酉條 參照.

과하다』[24]고 하였으나 다른 곳에서는 『(이 책은) 편년체로 쓰고 번간
득중(繁簡得中)하여 사가(史家)의 절산지체(節刪之體)를 가장 잘 얻었
으나 임상덕(林象德)이 말한 바「그 입강지법(立綱之法)이 자못 강목
에 불합(不合)하다」는 설은 믿을 만하다』[25]고도 하였으며, 혹은 『여
사제강』이 많이 근엄성을 잃었다고도 주장하였다.[26]

『휘찬여사』는 『목재가숙휘찬여사(木齊家塾彙纂麗史)』라는 이름이
있는 것으로 보아 목재(木齊) 홍여하(洪汝河)가 가숙용(家塾用)으로
찬술한 것인 듯하며 그의 또 하나의 저술인 『동국통감제강』보다 먼저
이룩된 것이다.[27]

홍여하는 경(經)·사(史)에 밝았으며 남인(南人)의 영수로서 예론
에 있어서 송시열과 대립하여 10년 동안 좌폐(坐廢)된 적이 있었
다.[28] 그는, 동국의 사류들이 중국사를 말하기를 즐거워하나 동국사
에는 몽연(曚然)하므로 이 병폐를 깊이 근심하고, 구사(舊史)를 취하
여 그 궐황(闕荒)을 보간(補刊)하여 『휘찬여사』를 썼다고 한다.[29]

정종로(鄭宗魯)가 쓴 서문에는 총 50권으로 되어 있으나, 실제로는
47권인 『휘찬여사』는 세가·지·열전으로 되어 체재상 『고려사』와 비
슷하다. 이는 그가 정인지(鄭麟趾)의 『고려사』를 산번절요(刪繁節要)
하여 이 책을 편찬하였다고 하는 데서도 추측되는 점이기도 하다.[30]
지에서는 『고려사』 역지(曆志)에 해당하는 부분이 천문지(天文志)에
포함되어 있고, 열전에서 『고려사』와 다른 점은 명신·유학(儒學)·
탁행(卓行)·문원(文苑)의 구분이 있다는 점과 신서인전(辛庶人傳)이

---

24) 安鼎福, 順菴集 권10, 東史問答 甲戌條 『麗史提綱較優 只論麗史而立綱
 亦多失謹嚴 如竊僧懶翁于密城之類 是也』
25) 安鼎福, 東史綱目 凡例 『麗史提綱…用編年體 是書 繁簡得中 最得史家節
 刪之體 而林氏謂其立綱之法頗不合於綱目 其說信然矣』
26) 註 24 參考.
27) 木齊集 권12 行狀 參照.
28) 肅宗實錄 권21, 肅宗 15년 10월 戊辰條 『御晝講 大司憲李玄逸又言 故司
 諫洪汝河有經學 行已端方爲南士領袖 斥宋時烈 坐廢十年 及上即阼 嘗以司
 諫召 未及拜命而死 所著麗史彙纂 頗得史法』
29) 鄭宗魯, 彙纂麗史 序文 『東國之士類 喜說中國史 而於東國史 則顧曚然焉
 如人專談他家譜牒 而却昧自家譜牒 可乎 是亦必非言之 不文使之也 用是
 先生之深病之 遂取舊史 而補其闕 刊其荒 爲書凡五十卷』
30) 安鼎福, 東國通鑑提綱 序文 『取鄭氏麗史 刪繁節要 名曰彙纂麗史』

종실전(宗室傳) 바로 뒤에 보이는 점이며, 『고려사』에 보이지 않는
우탁(禹倬)·길재(吉再) 등의 열전이 독립전(獨立傳)으로 설정되어 있
는 것이 주목된다. 이로 보면 조선건국 초기에 가졌던, 건국을 합리
화시키기 위한 역사서술이 점차 지양되고 있는 것으로 보인다.

『휘찬여사』에서 우리가 정작 주목하는 것은 그의 사론이 나타나 있
는 범례라 할 것이다. 10가지 범례 중에는,

> 수사지법(修史之法)은 마땅히 먼저 그 통체(統體)를 바르게 하여야 한다.
> 춘추노사(春秋魯史)가 종주열국지사(宗周列國之事)를 기록하고 중조(中朝)
> 의 역대사법(歷代史法)이 외국의 흥망·전벌(戰伐)·변경분할을 모두 기록
> 했는데, 동국사는 중국지사를 일찌기 기록한 적이 없다. 이것은 사가의 대
> 강령을 착무(錯繆)한 곳이므로 이제 구례를 점차 고쳐 송(宋)·금(金)·원
> (元)의 흥망의 때에 전쟁과 분열을 자못 갖추고 밝혀 사가지체(史家之體)를
> 바르게 한다. [31]

는 내용이 보이는데, 여기서 중국에 대한 금·원·고려의 입장을 고
려에 대한 중국(宋)·금·원의 그것과 비교하고 있는 점은 흥미롭다.
이 점은 권47의 외이열전(外夷列傳 : 契丹·女眞·日本傳)을 부록한 그
의 역사기술 태도와 상통하는 점으로서 비록 그의 외이부록(外夷附錄)
이 역대사에 의거했다 하더라도[32] 그의 역사의식에서 자주성의 발로
를 의미하는 점으로 지적되어야 할 것이다.

그는 범례에서 『원사』에 준하여 기록한 『고려사』의 제지(諸志)가
작사지체(作史之體)가 아니므로, 역대사법에 의거하여 제지를 개찬하
고 착종성편(錯綜成篇)하며 제요비론(提要備論)하여 그 득실을 요연
(瞭然)토록 하겠다고 하였다.[33] 홍여하(洪汝河)는 그의 대의명분적인

---

31) 洪汝河, 彙纂麗史 凡例『修史之法 當先正其統體 春秋魯史而記宗周列國之
    事 且中朝歷代史法 於外國興亡戰伐邊境分割 皆在必書 而東國史 未嘗記中
    國之事 此史家大綱領錯繆處 故今稍變舊例 宋金元興亡之際戰爭分裂 頗爲
    備著 以正史家之體』
32) 洪汝河, 彙纂麗史 凡例『歷代史 皆有外夷附錄 今輒依之 作契丹日本等
    傳』
33) 洪汝河, 彙纂麗史 凡例『高麗史凡例 準元史 而作諸志 逐條列錄 有同掌
    故儀注非作史之體 今輒依歷代史法 改撰諸志 錯綜成篇 五百年間天文地理
    禮樂兵刑沿岸之制 咸萃一篇 提要備論 其得失瞭然睹矣 所以傳志之體 與編
    年並立 互相爲用 不可偏廢』

입장에서 전사(前史)의 잘못된 점을 바로잡으려고 노력하였고,[34] 또 전사에 누락되어 있는 고려시대의 사실들을 『송사』 등에 의거하여 보궐(補闕)하려고도 하였다.[35]

홍여하는 『휘찬여사』 편찬 후 아마도 1672년경부터 『동국통감제강』을 편찬했던 것으로 보인다.[36] 『동사제강』으로도 불리었던 것같이 보이는 이 책 역시 가숙용(家塾用)이었다.[37] 홍여하는 김부식의 『삼국사기』가 단지 고기단란지전(古記斷爛之傳)에 빙거(憑據)하였기 때문에 소략와류(疎略訛謬)하고 사법이 전무한 것으로 보았으며, 『동국통감』은 취할 바가 있는 것으로 보아 온괄(檃括)을 가하고 편년례를 따라 이 책을 편찬하였던 것이다. 이 책이 『동국통감』을 따랐다면 마땅히 고려말에서 끝나야 하는데 삼국에서 끝난 것은 이보다 먼저 『휘찬여사』를 편찬했기 때문이었다.[38]

1786년에 쓴 것으로 보이는 이 책의 안정복 서문에 의하면, 홍여하의 편찬동기와 이 책의 중요성이 약간 나타나 있다. 즉,

　선생은 일찌기 말하기를 도의 전체가 비록 경(經)에 있으나 도의 대용(大用)은 진실로 사(史)에 보이는데 사라는 것은 포폄권징지서(褒貶勸懲之書)이기 때문이다. 우리나라에 역사기록이 많으나 가히 볼 만한 것이 없으니 가탄(可歎)이로다.[39]

고 하였고, 따라서 홍여하는 정인지의 『고려사』를 취하여 산번절요(刪

---

34) 예를 들면 『忠肅·忠惠 前後稱元 麗史舊例尤錯 今悉正之』라는 것이 一例이다.

35) 洪汝河, 彙纂麗史 凡例 『邊境得失 係國大事 如抱州(今義州還屬高麗) 宋鑑錄之 即東國通鑑等書 皆闕而不錄 且如徽宗朝二醫往來事 尤著明 不可略而不書 今悉依宋史 書之』

36) 木齋集 권12, 行狀 『壬子 自福泉還栗里 又取東國通鑑 刪其煩亂 整頓綱維 名東史提綱』

37) 이 책의 이름은 『木齋家塾東國通鑑提綱』이다.

38) 安鼎福, 東國通鑑提綱 序文 『後又言 金氏三國史記 只憑古記斷爛之傳 疎略訛謬 全無史法 而東國通鑑 稍有可取 亦多可議 就加檃括 依編年例 即此書 是也 今日東國通鑑提綱 則宜從通鑑之例 止於麗末 而此止於三國者 蓋麗史已有彙纂而然也』

39) 安鼎福, 東國通鑑提綱 序文 『先生嘗言 道之全體 雖在於經 而道之大用 實見于史 史者 褒貶勸善之書也 吾東史紀多 無可觀 是可歎也』

繁節要)하여 『휘찬여사』를 쓰고 후에 『동국통감제강』을 편찬했던 것이다. 안정복은 또 서문에서,

이제 이 책을 읽어보니 차제절목(次第節目)이 모두 법도가 있고, 기자에서 시작하여 정통지수(正統之首)로 삼아 마한이 이를 계승하고 위만의 참위(僭僞)를 출척(黜斥)하였으며, 마한 멸망 전에 삼국지군(三國之君)은 모두 신례(臣例)를 쓰도록 하고 칭왕치 못하도록 했는데 이는 진실로 사가의 정례(正例)이다. 통정(統正)과 참위(僭僞)가 스스로 나누어지고 참위가 멀어져나가야 명의(名義)가 득정(得定)되는데, 『춘추』가 이룩되어 난신적자(亂臣賊子)가 두려워한 것은 그 명의를 득정치 못한 까닭이다.[40]

라고 하여 이 책에 대한 자신의 견해를 피력하고 있는데, 여기서 우리는 홍여하와 안정복의 사학정신이 매우 상통하고 있음을 발견하게 된다. 이러한 상통성은 특히 권선징악·포폄의 학으로서의 역사를 대하는 태도와 후술할 정통론의 전개과정에서 뚜렷하게 된다.

여기서 우리가 미리 짚어보고 넘어갈 것은, 일찌기 이 책의 고교지역(考校之役)에 참여했던 안정복이 홍여하의 학문을 일찍부터 우러러 보았다고 그의 서문에서 밝히고 있는 점이다.[41] 그러나 그가 『동사강목』을 쓸 때 홍여하의 가숙용이었던 『동국통감제강』을 참고할 수 있었는지는 분명치 않다. 왜냐하면 안정복이 『동국통감제강』의 서문을 쓴 것은 정조 10년 병오년(1786)인데 그가 『동사강목』의 자서를 쓴 1778년은 이보다 8년 이른 것으로 나타나 있고, 또 『동사강목』 범례에 보면 안정복이 『동사강목』을 쓰면서 참고한 채거서목(採據書目)이 보이는바, 거기에는 홍여하의 것으로 『휘찬여사』만 보이기 때문이다. 이러한 논거에 의하면 안정복이 『동사강목』을 저술할 때까지는 『동국통감제강』을 보지 않았다는 것이 자연스러워질 것이다. 따라서 홍여하와 안정복의 사학상의 상통성은 상계(相繼)에서 찾아야 할 것이 아니라, 그 시대 즉 17~18세기가 가졌던 역사의식 일반에서 추구해야

40) 安鼎福, 東國通鑑提綱 序文『今讀是書 次第節目 皆有法度 始於箕子爲正統之首 繼以馬韓 而黜衛滿之僭 馬韓未亡之前 三國之君 皆用臣例 不得稱王 此實史家之正例也 統正而僭僞自分 僭僞分而名義得定春秋成 而亂臣賊子懼者 其不以名義之得定而然歟』
41) 安鼎福, 東國通鑑提綱 序文『鼎福亦嘗與聞於考校之役 夙仰先生之風矣』

할 것이라고 생각한다.

홍여하의 역사의식도 13항에 걸친 범례에 나타나 있다. 이 범례도
『휘찬여사』의 범례와 대동소이하여 우리나라 역사에 중국지사를 기록
하고 사체(史體)를 보존하는 데에 중점을 두려고 하였던 것 같다.[42]
즉,

> 춘추노사(春秋魯史)가 주사(周事)를 기록하고 열국지사(列國之事)에 이르
> 러서도 역시 모두 갖추어 기술했는데 『통감강목』등 서(書)가 해외국사(海
> 外國事)를 많이 실은 것과 마찬가지로 이는 사가지법(史家之法)이다. 동국
> 구사가 중국지사를 불기(不記)하여 사가대강령의 소략함이 특히 심하다. 그
> 러므로 이제 『좌전(左傳)』예를 따라 중국 역대제왕의 붕조(崩殂)를 쓰고
> 인하여 그 흥망대치(興亡大致)를 약서(略敍)하여 써 사가지체를 보존하려
> 한다.[43]

는 데서 분명하다. 이 범례에서 다루고 있는 것은 유교적 합리성에
입각한, 삼국시조 탄생설화에의 비판[44] 등 여러가지가 있으나, 우리가
주목하는 것은 〈정통론(正統論)〉사상이 처음 보인다는 것과 〈유년개
원(踰年改元)〉의 주장이라 할 것이다. 〈정통론〉에 대하여는 후술하겠
거니와 그의 유년개원의 주장을 보면, 범례의 다른 주장에서와 같이,
춘추대의에 입각한 면이 강하게 나타나고 있다.

> 국군(國君)의 사세(嗣世)에 있어서 해를 넘겨 개원(改元)하는 것은 예의
> 바른 것이다. 김부식의 『삼국사기』는 모두 선군의 훙년(薨年)으로써 개원하
> 였으니 크게 춘추의 대의를 잃은 것이다. 그러므로 권근(權近)의 『사략(史
> 略)』에서는 해를 넘겨 칭원(稱元)하여 그 실(失)을 바르게 하였다. 서씨(徐
> 氏)의 『통감』은 이에 김부식을 논척하였으나 (이 점에 있어서는) 강종(强從)

---

42) 木齋集, 권12, 行狀 『亦爲凡例 與麗史凡例 大同小異 記中國之事 存史體
    也』
43) 洪汝河, 東國通鑑提綱 凡例 『春秋魯史而記周事 至於列國之事 亦皆備述
    如通鑑綱目等書 多載海外國事 此史家之法也 東國舊史 不記中國之事 史家
    大綱領 疎謬特甚 故今依左傳例 書中國歷代帝王崩殂 因略叙其興亡大致 以
    存史家之體』
44) 洪汝河, 東國通鑑提綱 凡例 『三國始祖誕生之說 出於愚俗 傳訛矯誣妄誕
    史法不載 略加刪節 而書之其荒怪尤甚者 削之』

하였으니 그 오류가 심하다. 이제 모두 고쳐 바로잡는다.[45]

여기서 우리가 지적해야 할 것은 홍여하가 『동국통감』을 대본으로 하여 이 책을 편찬하였음에도 불구하고 정통론과 유년칭원을 도입함으로써 『동국통감』적 사학정신에서 벗어나고 있다는 점이다. 그리고 그가 유가적인 합리성을 가지고 삼국시조 탄생지설의 황괴우심자(荒怪尤甚者)를 산삭(刪削)하면서도 삼국 이전의 역사를 본기(卷 1 朝鮮記)에 넣었다는 점은 『동국통감』이 아마도 유가적인 합리성에 입각하였기 때문에 삼국 이전을 외기(外紀)에 넣었던 것과[46]는 좋은 대조를 이루고 있다. 이러한 점들을 고려해볼 때 우리는 『동국통감제강』에 이르러서야 조선초의 『동국통감』이 가졌던 한계점들을 일단 극복하려 했던 것이 아닌가 하고 추측해보는 것이다.

『동사회강(東史會綱)』의 임상덕(林象德)은, 기자 이래 동방에 재적(載籍)이 있었으나 전세자(傳世者)는 적료하다고 하였다. 그는 전사를 역사 기술방법에 따라 대체로 네 종류로 나누었다.

　　본사(本史) :『삼국사기』『고려사』
　　통편(通編) :『동국통감』
　　거요지서(擧要之書) :『동국사략』『삼국사절요』『동사찬요』
　　입강지서(立綱之書) :『여사제강』[47]

그는 삼국 이후의 사서를 이와 같이 나누고는 사체(史體)에 대하여 자기 나름대로의 사평(史評)을 가하였다. 즉,

　　본사(本史)는 사마천(司馬遷)과 반고(班固)가 남긴 체재이므로 구수병축(具收幷蓄)·사적총회(事跡叢薈)하나 구의(究意)하기에 어려워 쉽게 실증

---

45) 洪汝河, 東國通鑑提綱 凡例『國君嗣世 踰年改元 乃禮之正 金富軾三國史 亦皆以先君薨年改元 大失春秋之義 故權近史略 踰年稱元 以正其失 徐氏通鑑旣論斥富軾 而强從之 其謬甚謬 今悉改正』

46) 徐居正 등, 東國通鑑 凡例『三國以前史書 漫滅無傳 雜採諸書 作外紀』

47) 林象德, 東史會綱 序例『三國以降 歷于羅麗統合之世 制作漸備 後世得有所述 本史則有高麗金氏富軾三國史記 本朝鄭氏麟趾高麗史 通編則有 本朝諸臣纂修東國通鑑 其舉要之書則有東國史略 三國史節要 東史纂要 其立綱之書 則近世有市南俞氏榮麗史提綱』

을 내게 되며, 통편(通編)은 자치지제(資治之制)이므로 무상(務詳)하나 소요(少要)하고 찬략제서(纂略諸書:擧要之書)는 증선(曾先) 소미지체(小微之體)이므로 또한 태략(太略)함이 병이고, 유계(兪棨)의 『강』은 주자의 『강목』에 취법하여 사사(事辭)의 상략이 자못 득중(得中)하였으나 그 제두무시체(提頭無始體)가 불완(不完)함이 한스럽다.[48]

고 하였다. 뿐만 아니라 고려 이후의 수사자(修史者)들에 대하여도, 예컨대 정인지 등 제인들은 식견이 불명(不明)하여 특히 춘추지완(春秋之婉)과 강목지엄(綱目之嚴)을 알지 못하였다고 혹평하고 있다.[49] 이러한 평은 『동국통감』과 『동사찬요』 및 『여사제강』에 대하여도 주어지고 있다.[50]

그러나 그는 역사서술에 있어서 『강목』을 본받음이 가장 엄정한 것으로 내다보았다. 그리하여 저 시남(市南) 유계(兪棨)의 유의(遺意)를 술하여, 그 시대의 폭을 신라초부터 공민왕 23년까지로 넓혀 이 저술을 남기려 하였고, 그 기재는 『동국통감』에 비하여 2, 3 정도가 각각 증손(增損)되었다고 한다.[51]

따라서 『동사회강』은 철저히 주자의 『강목』을 본받고 있다.[52] 범례의 분문유례(分門類例)부터 『강목』에 맞추고 있다.

즉 범례 상에서는 한국사 특유의 기술체계와 서술방법의 문제를 13항에 걸쳐서, 또 범례 하에서는 통계(統系)·세년(歲年)·명호(名號)·

---

48) 林象德, 東史會綱 序例『本史 遷固之遺 故其收幷蓄 而事跡叢蓄 使人難究竟而易厭卷 通編 資治之制 故務詳而少要 纂略諸書 曾先 少微之體 故又病乎太略 俞氏提綱之書 取法於朱子綱目 事辭詳略 頗適厥中 而恨其提頭始體段不完』

49) 老村集 권2, 書東史會綱後『後代史修者如鄭麟趾諸人 識見不明 殊不知春秋之婉 綱目之嚴 其義並行而不相悖 凡權度豫奪 不循天理之公 而事實之白黑未紫 往往亦以意變置 遂使疑者 愈疑 而信者亦不得爲信 其害不唯以誣前朝 亦反足以有累於聖代』

50) 老村集 권2, 書東史會綱後『通鑑 於此一無所證正其後 吳氏之東史纂要 俞氏之麗史提綱 區區欲存一二筆削於其間 雖於大義有見 然見聞旣寡 事實難詳 遷就補綴 終於苟而已 嗚呼 可勝惜哉』

51) 林象德, 東史會綱 序例『故以該載其始終 而至其權度繩墨 則一皆禀之綱目 以述夫市南氏遺意 而增廣之 起自新羅始祖元年 迄于高麗恭愍二十三年 約爲十卷 名之曰東史會綱 其記載 比通鑑 損其二三 而增亦如之』

52) 林象德, 東史會綱 凡例 上『此書 立綱附目 一禀朱夫子綱目』

즉위(即位)・건도(建都)・기병(起兵)・존립(尊立)・붕장(崩葬)・찬시
(簒弒)・제사(祭祀)・관혼(冠婚)・예의(禮儀)・행행(行幸)・은택(恩
澤)・조회(朝會)・봉배(封拜)・수례(殊禮)・정벌(征伐)・폐출(廢黜)・
파면(罷免)・치사(致仕)・졸사(卒死)・재상지류(災祥之類) 등 22의 강
과 목에 걸쳐 한국사의 예에 맞춰 열거해놓고 있다. 범례 하의 경우, 주
자의 『강목(綱目)』의 범례를 그대로 옮겨놓았다 해도 과언이 아니다. [53]

『동사회강』이 『강목』의 예에 따를 때, 불가피하게 먼저 거론해야
하는 것이 정통과 무통을 논하는 통계론(統系論)이다. 임상덕(林象
德)은 신라・고려의 통합한 후를 정통지제(正統之制)에 따랐고, 삼국
시대는 무통의 예를 준용하였다. [54] 그리고 마한과 동부여가 망하지
않았는데도 삼국이 흥기(興起)한 것과 신라말에 고려가 건국한 것이
참국(僭國)인가에 대하여 그는,

> 강목지법(綱目之法)에 의(義)를 장(仗)하여 자왕(自王) 혹은 상왕(相王)
> 한 것을 건국이라 하고, 난을 틈타서 찬위(簒位)하였거나 혹은 거토(據土)
> 한 것을 참국(僭國)이라 했는데 이제 그것을 본받는다. 삼국의 시흥(始興)
> 에 마한이 이미 동방의 종주 됨이 불능하였고, 동부여 또한 여(麗)・제(濟)
> 의 종국(宗國)됨이 부족하였으니 삼국은 모두 절거지류(竊據之類)가 아니고
> 수지건도(隨地建都)하여 각기 군장(君長)이 되었으므로 모두 건국으로 처리
> 했다. 고려 태조는 궁예(弓裔)의 장수로 일어나 칭왕하였으니 참국한 것 같
> 다. 그러나 이 때는 신라가 특히 정통의 명호를 갖고 있었으나 이미 삼한지
> 왕 됨이 불능하였으므로 고려가 신라의 참국 됨이 불가하다. 또 백성들이 차
> 마 하지 못함으로 인하여 태조는 제장의 추대를 받아 학정을 관용으로 대신
> 하였고, 구세지공(救世之功)이 있으므로 그 강령(綱領)에 부정(不正)이라고
> 논 할 수 없다. [55]

---

53) 『資治通鑑綱目』의 凡例의 項만 들어보면, 統系・歲年・名號・即位・改元・
　　尊立・崩葬・篡賊・廢徒・祭祀・行幸・恩澤・朝會・封拜・征伐・廢黜・
　　罷免・人事・災祥 등으로 되어 있다.

54) 林象德, 東史會綱 凡例 下 凡統系之類 『綱目之法 有正統無統 今倣之 新
　　羅高麗統合之後 用正統之制 三國之世 用無統之例』

55) 林象德, 東史會綱 凡例 下 凡統系之類 『綱目之法 以仗義自王或相王者
　　爲建國 乘亂篡位或據土者爲僭國 今倣之 三國之始興也 馬韓已不能爲東方
　　之宗主 東扶餘又不足爲麗濟之宗國 而三國皆非竊據之類 隨地建都 各爲君
　　長 故皆以建國處之 高麗太祖以弓裔之將 起而稱王 似乎僭國 而是時新羅

고 변호하고 있다. 말하자면 그는 삼국시대를 무통의 시기로, 통일신라와 고려를 정통으로 간주하고 있으며, 삼국 이전의 통계(統系)에 대하여는 그의 견해가 보이지 않는다. 따라서 그의 정통론은 한국 고대사의 인식체계 위에서 전개된 것이 아니고, 강목체 서술형식을 빌리려는 데서 불가피하게 주어진 것이었으며, 이 점에서 별로 문제시하지 않아도 될 것 같다.

『동사회강』은 형식면에서 철저히 『강목』을 본받고 있지만 서술내용은 『동국통감』의 영향을 받고 있는 것 같다. 앞에서 지적한 바와 같이 기재의 증손이 『통감』에 비해 2, 3에 불과하다는 그의 자서나 삼국시대를 무통의 시기로 보는 견해에서 그러하며, 삼국 이전을 서술하는 그의 역사인식 태도에서는 더욱 뚜렷이 나타난다. 그는 단군·기자·삼한 등의 삼국 이전의 역사를 『동국통감』의 외기(外紀)와 같은 형식으로 취급하고 있다. 즉 삼국 이전의 사실은 이 책의 권두의 「부론변제조(附論辯諸條)」에서 기자봉조선지변(箕子封朝鮮之辯), 황괴참위지설혹존혹삭지변(荒怪讖緯之說或存或削之辯), 삼한지방지변(三韓地方之辯), 동방지명지변(東方地名之辯), 단군이하제국시조소자출지변(檀君以下諸國始祖所自出之辯)이라는 제목으로 다루어지고 있다. 그리고 본기에서는 신라 시조의 설명하에 단군에 대한 내용이, 백제가 마한을 멸망시킨 데서 기씨시종(箕氏始終)이 재언급되고 있다.

안정복은 이 책에 대하여, 『제사 중 가장 간당(簡當)하나 1, 2의 틀린 데 있는데 이는 구사(舊史) 때문이다』라고 평하고 있다.[56] 또 그가 『동사회강』이 24권으로 되어 있다고 지적하였으나, 임상덕 자신이 서례에서 10권으로 되어 있다고 한(註 51 參照) 것으로 보아 착오인 듯하다.

『동사강목』의 저자인 안정복(1712~1791)은 우선 한국인의 자기 역사인식에 대한 무지를 많이 비판하였다.[57] 그는 이러한 비판정신 위에

　　已不能爲三韓之主特正統　名號存耳　不可以高麗爲新羅之僭國　又其因民不忍受諸將之推戴　代虐以寬　有救世之功　其綱領不可謂不正』

56) 安鼎福,　東史綱目　凡例『東史會綱　本朝林象德撰　用編年體　始於三國之始　凡二十四卷　又有凡例附論年表　諸史中　最爲簡當　而不無一二錯謬處　此因舊史而然也』

57) 順菴集　卷2　星湖先生書　戊寅『東人每忽東事　不知渠所樹立　雖大畢竟終是東人身居此土　不知其事誠可慨歎』

서 자기역사에 대한 관심을 가졌고, 자기역사를 서술하였으며, 나아 가 전사에 대한 사명을 가했던 것이다. [58]

안정복은 역사서술에서 대의명분과 포장충절(襃獎忠節)을 강조하였 다. 그것은 그가, 『사가의 대법인 통계(統系)를 밝히고, 찬역(簒逆)을 엄히 하며 시비를 바르게 하고 충절을 포(襃)하며 전장(典章)을 밝히 기』[59] 위하여 『동사강목』을 썼다고 한 것이나, 『(東史는) 그 대의가 정통을 높이고 절의를 숭상하며 필례(筆例)를 삼가는 것이다』[60] 『절 의는 사가의 포(襃)하는 바』[61]라고 한 것과 같다. 그리고 대의명분을 밝히고 포장충절(襃獎忠節)함은 강목체 서술의 장점인 것이다.

그러므로 순암(順菴)은 그가 의식했던 바의 사가의 대법에 충실한 역사서술을 하기 위하여 기술법에 대한 연구를 하였던 것 같고 급기 야는 주자의 『강목』을 많이 연구하게 되었다. 그 결과 그는 『강목』에 서 많은 의문점 내지 착오를 발견하였다.

　시생(侍生)이 평일 강목지서를 강(講)했는데 점차 타서에도 익숙하여 필법 에 의심나는 곳이 매우 많음을 알았고 범례와 크게 상관이 없는 기록이 있음 도 알았다. 주자행장(朱子行狀)에 이른바 수정(修正)에 미급함이 한이 된다 고 한 것이 과연 실어(實語)입니다. [62]

라고 한 것이나, 소남(邵南) 윤동규(尹東奎)가 요즘 『강목』을 연구해

――――――――
　　順菴集 卷9 答鄭子尙書 辛丑 『東人原來短於史才故 記述文章 無可以動 人者 又斷爛無徵者 多 雖使班范下手 其不及於中國之史 遠矣 然而東人雖 有經緯天地之才 畢竟是東人而止 則東人而不習東事 可乎』
　　順菴集 卷9 與李仲命書 甲午 『東人於本土事 忽而不講 盖東史文章不雅 體裁失宜故 謂不足觀』
58) 前史에 대한 順菴의 史評은 그의 저술 여러 곳에 나타나고 있다. 『東史 綱目』의 凡例와 「東史問答」(順菴集 卷10) 및 그의 書簡文(順菴集 卷2～ 9)에 특히 자주 언급되고 있다.
59) 東史綱目 序 『大抵史家大法 明統系也 嚴簒逆也 正是非也 襃忠節也 詳典 章也 諸史於此 實多可議』
60) 順菴集 卷10 東史問答 戊寅 『其大意 則尊正統 崇節義 謹筆例』
61) 順菴集 卷2 上星湖先生書 癸酉 『節義是史家之所襃』
62) 順菴集 卷2 上星湖先生書 癸酉 『侍生 平日於綱目之書講之 稍熟於他書 而 筆法之可疑處甚多 又與凡例大不相關 行狀所謂 以未及修正爲恨者 果是實 語也』

보니 의심나는 데가 있다고 한 질문에,

　　주자행장(朱子行狀)에 『강목』을 수보(修補)치 못함을 한한다고 했는데 그
　　서(書)가 십분 득진(得盡)치 못했음을 알 수 있다. 책 중 필법의 의심나는
　　곳이 매우 많아서 능히 매거(枚擧)치 못할 정도이다. [63]

라고 한 것은 그가 주자의 『강목』을 열심히 연구한 결과 얻었던 것이
다. 그가 특히 지적한 것은 『강목』이 범례와 같지 않음이 많다는 것
이다. [64] 가령 『강목』에서 〈졸(卒)〉 혹은 〈살(殺)〉이라고 쓴 것이 범
례에서 제시한 원칙과는 같지 않음이 있다는 것도 그한 예이다. [65] 주
자의 『강목』에 대한 그의 비판은 역사서술로서의 『강목』의 약점을 발
견한 것이었다. 따라서 순암은 한국사 서술 특히 『동사강목』에 있어
서 주자 『강목』의 약점을 극복하려 하였던 것은 당연하였을 것이다.
순암이 중국사서를 지나치게 신뢰하는 선유의 태도를 지양했다든가, [66]
강목체 역사서술을 시도하면서도 주자 『강목』의 모순을 벗어나려고
했던 것은 17～18세기라는 시대적 상황에 비추어 강한 자주의식과 상
통하는 역사의식을 가졌기 때문이 아니었을까 생각된다.

　『동사강목』에 나타난 순암의 역사의식의 특징은 정통론 사상이다.
『무릇 통계(統系)는 사가 개권(史家開卷)의 제일의(第一義)이다』라는
주장에서도 뚜렷이 보이는 바이지만, 그가 애써 주장한 충절을 포(襃)
하고 찬역(簒逆)을 엄히 하는 것도 정통론과 표리의 관계가 있는 것이

---

63) 順菴集 卷3 答邵南尹丈別紙 辛卯 『問近考綱目 亦有所疑…答朱子行狀
　　綱目以來及修補爲恨云 則其書之不爲十分得盡者 可知矣 書中 筆法可疑者
　　甚多 不能枚擧……』
64) 順菴集 卷2 上星湖先生書 甲戌 『綱目與凡例不相違者多 而以自唐以下尤
　　甚…而後儒論之 曰書諡爲襃崇之意 此皆出於隨處解義 非得朱子本意者也
　　故侍生常以爲欲讀綱目 當依凡例與凡例相違者 逐綱而註之似不失其本旨也
　　尹丈亦言如此…』
65) 順菴集 卷3 與邵南尹丈書 癸酉 『愚常疑綱目之書卒書殺 多與凡例不同…
　　愚故嘗以爲讀綱目 當於綱外得意 然後可爲善讀 此義如何』
66) 順菴集 卷10 東史問答 丁丑 『三國史無從求見 向遪權友嚴來訪聞知其由
　　爲之借示 伏幸略綽看過此書 雖謂正史而文獻無徵 只能繼其年代 又取中國
　　史以實之 中國人傳外夷事 因多謬誤 皆不下別是可恨也…高句麗 分明在於
　　漢武之前 而三國史所紀年代歷歷如彼 則亦不可舍自家分明之文籍 而遠取慌
　　忽難信之中國書』

다. 그는 이러한 정통론 사상을 가장 뚜렷이 반영하기 위하여 거기에
가장 적합한 강목체 서술을 빌렸던 것으로 보인다. 강목체 서술은, 사
실 그대로를 서술한다는 역사학 본래의 의도와는 달리 범례라는 양식
을 통하여 역사적 가치관의 범주를 먼저 설정하고 그 범주에 따라 서
술하는 역사서술 방법이다. 그러기 위해서는 수많은 범례를 만들어야
했던 것이다.

　　생각컨대 찬술된 책은 모두 의례(義例)가 있다. 법률에 단례(斷例)가, 예
　악에 의절(儀節)이 있는데 항차 사가의 까다로운 서술에 있어서랴. 오직 입
　례(立例)를 두어 일이관지(一以貫之)치 아니하면 술작(述作)의 지(旨)와 권
　계(勸戒)의 뜻을 밝히지 못한다. (中略) 그러므로 주부자(朱夫子)가 『자치
　통감』을 필삭(筆削)하여 『강목』을 만들 때 범례 일권을 만들었다. (中略) 이
　책 이래 위사자(爲史者)는 준칙(准則)을 만들었다. (中略) 이번에 이 범례
　도 한결같이 주자 정법을 본받았다. (後略)[67]

우리는 여기서 순암이 강목체 서술의 준칙이 되는 범례를 만든 의
도를 보게 된다. 그가 주자 정법을 본받았다고 고백함에도 불구하고,
그의 입례나 역사서술에 있어서는 한국적인 특수성을 반영하려는 노
력을 많이 대하게 된다.

(2) 史書들의 특징

위에서 우리는 『동사강목』을 하한으로 하여 17~18세기의 몇몇 사
서들을 살펴보았다. 그 결과 17~18세기의 사서에서 우리는 대체로
다음과 같은 몇 가지 특징들을 발견할 수 있을 것 같다.
　우선 형식면에서 범례의 보편화와 사론화(史論化)가 이루어지고 있
다. 그 이전의 사서가 주로 관찬의 성격을 벗어나지 못해서 그런지는 몰
라도 범례 대신 표(表)·전(箋)이 중심이었던 것 같다. 가령 『삼국사기』
만 하더라도 범례는 보이지 않고 「삼국사를 올리는 글」(進三國史表)만 보

---

67) 東史綱目 凡例 『按撰述之書 皆有義例 猶法律之有斷例 禮樂之有儀節也 況
　　史家繁縟 苟非發凡立例一以貫之 則無以明述作之旨 寓勸戒之意(中略) 是以
　　朱夫子筆削資治通鑑爲綱目 定著凡例一卷(中略) 自有是書以來 爲史者爲之
　　准則(中略) 今此凡例一遵朱子定法(後略)』

이며, 그 표에서 『삼국사기』를 저술케 된 동기가 보인다.[68] 그러나 그 표에는 편·저자 자신의 사가적 입장이나 역사의식 같은 것은 보이지 않는다. 대신 『삼국사기』에서는 본문 기사 중에서 〈논(論)〉이라는 형식을 빌어 사평을 시도하고 있음이 보인다.[69] 조선초 『고려사』의 편찬에서는 「고려사를 올리는 글」(進高麗史箋)과 함께 「고려사 찬수를 위한 범례」(纂修高麗史凡例)가 나타나게 되었다. 이 두 글에는 『고려사』의 편수 경위와 역사기술 방법상의 문제 및 역사정신에 대한 귀절들이 보인다.[70] 그 뒤에 나온 『삼국사절요』에서는 「삼국사절요전(三國史節要箋)」과 「삼국사절요서(三國史節要序)」만 보이고 범례는 보이지 않는다. 그러나 거의 동시대의 것으로 보이는 『동국통감』에서는 범례로써 역사기술의 방법상의 문제와, 사론에 대한 적극적인 논의를 하게 되었던 것이다.[71]

---

68) 三國史記 進三國史表 『伏惟聖上陛下 性唐堯之文思 體夏禹之勤儉 宵肝餘閑 博覽前古 以爲今之學士大夫 其於五經諸子之書 秦漢歷代之史 或有淹通詳說之者 至於吾邦之事 却茫然不知其始末 甚可嘆也 況惟新羅氏 高句麗氏 百濟氏 開基鼎峙 能以禮通於中國 故范曄漢書 宋祁唐書 皆有列傳 而詳內略外不少具載 又其古記 文字蕪誼 事迹闕亡 是以君后之善惡 臣子之忠邪 邦業之安危 人民之理亂 皆不得發露以垂勸戒 宜得三長之才 克成一家之史 貽之萬世炳若日星』

69) 高柄翊, 三國史記에 있어서의 歷史敍述, 金載元博士回甲紀念論叢, pp. 61~70 참조.

70) 纂修高麗史 凡例, 『按史記 天子曰紀 諸侯曰世家 今纂高麗史 王紀爲世家 以正名分 其書法 準兩漢書及元史 事實與言辭 皆書之』라 한 바와 같이 凡例에서 世家·志·表·列傳 등에 대하여와 〈論贊〉형식에 대하여 밝히고 있다. 그리고 「高麗史箋」에서는 『更命庸愚 俾任纂述 凡例皆法於遷史 大義悉禀於聖裁 避本紀爲世家 所以示名分之重 降僞辛於列傳 所以嚴僭竊之誅 忠俊邪正之彙分 制度文爲之類聚 統紀不紊 年代可稽 事跡務盡其詳明 闕謬期就於補正 嗟玉署鉛槧之未訖(中略) 至孝彰于繼述 念前史之末就 令微臣以責成 臣麟趾等 俱以諛才 叨承隆寄 採稗官之雜錄 發秘府之故藏 祗竭三載之勞 勒成一代之史 稽遺跡於前代僅能存筆削之公 揭明鑑於後人 期不沒善惡之實』이라 하여 당시의 역사 서술 경위와 역사의식 및 史論이 엿보이고 있다.

71) 『東國通鑑』에는 李克墩의 「東國通鑑序」와 徐居正의 「進東國通鑑箋」이 있고, 그 뒤에 12항에 걸친 凡例가 있다. 이 범례에는 編史者의 歷史記述에 대한 의도가 잘 나타나 있어 그들의 역사의식을 이해하는 데 도움이 된다. 그 내용을 보면, 王의 칭호·諡號·官名 등에 대한 그들의 견해와, 三國以前의 역사를 外紀에 처리한 것, 三國을 無正統의 예에 따라 立國先後로 分註한다는 것, 權近의 『東國史略』에서 踰年稱元한 것을 三

　그 후 17~18세기에 이르면　앞의 『동국통감』에서 보인,　범례에서 역사기술의 방법과 사론을 취급했던 태도는 상당히 보편화되고, 한편 심화되어 거기에 중요한 역사가치관을 담게 되는 경향을 띠게 되었던 것이다. 이 점은 우리가 앞에서 사서들을 검토할 때　이미 지적한 것이다.

　형식면에 있어서 또 한 가지 주목되는 특징은　역사서술 체재에 있어서 강목체(綱目體) 서술의 등장이라 할 것이다.

　우리가 대체로 이해하는 바, 동양 특히 중국의 역사기술　체재로서는, 사마천으로 시작되는 『사기』의 기전체(紀傳體)와 사마광의 『자치통감』에 나타난 편년체(編年體) 및 원추(袁樞)의 『통감기사본말(通鑑紀事本末)』에 보이는 기사본말체가 있으며,　강목체라는 공식적인 명칭은 없다고 한다. 따라서 강목체는 단지 기술형식상으로 보면, 편년체의 일종으로 보아야 할 것이고, 거기에 기사본말체적인　형식과 내용을 약간 가미한 것이라 할 수 있다.　강목체는 가장 조잡한 기술체재이지만 대의명분이나 정통론 등　사상성을 강조하는　역사기술로서는 가장 적합하고, 무엇보다 역사적 사실에 대한 풍부한 지식이 전제되어야만 그 서술이 가능해지는 것이다. 주희나 조사연(趙師淵)이 사마광의 현실주의적인 역사서술 『자치통감』에 불만을 품고 『자치통감강목』을 저술한 것은 그들이 처한 민족적 현실과　성리학적인 대의명분――예하면 정통과 참위(僭僞),　충(忠)과 사(邪), 또 그 포폄 등――에 충실하려 하였기 때문이다.

　안정복이 『강목지법에 도적을 사(死)라 쓰고, 찬적지신(簒賊之臣)도 사(死)라 쓰는 것은 적(賊)을 엄토하는 것이다. 신범(身犯)하거나 찬시(簒弑)하는 자는 후대에 비록 공업이 현저하나 모두　거관(去官)하여 사라 쓴다』[72]고 한 것이나,　주자의 『강목』이나 안정복의 『동사강

　　　國의 實例에 따라 薨年改元한다는 것 등이 있다. 이러한 내용을 보면 『東國通鑑』은 朝鮮初의　士大夫들이 기록한 비교적　합리적인 역사서술이며, 史學史에 있어서는 가장 최초의 通史化의 작업이라 일컬을 수 있다.　그러나 이러한 합리적인 역사정신 이면에는　지나치게 儒敎的 名分을 내세운 것도 없지 않다. 가령 범례에서 밝힌 『善德眞德眞聖 陰居尊位 非常之變 不可以訓後世 故黜而稱王』이라 한 것은 한 예가 될 것이다.

72) 東史綱目 凡例 凡人人事諸例條 『綱目之法 盜賊書死 簒賊之臣書死 嚴討賊也身犯簒弑者 後代雖著功業 皆去官書死』

목』및 임상덕의 『동사회강』 등에서 정통과 찬적(簒賊)을 엄히 구분하여 거기에 따른 용어·격식 하나하나에 신경을 쓴 이유가 다 이러한 역사가치관 및 사상성에 크게 관계되었기 때문이다.

중국의 주자에게서 보였던 강목체 서술이 우리나라에서 보인 것은 고려조 충렬왕시의 민지(閔漬)에 의해서 편찬되었던 『본국편년강목(本國編年綱目)』(高麗太祖의 曾祖인 文德王부터 高宗 때까지의 역사기록 42권)이 시초이었던 것 같다. 그 뒤 조선조 선조시의 김우옹(金宇顒, 1540~1603)이 임진란 직전(1589)에 『속강목(續綱目)』 15권을 저술하였던 것이다.

그러나 우리가 볼 수 있는 강목체 서술은 이미 앞에서 열거한 유계(兪棨)의 『여사제강』과 임상덕의 『동사회강』 및 안정복의 『동사강목』 등으로 생각되며, 이 시기(17~18세기)에 집중적으로 나타난다는 점이 주목되어서 좋을 것이다. 그리고 앞서의 홍여하도 『동국통감제강』이라는 제목을 붙인 것을 보면 일단 강목체 서술을 시도하여 정통론을 담으려 했던 것으로 보인다. 그러나 홍여하의 『제강』(一名 東史提綱)은 강(綱)만 제시하고 목(目)을 수기(隨記)하지 않았으므로 편년체 서술로 간주하여야 할 것이다.

대체로 17~18세기의 역사기술의 두 가지 형식적 특징이 범례의 보편화와 강목체의 등장이라고 할 때, 여기에 따른 내용적인 변화 내지는 그 특징이 있을 수 있다.

우선 쉽게 대할 수 있는 것은 조선초기에 보였던, 이조정권의 자기합리화를 위한 사실(史實)의 전개가 다소 완화되고 있다는 사실이다. 물론 우·창왕에 대한 조선초기의 견해가 변화되는 것은 아니지만, 고려의 충신이면서 성리학에서도 추앙받는 우탁(禹倬)·길재(吉再)가 사서에 떠올려 열전의 반열(班列)에 오르게 되었다든가 하여,[73] 정치력의 역사에의 지나친 투영이 다소 완화·퇴조되고 있었던 것이 사실이다.[74]

---

73) 『高麗史』에는 吉再나 禹倬이 立傳되지 않았다. 그러나 17~18세기의 史書에서는 거의 立傳되고 있다. 『東史纂要』에서는 吉再가 高麗名臣傳에, 『彙纂麗史』에서는 吉再와 禹倬이 儒學傳에 立傳되었다.

74) 이 점은 특히 이 시대 史學者들이 朝鮮初의 『高麗史』를 어떻게 평가하느냐와 크게 관계가 있을 것이다. 『麗史提綱』에서는 『麗史 盖倣歷代全史之

그러나 사학사에 있어서 이보다 중요한 것으로 지적해야 할 내용상의 특징은 정통론의 대두와 그 전개라 할 것이다. 즉 이것은 앞서의 강목체 형식의 서술이 등장한다는 것과 때를 같이하여 대두하였고, 정통을 판별·강조하는 사학사상 중요한 전환기를 맞게 된다는 점이 될 것이다. 정통론이란 역사에서 포폄을 올바르게 하고 계통을 밝혀 대의명분에 충실한다는 것으로, 이러한 사상성을 담기 위해서는 강목체가 가장 적절한 서술체재가 되었을 것이기 때문에 강목체와 정통론은 불가분의 관계를 갖고서 이때에 동시에 등장하였을 것으로 생각된다.

중국에 있어서 정통론의 기원은 이미 한대(漢代)의 오행(五行)·오운(五運)의 설에서부터 시작되었던 것이다. 이것은 오행상극설(五行相克說)과 오행상생설(五行相生說)에 의하여 자기 왕조를 자연·천명에 의한 정통왕조로 합리화하려는 것이었다. [75]

그 뒤 정통론은 오운론(五運論)을 떠나『춘추』의 대일통론(大一統論)에 의한 것이 되었다고 한다. 이는 이미 사마씨의 진(晋) 때에 일어났던 것으로 삼국이 병립하여 통일되지 못한 시대가 있었기 때문에

體 故其世家則只載年月綱領而已 其餘國政沿革人物出處可鑑可戒者 皆散在雜志列傳之中學者乍見漫不省先後次序 雖曰一書 而其實三書也 且卷秩甚多披覽未半 輒至厭倦』이라 하였고,『東史綱目』에서는『高麗史本朝鄭麟趾奉敎撰 有世家·列傳·志·年表 凡一百三十九卷 按是書 世家失於繁 冗志失於脫略 列傳失於疎漏 比諸金氏 頗覺實而不能無後人之恨』이라 하였으며, 또『遯世高蹈立幟吾道者 旁搜尤致其詳 若韓惟漢 李資玄 安裕 禹倬之類(高麗史不立隱逸傳 使一代高逸多致淪沒可惜)』라 한 安鼎福의 태도에서 이러한 점을 볼 수 있다.

75) 內藤虎次郎, 支那史學史 p. 277 이하에 正統論에 관한 설명이 있다. 그에 의하면, 五運論은 戰國時代부터 있었으나 正統論의 뜻으로 쓰인 것은 秦·漢부터이다. 周가 火德이므로, 秦은 水가 火를 勝한다는 의미에서 스스로 水德이라 稱하였는데 이는 五行相克說에 의한 正統論이라 할 수 있다. 漢初에 이르러 秦이 연대가 짧음으로 해서 正統으로 치지 않고 閏統으로 간주하고 秦의 水德을 五德의 數에 넣지 않고 漢을 水德으로 칭했던 것이다. 그 뒤 五行相生說이 생겨 漢은 자기의 祖가 堯로부터 나왔다 하여 자신을 火德으로 하였다. 王莽은〈火生土〉에 의해 土德이라 자칭하였으나 新도 年代가 짧아 正統으로 치지 않고 후일 魏가 들어서서 土德이라 자칭하고, 土德의 처음 君이라 하여 黃初로 建元하였다. 吳의 孫權이 帝가 되었을 때 黃龍이라 建元한 것은 일찍이 漢을 계승한다는 뜻이었다. 따라서 이러한 것들은 五運論이지만 一種의 正統論을 포함하고 있었다고 한다.

이러한 일종의 정통론이 일어나게 된 것이다. 진의 진수(陳壽)는『삼국지(三國志)』에서 이미 삼국지라는 명칭으로 통일되지 않은 열국(列國)을 서술한다는 뜻을 강력히 비치었다. 그러나 서술에서는 위(魏)의 천자만 본기로 하고 촉(蜀)의 천자는 본기(本紀)로는 아니하고 천자의 명(名) 대신 선주·후주라고 기록하였으며, 오(吳)는 손권(孫權) 이하에 명을 쓰고 천자로는 인정치 않은, 말하자면 위에 의해 통일된 것 같은 위 정통으로의 역사를 기록했던 것이다. 진수의 이러한 역사서술 태도에 대하여 당시부터 이미 논의가 야기되었던 것으로 동진(東晋)의 습착치(習鑿齒)는『한진춘추(漢晋春秋)』를 써서 촉을 정통으로 인정했던 것이다. 이리하여 정통에 대한 논의는 분분하게 되었다.[76]

정통론이 다시 성하게 된 것은 송의 구양수(歐陽修)로부터인데 그 뒤 사마광·주희에 이르러 그들이 처했던 국가적 현실과 더불어 견해를 달리한 점이 엿보였다. 천하에 있어서 부정과 불일(不一)이 있기 때문에 정통론이 필요하다고 본 구양수는 정통의 정을 〈천하의 부정을 정(正)하는 소이〉로, 정통의 통을 〈천하의 불일을 합하는 소이〉로 인식했던 것이며, 따라서 삼대 이전의 정통은 논할 필요가 없고 진의 소양왕(昭襄王) 때부터 오대말까지는 정통을 밝혀야 한다고 주장하였다. 천하의 정에 거하며 그 분열을 통일한 것을 정통이라 인식한 구양수는, 통일을 이행하였지만 천하의 정에 거하지 않으면 윤통(閏統)으로 인식했던 것이다.

구양수의 이러한 정통론에 대하여 사마광에 있어서는 국가의 성쇠와 인민의 휴척(休戚)을 척도한, 현실주의적인 대세를 정통론의 근거로 삼았던 것이니 그에게 있어서는『춘추』에 있어서와 같이 포폄을 목적으로 한 것은 아니었다. 이 결과 그는 촉 대신 위를 정통으로 삼고, 주(周)·진(秦)·한(漢)·진(晋)·수(隋)·당(唐)도 또한 정통의 반열에 놓았던 것이다. 이와 같은 사마광의 정통론에 대하여 주자는

---

76) 南과 北에서는 서로 비방하여, 南은 北을 索虜라 하고, 北은 南을 島夷라 하였다. 예를 들면『魏書』에서는 宋의 武帝를 島夷 劉裕라 하였고, 齊의 天子를 島夷 蕭道成이라 하였다. 그러나 唐에 이르러 唐→隋→宇文周→北魏로 位가 거슬러 올라가는 것으로 되어 南北朝中 北朝를 正統으로 받들게 되었다.

『자치통감강목』을 지어 성리학적 대의명분에 입각한 정통론을 전개하였던 것이니 그가 『강목』을 쓴 것도 그 주지(主旨)가 정통에 있었던 것이다. 그가 제시한 정통은 주·진·한(蜀漢 後主 炎興 2년까지)·진(東晉 安帝 元熙 3년까지)·수·당이었다.[77] 그는 삼국시대에 있어서는 촉을, 남북조시대에 있어서는 동진을 정통으로 잡았던 것이다. 여기서 서진(西晉)의 진수(陳壽)와 북송(北宋)의 사마광이 위(魏)를 정통으로, 동진의 습착치(習鑿齒)와 남송의 주희가 촉을 정통으로 받드는 결과가 되었고, 이것은 그들이 소속했던 왕조의 현실을 합리화시키려는 역사의식이 작용하였던 것으로 보인다. 특히 주희는 정통과 대의명분을 밝히고 포폄을 정확히 하기 위하여 그 나름대로의 가치설정을 먼저 하고 그 가치관에 따라 역사서술을 시도하였다. 바로 그의 가치설정의 체계가 19항목에 달하는 「통감강목 범례」에 나타나 있다.[78]

대체로 중국에서 발단되었다고 보여지는 정통론이 크게는 중국적 중화의식의 소산이요, 적게는 소속왕조에 대한 의리와 깊은 관계를

---

77)~78) 『通鑑綱目』의 19項의 凡例目錄은 다음과 같다.

① 統系(正統·列國·篡賊·建國·借國·無統·不成君·遠方小國) ② 歲年 ③ 名號(正統·借國·篡賊·不成君·無統) ④ 即位(建都·起兵·加號·傳國) ⑤ 改元 ⑥ 尊位 ⑦ 崩葬(陵廟·追尊·改葬) ⑧ 篡賊 ⑨ 廢徙 ⑩ 祭祀(郊祀·封禪·宗廟·雜祭祀·冠婚·擧盛禮·宴饗·學校) ⑪ 行幸(巡幸·奔走) ⑫ 恩澤(制詔·更革·戒諭·遺詔·遣使巡行·號令) ⑬ 朝會(聘問·和好·游說·交質·割地·降附) ⑭ 封拜(選擧·賞賜·殊禮·徵聘·錄子孫·賜爵·賜姓) ⑮ 征伐(拔亂·借竊·夷狄·遣將·師名·戰·勝負) ⑯ 廢黜(后·太子·諸王·國除) ⑰ 罷免(囚繫·流竄·誅殺·寬宥) ⑱ 人事 ⑲ 災祥

그 중 제1항의 統系條에 보면,

① 凡正統謂周(起篇首威烈王二十三年盡赧王 五十九年) 秦(起始皇二十六年盡二世三年) 漢(起高祖五年盡炎興元年 此用習鑿齒及程子說 自建安二十五年以後黜魏年 而繫漢統與司馬氏異) 晋(起太康元年 盡元熙二年) 隋(起開皇九年 盡大業十三年) 唐(起武德元年 盡天祐四年)

② 篡賊謂篡位干統 而不及傳世者(如漢之呂后王莽 唐之武后之類 其隗囂公孫述安史之屬 又不得入此例)

③ 借國謂乘亂篡位 或據土者(如漢之魏吳)

④ 無統周秦之間(凡二十四年) 秦漢之間(凡四年) 漢晋之間(魏吳晋三大國凡十六年) 晋隋之間(凡一百七十年) 隋唐之間(凡五年) 五代(凡三十三年間)

⑤ 不成君謂仗義系統 而不能成功者 등을 들 수 있는바, 여기에서 朱子의 正統의 개념을 파악할 수 있다.

맺는 것으로 나타났다. 이러한 정통론이라는 사론이 16～17세기의 한국사회의 일련의 변화 속에서 강목체라는 역사서술 형식과 더불어 등장하게 되었다. 그러면 한국사회 특히 당시의 지식인들에게 자기의식의 심화현상의 하나로 보이는 정통론은 어떤 경로를 거쳐, 어떤 내용으로 사학계에서 논의되었는지 살펴보고, 그 정통론을 기반으로 하여 체계화하려 했던 한국 고대사 인식은 어떠했는지 주목해보자.

2. 古代史認識

(1) 正統論의 展開

위에서 우리는 중국을 중심으로 한 정통론의 전개에 유의하였다. 그런데 17～18세기의 한국 사학사에서 보면 사서로서는 홍여하의 『동국통감제강』에서 처음으로 이 정통론이 대두되는 것이 아닌가 생각한다.

그는 기자조선─마한─신라로 이어지는 역사의 계통 속에서 정통론에 입각한 한국 고대사 체계를 파악·인식하려 했던 것 같다. 홍여하는 이러한 역사적 인식을

> 구사(舊史)에는 기준(箕準)이 남분(南奔)한 후 위만조선이라 불렀다. 이는 특히 사가정통지체(史家正統之體)를 잃은 것으로 지금은 조선기(朝鮮紀)로써 기준에 연결시킨다. 마한미망(馬韓未亡)에 삼국시조가 모두 신례(臣例)를 썼으므로 칭왕(稱王)하지 않는다.[79]

라 하여 기준(箕準)에서 마한으로 연결시키는 일련의 체계를 내세웠고, 마한이 삼국의 어느 나라로 연결되어 정통화되느냐에 대하여는

> 삼국을 그 대소로 논하면 신라의 초는 고구려의 크기만 하지 않다. 그러나 신라는 고구려·백제보다 먼저 개국(開國)했고 그 마지막에 통일하였으므로 동사제가(東史諸家)는 모두 신라로써 여·제의 위에 두었다. 지금 생각컨대 고구려는 요계(遼界)에서 입국하여 이백여년 연후에 평양으로 동사(東徙)하였

---

79) 洪汝河, 東國通鑑提綱 凡例 『舊史箕準南奔之後 稱衛滿朝鮮 殊失史家正統之體 今以朝鮮紀 係之箕準馬韓未亡 三國始祖 皆用臣例 不得稱王』

으나 그 사(史)는 증거(李文眞 所撰)로 삼기에 부족하다. 온조(溫祚)는 마한을 멸하여 기씨지사(箕氏之祀)를 끊어 그 불인(不仁)이 심하다. 거세(居世)의 성덕은 가히 기자지통을 이을 만하다.[80]

고 하여 신라로 연결시키고 있었다. 홍여하의 주장은 범례에서,

구사(舊史)에서는 모두 단군으로부터 시작하였으나 이제 기자로부터 끊어서 시작하였는데, 이는 사마천 『사기』에서 황제(黃帝) 이하를 끊어서 서술하는 예에 준한 것이다.[81]

라 하여 단군을 정통에서 제외하는 듯이 보인다. 그러나 그의 역사서술에서 보면, 권1 조선기 상 서두인 은태사조(殷太師條)에서 그는,

당우지제(唐虞之際)에 동방에 제국이 있었는데 동장(東長)·동진(東眞)·숙신(肅愼)·단군(檀君)이라고 불렀다. 진(眞)과 장(長)은 모두 어디에 있었는지 모르나, 숙신은 지금 함길(咸吉) 등의 땅에 위치하였고, 단군의 도읍한 바는 지금의 평양이었는데 모두 조선의 구지였다. 단군은 요제(堯帝)와 병립하였는데 이것이 단군조선으로, 개국한 지 천여년에 이르러 은(殷) 무정(武丁)의 때에 국절무사(國絶無嗣)하게 되었다.[82]

고 기술하였고, 분주(分註)에는 단군의 소위 천수(千壽)를 비합리적인 것으로 보고 이른바 1048년은 단씨전세역년지수(檀氏傳世歷年之數)이지 단군지수(檀君之壽)가 아님을 변론하고 있다.[83]

---

80) 洪汝河, 東國通鑑提綱 凡例 『三國論其大小 則新羅之初不如高句麗之大 然新羅開國先於麗濟 而其終也 又爲新羅統一 故東史諸家皆以新羅冠於麗濟 之上 今按高句麗立國遼東界 過二百餘年然後東徙平壤 其史不足爲據(出李 文眞所撰) 溫祚滅馬韓 絶箕氏之祀 不仁甚矣 而赫居世之盛德 可以承箕子 之統(後略)』

81) 洪汝河, 東國通鑑提綱 凡例 『舊史皆起檀君 今斷自箕子以下 依遷史斷自 黃帝以下例』

82) 洪汝河, 東國通鑑提綱 朝鮮紀上 殷太師條 『唐虞之際 東方諸國有 曰東長 曰東眞 曰肅愼 曰檀君, 眞長皆不知所在 肅愼在今咸吉等州境 檀君所都在 平壤 皆朝鮮舊地也 檀君與堯並立 是爲檀君朝鮮 開國千餘歲 至殷武丁世 國絶無嗣』

83) 東國通鑑提綱 권1 『或曰所謂千四十八年者 乃檀氏傳世歷年之數 非檀君之 壽也 此或近之』

홍여하가 범례에서와는 달리 단군을 기자의 위에 올려놓은 것은 마치 안정복에 있어서와 비슷하다. 안정복은 역시 『동사강목』 범례에서

> 무릇 통계(統系)는 사가개권(史家開卷)의 제일의(第一義)이다. 그러나 『통감』은 단군과 기자의 사적(事蹟)을 따로이 외기(外紀)로 하였는데 그것은 잘못된 것이다. 이제 정통은 기자로부터 시작하고 단군은 기자동래지하에 부견(附見)하였는데 이는 『통감강목』편수(篇首)의 삼진(三晉)의 예를 모방해서 그렇게 한다. [84]

고 하였다. 그러나 『동사강목』의 실제 기록에서 보면 단기지사(檀箕之事)를 정통의 시초로 잡고 있다. 이 점 홍여하의 것과 안정복의 것은 큰 차이가 없다고 보인다.

그러나 홍여하의 정통론이 후일 성호(星湖)에게서처럼 중국중심 세계관에서의 이탈을 의미하는가에 대하여는 확언할 수 없다. 그렇지만 홍여하의 사학에서는 자국중심의 역사서술을 주장하는 내용들이 보이는 것은 사실이다. 그의 저서인 『휘찬여사』에는 외이전(外夷傳 : 日本·契丹·女眞)이 있는데, 이것은 전대의 사가들이 전혀 시도해보지 못한 대담한 주체성이 엿보이는 점이기도 하다. 또 그의 두 사서에서의 주장은 중국사에서 아국을 취급하는 것처럼 한국사에서도 중국사를 취급해야 할 것이라는 것이었다.

> 춘추노사(春秋魯史)가 주사(周事)를 기록하면서 열국지사(列國之事)도 역시 기록하고 있는 것은 마치 『통감강목』등서가 해외국사(海外國史)를 많이 싣고 있는 것과 같다. 이는 사가지법이다. 동국 구사는 중국지사를 기록하지 않았는데 사가의 대강령의 소류(疎謬)한 것이 특히 심하다. 그러므로 『좌전』에서의 중국 역대제왕의 붕조(崩殂)를 예서(例書)함과 같이 중국의 흥망대치(興亡大致)를 약술하고 써 사가지체(史家之體)를 삼는다. [85]

---

84) 東史綱目 凡例 『凡統系 爲史家開卷第一義 而通鑑以檀箕事蹟 別爲外紀 其義不是 今正統始于箕子 而檀君附見于箕子東來之下 倣通鑑綱目篇首三晉之例』

85) 東國通鑑提綱 凡例 『春秋魯史而記周事 至於列國之事 亦皆備述 如通鑑綱目等書 多載海外國事 此史家之法也 東國舊史 不記中國之事 史家大綱領疎謬特甚故 今依左傳例 書中國歷代帝王崩殂 因略叙其興亡大致 以存史家之體』

이것은 중국사도 한국사의 범위에 넣어 서술하려는, 홍여하 사학의 일단을 엿볼 수 있는 점이다. 홍여하에게 있어서는 중국이 외이열전 (外夷列傳)을 가질 수 있는 것과 같이 한국도 그것을 가질 수 있으며, 중국사에 한국사 부분이 서술될 수 있듯이 한국사에도 중국사 부분이 서술될 수 있다는, 한국과 중국의 동등한 지위를 암시하는 점이 보인다. 이러한 점을 통하여 생각해보면 홍여하의 정통론은 단순히 한국사의 주류를 밝히는 문제에 국한된 것만은 아니었다고 생각된다. 오히려 주체적 한국사의 재편성 작업의 한 방편으로 정통론이 거론된 것이 아닐까 생각한다.

다음으로 우리는 성호 이익(李瀷, 1681~1763)의 「삼한정통론(三韓正統論)」에 접하게 된다. 성호는 홍여하의 몰후 7년 후에 출생하였던 사람으로 그의 「삼한정통론」의 주장은 한국사가 중국의 역사와 그 흥폐와 시종이 비슷하다고 인식한 데서 출발하였다. 즉 그는 『동국의 역대 흥폐는 대략 중화(中華)와 더불어 그 종시(終始)가 비슷하다』[86] 고 하면서 그 대비되는 시기의 역사를 다음과 같이 비교하고 있다.

단군(檀君)……………………………요(堯)
기자(箕子)……………………………주무왕(周武王)
기준 입 이십여년(箕準立二十餘年)…진승·항우기(陳勝·項羽起)
마한시작(馬韓始作) ………………………한흥지제(漢興之際)
백제지멸마한(百濟之滅馬韓) …………신망찬한지원년(新莽簒漢之元年)

이렇게 비교한 후 그는 『대소가 비록 다르나 기수지교(氣數之巧)가 더불어 상부(相符)함이 이와 같으니 그 까닭이 무엇일까』[87]라고 설파한 후, 한국이 예의인현(禮義仁賢)하다고 칭하여진 지 이미 오래되어 설자(說者)는 반드시 소중화라 부르며, 그중 마한이 동토에서 유국전서(有國傳緒)하였기 때문에, 『나는, 마한을 곧 동국의 정통이라 부른다』[88]고 하였다. 성호는 그의 정통론의 체계를 단군—기자—마한으로 발전시키고 있으며, 위씨조선 대신에 마한으로 관련시킨 것은 또 기

---

86) 星湖集 권38 三韓正統論 『東國之歷代興廢 與中華相終始』
87) 星湖集 권38 三韓正統論 『大小雖別 氣數之巧 與相符如此 其故何也』
88) 星湖集 권38 三韓正統論 『東土之有國傳緒者 惟馬韓是已(中略) 余故曰馬韓者 即東國之正統也』

자풍교지화(箕子風敎之化)를 전수받았기 때문으로 보고 있다. 특히 성호가 한국사를 중국의 역사와 대비한 것은 소중화적 의식도 있었겠지만 그보다는 중국과의 대등한 역사발전을 내세운 자주성과 깊이 관련이 있으리라고 생각된다.

성호의 이와 같은 사론은 순암 안정복에게 발전적으로 계승되었던 것 같다. 순암은 성호로부터 동사에 관한 많은 교시와, 동사에 유의하라는 부탁을 받고 있었다. 그는 『동국통감』과 전사의 비판에서 ① 삼국이전 특히 단기지사(檀箕之事)를 외기(司馬光과 더불어 자치통감 편찬에 참여했던 劉恕가 후일 通鑑外紀라는 것을 남긴 바 있는데 여기서 그 명칭을 끌어 들인 듯함)에 넣은 것을 통박하고[89] ② 위만이 단·기조선(檀箕朝鮮)을 계승한 것처럼 서술한 것을 역시 비난하고, 위만 대신 마한을 정통으로 보아야 한다고 주장하였다.[90]

그는 또 주자의 정통·무정통의 예에 따라 정통은 단군조선·기자조선·마한에서 삼국통일이 이루어지는 신라 문무왕 9년으로 계승되며, 신라말에서 바로 고려 태조 19년 이후로 연결된다고 주장하였다.[91] 따라서 마한이 백제에 멸망된 후의 삼국시대는 무정통의 시기로 인식했던 것이다.[92] 안정복은 삼국시대를 삼국이 동등한 자격을 갖고 있기 때문에 어느 한곳에 정통을 둘 수 없다고 보았던 것이며, 이 점 삼국시대의 정통을 신라에 두었던 홍여하와는 견해를 달리한 것이었다.

위에서 우리는 목재(木齋)·성호·순암의 정통론과 그 차이를 살펴보았다. 우리는 여기서 당시의 정통론이 어떤 배경을 가지고 발생했

---

89) 東史綱目 凡例 註83 참조. 그 註에 『按檀君 首出御國 箕子肇興文物 各千餘年 神聖之治 宜有不可泯者 而通鑑 以爲史書無傳 編於外紀 外紀之名 始於劉恕 劉恕與司馬公修資治通鑑 復采上古以下 作通鑑外紀 雜出於傳紀者 無所揀擇而書之 若女媧補天羿射十日之類是也 故名以外紀 檀箕事實雖湮 豈可同於此科乎』라 하였고, 또 順菴集 권10 東史問答 丙子條에서도 『東方之有國久矣 宜有一史以倣綱目 而不聞有焉 何哉 編年之書有通鑑一部而全無義例 檀箕雖無事實 豈可置於外紀 同于傳疑之例耶』라고도 하였다.

90) 順菴集 권10 東史問答 與李貞山書『衞滿借賊 並列爲三朝鮮之名 遵何德哉 馬韓爲箕氏之嫡統 羅濟之始 亦爲服屬 則何以沒之耶』 順菴集 권10 東史問答 與李貞山書『檀箕馬韓爲正統之首 而衞氏三國分註其下』

91)~92) 東史綱目 凡例 『正統 謂檀箕馬韓新羅文武王(九年以後) 高麗太祖 (十九年以後)(中略) 無統 謂三國并立之時』

는지를 살펴보아야 한다. 여기서 먼저 지적해두어야 할 것은 17~18세기의 정통론이 중국과 같이 소속 왕조에 대한 의리[93]에만 그친 것이 아니라는 점이며, 오히려 중국중심 세계관에 대한 주체적 역사인식의 한 요소로 파악됨이 가능하다는 것이다.

일찌기 성호는 『무릇 서양의 중국에 대한 것은 종속이라 할 수 없다. 각기 황왕(皇王)이 있고 임금은 역내(域內)를 다스린다』[94]고 하였고 또,

> 오늘날의 중국은 대지 중의 일편토(一片土)에 지나지 않는다. (中略) 소자(邵子)의 말에 일신에도 또한 하나의 건곤(乾坤)이 있다고 하였는데 이는 한 나라에 대해서도 마찬가지다. (中略) 크게는 구주(九州)도 하나의 나라요, 적게는 초(楚)도 하나의 나라이고 제(齊)도 하나의 나라이다.[95]

라고 하였다. 이것은 서양과 초·제까지도 하나의 나라이며, 그러므로 각국의 독립성을 인정치 않으면 안된다는 뜻이 되는 것이다. 조선의 독자성을 인식하려는 이러한 태도는 순암에게서도 종종 나타났던 것이다.

그러면 성호·순암에게서 보여지는 이러한 중국중심 세계관의 탈피가 어떻게 해서 나타났을까? 이것은 임진란 이후 사회발전의 영향으로 해석될 수도 있을 것이고, 서양문명의 한국에로의 유입 때문에 일어난 세계관의 확대로도 볼 수 있을 것이다. 특히 농업 및 다른 생산력의 증가는 17~18세기에 이르러서 급속히 발전하고 있었던 것은 주목될 점이기도 하다.

그러나 우리가 지금까지 언급해온 사학사 즉 사서의 변화를 통해서 본다면 정통론의 대두와 중국중심 세계관에의 탈피가 역사서술의 방식이 〈강목체〉로 전환하는 일련의 시기와 관계가 있지 않을까 생각한다. 이렇게 보려는 것은 이 시기가 사학사에 있어서 어떤 역사의식의

---

93) 陳壽(魏·西晋人)와 司馬光(北宋人)이 魏를 正統國家로 삼았다거나, 習鑿齒(東晋人)와 朱熹(南宋人)가 蜀을 正統國家로 보려고 한 것은 所屬王朝가 처한 환경과 밀접한 관계가 있다. 後二者의 경우 그들이 華北의 大勢에서 떨어져 있었기 때문에 그 점은 더했을 것이다.

94) 星湖續集 권17 跋天問略 『夫西洋之中國 未之相屬 各有皇王 君主域內』

95) 星湖僿說 天地門 分野條 『今中國者 不過大地中一片土(中略) 邵子曰一身 還有一乾 一國亦然(中略) 大則九州亦一國也 小則楚亦一國也 齊亦一國也』

변화를 촉진서킨 계기가 있었다는 것을 추구하자는 것이다.

앞에서 본 바와 같이 17~18세기의 사서 출간을 보면, 『동사찬요』는 1609~13년 사이에서 출간된 것이고, 『동사보유(東史補遺)』는 17세기초에 출간되었다. 그러나 이 둘은 강목체가 아니었고, 전사의 답습이었다. 그러나 중국에 있어서 명(明)이 쇠하고 청(淸)이 흥기하는 17세기초, 그리고 중국대륙의 주인공이 명에서 청으로 바뀐 1644년, 그후에 한국에서는 대의명분이나 사상성을 강조하는 역사서술, 강목체가 나타난 것이다. 즉 1667년에 간행된 유계(兪棨)의 『여사제강』의 강목체 서술, 1672년에 홍여하의 『동국통감제강』의 정통론이 등장하게 되는 것이다. 지금껏 오랑캐로 여겨온 청의 등장은 전통적인 존명중화의 식에 빠져 있던 한국인에게 큰 충격을 주었을 것이고, 신왕조에 대한 반동적인 역작용이 여러 면에서 나타났음직도 하다. 다시 말하면 반청감정이 한편으로는 명에 대한 문화사대적 사상을 강조하였고, 한편으로는 명에 밀접히 연계되어 있던 자기전통과 자기현실에 대한 새로운 인식을 심화시켜 주었을 것으로도 생각된다. 명의 숭정(崇禎) 연호의 계속적인 사용이나, 임진란 전후를 비롯하여 18세기까지 계속되는 기자에 대한 강조가 한층 두드러졌던 것은 바로 이러한 조류의 하나로 보이며, 한국사의 정통론이 기자에게서 시작되는 듯한 일부의 주장도 이 점과 관련 있을 듯도 싶다.

이러한 여러 점을 통해서 볼 때, 당시의 국제적 제 상황――명의 멸망――에 따른 반청(反淸) 감정이 한국인에게는 자기인식의 심화 및 중국중심 세계관의 탈피를 촉진시켰을 것이다. 오랑캐가 중국의 지배자가 된 이상, 중국은 이제 더 이상 옛날의 중화(中華)가 될 수 없다는 사상이 중국중심 세계관에서 벗어나는 중요 계기가 되었던 것이다. 이로 인하여 한국사의 주체적 체계화의 작업이 적극 활발하게 되었고, 그것이 정통론이라는 형식을 밟아 표출되었던 것이다.

명이 무너지면서 당시 그 주변국에는 국제관계에 민감한 반응을 불러일으켰던 것을 엿볼 수 있다. 순암은

　일찌기 남학명(南鶴鳴)의 『회은집(晦隱集)』을 보니 인조 병자(1636) 후에 일본이 국서에 그 연호를 썼으므로 변신(邊臣)이 이를 받지 않았는데 왜인이 말하기를 대명(大明)이 이미 멸망하였고, 귀국은 호(淸)를 섬기므로 이미 망한 명의 연호를 가히 쓸 수 없고 또 견양지연호(犬羊之年號:淸)도 쓸

수 없다. 거기에다 일본국 연호도 쓰지 말라고 하니 어떻게 하라는 것이냐?
최명길이 듣고 탄하여 말하기를 일이 이미 여기에 이르렀으니 어찌하랴?
(中略) 아국이 일본의 관백(關白)과 항례(抗禮 : 대등한 교제)케 되었으니
그 욕이 심하다. [96]

고 하면서 명의 멸망 후 일본의 연호 사용을 걱정하며 여기에 대한
대책을 성호에게 물었고, 성호도 학봉(鶴峯) 같은 이가 있으면 가히
처리할 수 있을 것이라고만 답하고 있다. [97]

또 수암은 분명히 청을 의식하고서, 전중국을 통일한 정권이라고
하는 경우에도 중국민족이 아닌 경우에는 중국의 정통이 될 수 없다
는 견해를 가지고 있었다. 즉 원과 청은 이민족이기 때문에 전중국을
지배하더라도 그것은 강도가 남의 집을 차지한 것과 같이 집 주인이
될 수 없고 따라서 원·청도 정통의 위치를 인정할 수 없다고 보았던
것이다. [98]

여기까지 보면 17~18세기의 정통론에는 사회발전에 대응하는 일련
의 사상의 정립이라는 점과 세계관의 확대에 따른 자주적인 국가인식
이라는 면도 있으며, 이와 아울러 화이관(華夷觀)에 입각한 가치관의
변천도 부정될 수 없다. 즉 명 멸망 청 흥기에 따른 자아의 정립, 개
체의 주체적 인식이 정통론이라는 사론으로 나타났던 것으로 보인다.
이렇게 보아야만 17세기 중엽 이후에 나타나는 역사서술 방식 및 사
관의 변화를 설명하기에 용이하게 되고, 그러다가 18세기말 19세기
초에 이르러 화이론이 새로운 각도에서 조선 지식인들 사이에서 해석
될 때 새로운 역사기술의 대두가 있게 되는 것으로 본다.

중국의 경우 청초(淸初)에 여유량(呂留良)·증정(曾靜) 등의 화이론
에 입각한 반청사상이 옹정제(雍正帝, 1723~1735 在位) 등의 반론에 부

---

96)~97) 星湖集 권15 答安百順問目中 참조.
98) 順菴集 권12 椽軒隨筆上 華夷正統條 『苟可以得天下 通謂之正統 則是大不
然』『中夏聲名文物之鄕(中略) 動搖乎秦晋隋南北五代 復正于漢唐宋 而穢
亂于元淸 譬如一家 以父傳子 以子傳孫 多歷年所 忽有劫盜 奪而有之 以爲
己物 又經累年 幸其子孫 有能克家者 勦除劫盜 克復舊業 則不可以中間劫
盜之淹取者 謂之眞主人 而使奉其先祀 撫其奴僕 以續其宗統也 明矣 以北方
之中華之主則天之子也 夷狄卽劫盜也 說者曰 以人觀之 雖有華夷之分自天
視之 豈有彼此之別乎 元淸直可繼宋明之統 而不可以陰削之也』 또 同椽軒
隨筆上의 夷狄亂華條와 蜀漢正統條 참조.

딋혀 점차 퇴색해갔던 것으로 보인다. 즉 옹정제는 그의 이론을 화이의 개념에 두고 화(華)와 이(夷)의 소이연은 문화(仁·義·德·五倫)의 유무에 두어야지, 인종 자체에 둘 수 없다고 주장하였다. 중원 이외의 땅에서 낳았다고 하여 이적(夷狄)으로 규정될 것이 아니라, 소출지처(所出之處)가 변방이라 하더라도 문화만 갖추어져 있으면 인종의 성분을 가지고 구태여 화이를 구별할 필요가 없다는 내용이었다. 그러므로 문화가 없는 자를 이적이라 할 수 있다는 견해에서 본다면 중원인도 이적이 될 수 있으며, 몽고인까지도 문화를 갖고 있다는 의미에서 더 이상 이적이 될 수 없었던 것이다. 따라서 이러한 경지에 이르고 보니 한인(漢人)이 주장하던, 소위 소출지처를 중심한 화이론은 근본적으로 부정되었던 것이다. [99]

중국에서 논의되어 점차 변화되어가던, 문화적 가치에 의한 화이론이 박지원(朴趾源) 등의 조선의 지식인에게 전하여지면서 조선의 지식인들 사이에 종래의 소위 소출지처에 의한 화이론이 점차 지양되었던 것이다. 그리하여 다산(茶山) 정약용(丁若鏞)에 이르러서는 화이의 구분은 문명의 수준에 의하여 평가되어야 한다는 새로운 사상으로 나타나게 되었던 것이다. [100] 이러한 사상계의 변화와 더불어 종래의 정통론 중심의 사학도 점차 지양되어갔던 것으로 보이는데, 18세기말 19세기초의 일련의 사서들——예하면 이긍익(李肯翊)의 『연려실기술(燃藜室記述)』, 한치윤(韓致奫)의 『해동역사(海東繹史)』 등은 이러한 새 사조와 함께 나타난 것으로 본다. 이와 함께 후술할 이종휘(李種徽 : 修山)의 『동사(東史)』가 나타나게 되는 것이다.

(2) 古代史의 體系化

이제까지 우리는 정통론에 입각하여 17~18세기의 고대사의 인식체계가 어떠함을 보아온 셈이다. 정통론이라는 사론의 등장은 단순히 대의명분만 강조한 것이 아니고, 한국사 특히 고대사를 일정한 역사

---

99) 閔斗基, 淸初의 皇帝統治와 思想統制의 實際(中國近代史研究, pp. 2~53) 참조.
100) 李佑成, 李朝後期近畿學派에 있어서의 正統論의 展開, 歷史學報 31輯, p. 178. 이 논문에 茶山의 이 같은 견해를 제시하고 있다. (茶山全書上의 跋拔魏論 및 東胡論 참조).

의식 밑에서 체계화시키는 데 크게 기여했다고 보여진다. 사실상 고대사에 대한 체계적 인식은 정통론이라는 세례를 받아 종래와는 다른 역사인식으로 등장했던 것이다.

목재 홍여하의 경우는, 단군—기자—마한—신라—통일신라로 연결되는 계통에서 한국사의 정통화를 찾으려 하였다. 그에게 있어서는 위만조선은 참위(僭僞)로 몰아버리고, 기타는 고구려·백제까지도 마한·신라에 부(附)하는 형식을 취했던 것이다.

순암 안정복의 경우는, 단군—기자—마한—삼국(無正統)—통일신라—고려로 체계화시키고, 마한과 동시대의 위만은 참위(僭僞)로 처리하고 진(辰)·변(弁)·예(濊)·맥(貊)·옥저(沃沮)·사군이부(四郡二府)를 부하는 형식을 취했던 것이다. 순암의 경우는 성호의 「삼한정통론(三韓正統論)」을 답습하고 있다는 점을 지적해야 할 것이다.

여기서 홍여하의 경우나 안정복의 경우는 모두 삼국시대(A.D.8)초까지 마한이 존재했음으로 해서 먼저 마한의 기년(紀年)을 쓰고 그 다음에 삼한의 기년을 쓰고 있으며, 홍여하는 마한이 존재하는 동안 삼국의 왕을 군(예하면 新羅의 南解君 등)으로 기록하여 유교적 대의명분을 철저히 하려는 점이 엿보인다. 그러면 정통론하에서의 이러한 고대사 인식은 전사(前史)와 어떻게 다른가?

먼저 『삼국사기』는 그 명칭이 시사하는 바와 같이 신라·고구려·백제의 삼국에 관한 역사를 쓰고 있어서 그 전과 후의 체계화에는 크게 유의하지 않았다. 그러나 고구려의 동천왕조에는 평양을 선인왕검(仙人王儉)의 택(宅)[101]이라 한 것이 보이고 권22 끝의 김부식의 논(論)에 기자에 관한 기록이 보인다. 그러나 그 연결관계나 체계화의 시도는 보이지 않고, 다만 고구려·백제의 지배층을 부여계로, 신라와 백제의 지역을 삼한계로 파악했을 뿐이다. 따라서 김부식은 한국사를 일원적으로 체계화시키려고 의도하지도 않았고 『삼국사기』에 나타나지도 않는다.

고대사에 대한 체계적 인식의 첫 시도로는 『삼국유사』가 있다. 여기서는 기자에 대한 언급이 단군조선 밑에 부견(附見)되어 있어서 단군—(기자)—위만의 계열로 파악하려 하고 있다. 그러나 한국 상고사

101) 三國史記 권17 東川王 21年條『王以丸都城經亂不可復都 築平壤城 移民及廟社 平壤者本仙人王儉宅也 或云王之都王儉』

를 삼국시대와 연결시키려는 일정한 체계화는 보이지 않고, 북부여·
동부여·마한 이부(二府)·72국·낙랑국·북대방·남대방·말갈발해·
진한·변한백제(卞韓百濟)·고구려 등이 다원적으로 무체계화(無體系
化)된 나열만을 보여주고 있다.

한국사에 대한 체계적 인식은 『동국사략』[102) 『동국통감』 『동사찬요』
등에서 비로소 형성되는 것 같다.

『동국사략』에서는 대체로 삼조선(檀君·箕子·衛滿)·사군이부·삼
한·삼국기(三國紀)의 체계로 세워져 있으며, 삼한의 경우 마한에는
삼조선과의 연결관계가 보이지 않는다.

『동국통감』의 경우도 외기(外紀)에 단군조선·기자조선·위만조선·
사군이부·삼한(箕準이 攻破한 것으로 되어 있음)과 본기에 삼국이 나타
나는 순서로 되었고, 이러한 인식이 17세기의 『동사찬요』에 이르고 있
다. 『동사찬요』에서는 『동국통감』이 외기에서 처리한 것을 본기 권 1
에서 취급하고 있다.

따라서 17~18세기 이전의 고대사의 체계화는 대체로 다음과 같이
도식화시킬 수 있을 것이다.

단군——→기자——┐위만(四郡二府)——→ ┐ 고구려
　　　　　┈┈┈┈┘　　　　　　　 │ 백　제
　부　삼한——————→ ┘ 신　라

그러나 정통론을 거치는 동안, 전술한 바와 같이, 다음 표와 같이
전개되었다.

단군——→기자——→마한┈┈→(三國)——→통일신라——→고려
　　　　　　참위(僭僞)　위만

여기서 우리가 주목하는 것은 18세기 안정복과 거의 동시대의 인물
로 추측되는 수산(修山) 이종휘(李種徽)의 한국 고대사 인식이다. 그

---

102) 『東國史略』의 著者에 대하여는 여러 가지 견해가 있다. 安鼎福은 權近
　　등을 꼽고 있으며, 그 명칭을 『三國史略』이라고도 하였다. 17세기의 金烋
　　는 그의 『海東文獻總目』에서 여러 저자를 제시하고 있다. 즉 朴祥(成宗
　　朝)·李塏·柳希齡·閔齊仁 들이라고 하는바, 따라서 현존하는 『東國史
　　略』을 모두 權近撰이라고 단정하는 것은 불가하다고 생각되며, 이에 대
　　한 연구가 있어야 할 것이다.

의 사학은 일찌기 단재 신채호가 다음과 같이 언급한 바가 있다.

　　이종휘의 『수산집(修山集)』은 단군 이래 조선 고유한 독립적 문화를 영가
(詠歌)하여 김부식 이후 사가의 노예사상을 갈파하여 특유한 발명과 채집
(採輯)은 없다 하여도 다만 이 한가지로도 또한 불후(不朽)에 수(垂)할 것
이다. ……이수산 일파를 제하고는 (我史家) 국민의 자감(資鑑)에 공하려 함
보다 외인에게 첨미(諂媚)하려 한 의사가 더 많다. [103]

　수산은 『동사』를 본기·세가·열전·연표·지로 나누었는데, 형식
면에서 우선 그의 사학이 한국사의 주체성과 대단히 깊은 관련이 있
을 듯하다. [104] 그의 사학 전반에 대하여는 한마디로 무어라 단정하기
어렵지만, 그의 고대사 인식이 종래의 제가(諸家)에 비하여 특이한
것은 쉽게 발견된다. 즉 수산의 고대사 인식체계는 17~18세기의 정
통론적 인식체계(箕子──馬韓)를 일부 계승하면서, 그 이전에 가졌던
기자──위만의 인식체계도 포함하고 있는, 보다 포괄적인 데로 일대
회전을 시도하고 있다는 점이다. 다시 말하면 단군에서 기자로 이어
지는 전승관계가 종래에는 위만 아니면 마한으로 이어졌던 것인데 수
산에게서는 이원적으로 삼한과 위만에 계승되는 것으로 되었고, 종래

---

103) 申采浩, 朝鮮上古史, 1948. pp. 15, 17.
104) 司馬遷의 『史記』가 형식면에서 本紀·年表·書·世家·列傳의 형식을
　　취하고 있는바 李修山도 거기에 못지 않는 형식을 취하고 있음이 보인
　　다. 특히 本紀와 世家를 같이 제시하고 있음이 주목된다. 『修山集』 권11
　　~12에 보이는 『東史』의 목차만 제시하면 다음과 같다.
　　本紀：檀君本紀·箕子本紀·三韓本紀·後朝鮮本紀(衛滿朝鮮)
　　世家：箕子世家(補遺)·扶餘世家(扶餘·高句麗·百濟)·渤海世家·伽倻
　　　　　世家
　　列傳：濊貊沃沮沸流樂浪列傳·高句麗家人列傳(東明·柳花太后·東明禮后·
　　　　　松后·于太后·中川椽后)·高句麗宗室列傳(解明·好童·鄒安·報德
　　　　　王 등)·耽羅列傳·陜(父)扶(芬奴)乙(豆智)松(氏)列傳·乙支文
　　　　　德列傳·薛聰崔致遠列傳
　　年表：三朝鮮年表·三韓年表·六國年表(扶餘·濊貊·沃沮·沸流·四郡二
　　　　　府)
　　表：　四郡二府建置沿革表·三韓之際七十八國分屬表·古史古今人表(人物
　　　　　評 及 等級)
　　志：　禮樂志·食貨志·神事志·高句麗藝文志·高句麗律曆志·高句麗天
　　　　　文志·高句麗地理志·高句麗刑法志

까지 그다지 거론되지 않던 부여·고구려계가 단군을 계승하는 것으
로 되면서 부여·고구려 중심의 한국사 체계로 전환하고 있는 듯하다.
『동사』의 기자세가에는 기자로부터 준왕(準王)에 이르기까지의 왕명
을 모두 밝히고 있다. 이 점은 후일 한말 정교(鄭喬)의 찬한 『대동역
사(大東歷史)』에서도 그 세계를 밝히고 있는 바와 같다. 이러한 그의
고대사 인식체계는 다음 표와 같이 틀을 잡고, 거기에다 가야·탐라

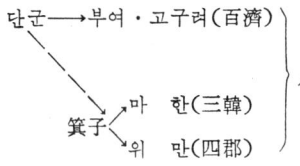

(耽羅)·발해를 포괄하여
종합적인 고대사 인식체계
를 구상하였던 것으로 보이
며, 이중 특히 부여·고구
려 중심의 고대사 인식체계

가 단재 신채호[105]에 영향을 크게 미쳐 새로운 한국 상고사의 체계화
를 시도한 것이 아닌가 생각한다.

結　語

우리는 지금까지 『동사찬요』에서 『동사』까지의　17~18세기의 사서

---

105) 丹齋의 韓國上古史 인식체계는 다소 모호한 점이 있으나, 그의 『朝鮮
上古史』와 『朝鮮上古文化史』를 종합하여 대략 다음과 같이 파악할 수 있
을 것이다. 즉 신수두時代의 大檀君王儉이 三朝鮮分立時代(支那戰國時
代)에 이르면, ① 大檀君王儉의 子孫 解氏에 의한 신朝鮮(今 奉天省 東
西北지방과 吉林·黑龍省·沿海州 南端을 포함)과 ② 箕氏에 의한 불朝
鮮(즉 遼東지방으로 開原 以南과 興京 以西지방) ③ 韓氏에 의한 말朝鮮
(鴨綠江 以南으로 平壤중심)으로 분열된다. 三朝鮮은 그 후 列國爭雄時
代(對漢族激戰時代)에 이르면 신朝鮮이 北夫餘(北夫餘에서 高句麗가 派
生됨)와 東夫餘로 분열되고 신朝鮮의 일부 遺民이 洛東江 연안의 右便으
로 이동하여 辰韓部 즉 辰韓을 성립시키며, 불朝鮮의 箕氏는 衛滿에 쫓
겨 南遷, 馬韓을 탈취하고 그 유민의 일부는 洛東江 연안의 左便에서 卞
韓部 즉 卞韓을 결성하며, 韓氏의 말朝鮮은 남쪽 月(日)支國으로 遷都하
여 馬韓이라 하였고, 이 馬韓은 후에 불朝鮮 箕氏의 準에게 멸망되었으나
馬韓諸國이 共起하여 準王을 멸하였다고 한다.
　그런데 丹齋의 上古史 인식체계는 三朝鮮 및 三韓 설에서 특이한 면이
있으나, 大檀君王儉의 後裔가 신朝鮮에서 夫餘·高句麗로 연결되어 上古
史 인식체계가 夫餘·高句麗 중심으로 된다는 점에서 修山의 영향을 받
은 것이 아닌가 생각된다.

들을 보아왔다. 이러한 사서들에 대하여 좀더 깊은 개별적인 연구와
사회·사상사에 대한 이해를 통해야 이 당시의 사학사를 정리하는 데
무리가 없을 것으로 생각된다. 따라서 개괄적인 시론으로 매우 소략
하게 작성된 이 글에서는 많은 문제점이 있을 것으로 생각하며 질정
(叱正)을 기대한다.

우리는 앞에서 논급한 여러 점들을 몇 마디로 요약하여 결어에 대
신하고자 한다.

대체로 17~18세기의 사서의 특징은 형식면에서는 범례의 보편화와
사론화가 이루어지고, 강목체 서술형식이 등장하게 된다는 점이며 내
용적인 면에서는 정통론이 등장한다는 점이다. 정통론은 거기에 따른
형식적 규제가 많으므로 조선초와 같은 시기에는 나타날 수 없었을
것이며, 국초의 정권합리화적 사고에서 탈피해야만 가능한 것이다.
또 정통론의 등장은 정통국가가 중국과 꼭같이 한국에도 존재할 수 있
다는 의미에서 자주성의 강조가 뒤따르게 되었던 것이다. 17~18세기
의 사서들에서 나타난 정통성의 강조는 주로 남인학자들(洪汝河·李瀷·
安鼎福·丁若鏞)에게서 보다 강조되는 듯하다. 이 점은 당시 남인학자
들이 정권에서 소외되어 있었고 비교적 역사연구에 많은 노력을 경주
하였을 뿐 아니라 서인노론 중심의 제체제와 상황에 비판적이었다는
사실과 더불어 주목되는 점이다. 그리고 정통론은 후일 한말 독립협
회(獨立協會)와 깊은 관련을 가졌던 『대동역사』에 그 정신이 계승되
었으며, 이 경우 정통성의 강조가 국가의 자주성을 강조하는 일련의
사조와 결부되는 듯하다.[106]

한편 정통론은 고대사 인식 및 그 체계화에도 상당한 자극과 변화
를 주었던 것이니 그 내용은 이미 본론에서 제시한 바와 같다. 그러
나 정통론에 입각한 고대사 인식은 대의명분과 포폄(褒貶)을 강조하
는 등 역사인식의 폭을 좁히는 결과를 가져오게 되었는데, 이 점은 이
시대에 보편화되고 있던 강목체 역사서술에서도 엿보인다. 우리가 이

---

106) 鄭喬가 撰한 『大東歷史』 凡例에 보면 正統과 借國·列國 등에 대한 구
별이 보이며, 正統은 檀君·箕子·馬韓으로 잡고 借國은 新羅·高句麗·
百濟의 三國이며 衛滿의 類는 簒國으로 보고 있다. 따라서 同 凡例에서
正統에 相應한 규정을 두고 있다. 특히 鄭喬는 이 『大東歷史』를 『此史爲
獨立而出 因獨立會人之見惡於人而未行亦奇矣哉』라 하여 獨立思想의 고취
를 위한 것이었음을 밝히고 있다.

시기의 고대사 인식의 폭을 넓히기 위해서는 한백겸(韓百謙)의 『동국지리지(東國地理志)』를 비롯하여 이 시대에 많이 연구되고 간행된 역사지리서에 대하여 먼저 논급하는 것이 순서이겠지만 이 점은 차후의 과제로 미룬다.

17세기에 등장한 강목체서술·정통론중심의 역사학은 대체로 18세기말의 안정복의 『동사강목』을 하한으로 하여 새로운 변화가 주어지는 것으로 보인다. 그것은 사회경제적 발전에 따른 역사의식의 변천에 기인된 것이기도 하겠지만, 앞서 강목체서술·정통론이 등장한 17세기가 대륙에 있어서 명·청 교체기였다는 사실에 결부시켜 보면, 18세기말은 그러한 교체기에 주어졌던 화(明)이(夷)관적 의식구조에 상당한 변화가 주어졌었기 때문이라고 생각한다. 실제 18세기말에 활약하였던 안정복(1712~1791) 때까지만 하더라도 강렬하게 나타났던, 소위 소출지처를 중심한 화이관념은 그 다음 시기의 정약용(1762~1836)에 이르러서는 일단 부정되고, 옹정제(雍正帝)의 저 『대의각미록(大義覺迷錄)』에서 주장되던, 소위 문화수준에 의한 화이론이 주장되었던 것이다. 말하자면 19세기를 전후한 조선 지식인들 사이에서의 세계관의 변화가 당시의 역사의식에도 크게 영향을 미쳤던 것이다.

여기서 우리가 주목하는 것은 18세기말에 출간된 안정복의 『동사강목』의 성립의 배경이다. 지금까지의 우리의 고찰에 따르면, 『동사강목』은 17세기 이후에 대두한 강목체 역사서술(麗史提綱·東史會綱)과 정통론(洪汝河·星湖)이 그 중심이 되고, 한백겸 이후의 역사지리학풍이 집대성되어 완성된 것이라 생각할 수 있다. 이 점에서 『동사강목』의 사학사적 위치가 뚜렷해질 것이다.

따라서 17~18세기의 사학은 그 전의 『동국통감』『동국사략』 등에서보다는, 정통론이라는 사론을 가지고 한국사를 보다 자주적·체계적으로 인식하려 했다는 의미에서 한층 새로운 면모를 발견할 수 있으나, 대의명분의 학(學)·포폄(褒貶)의 가치관이 역사서술에 지나치게 투영되었다는 의미에서 주자학적 한계성을 극복한 것 같지는 않은 것으로 생각된다.

<韓國史硏究 10집, 1974>

李朝後期 近畿學派에 있어서의 正統論의 展開

歷史把握에 있어서 體系性과 現實性

李 佑 成

　여기 근기학파(近畿學派)라고 한 것은 이조후기 즉 영·정(英正)시대의 소위 실학파(實學派)의 일계류(一系流)를 지칭한 것이다. 영·정시대의 신학풍(新學風)에서 우리는 몇가지 계류(系流)를 구분해서 말하고 있거니와, 그중에서 가장 두드러진 두 개의 경향을 특징지어 볼 수가 있다. 하나는 서울의 도시적 분위기 속에 이루어진 연암(燕巖:朴趾源)학파이고 다른 하나는 근기지방의 농촌 토착적 환경 속에 성장한 성호(星湖:李瀷)학파이다. 이에 대한 관견(管見)은 이미 다른 기회에 누차 언급한 바 있었으므로 여기서는 다만 근기학파가 곧 성호학파라는 것만을 말해둔다. 성호를 위시하여 순암(順庵:安鼎福)·다산(茶山:丁若鏞) 등 그의 학풍의 후계자가 모두 근기지방의 출신들이기 때문이다.

　근기학파의 학풍의 특색은 경세치용(經世致用)에 있다. 유교의 전통적인 경학(經學)에 바탕을 두면서도 경학 그것이 목적이 아니고 경세치용을 하기 위한 수단으로 여기고 있었다.

　임진·병자 양란에 치명적 상처를 입고서도 헛된 명분(名分)과 가장된 대의(大義)로 국민을 오도(誤導)하고 있을 뿐, 근본적 반성과 대책을 강구하지 않는 가운데 차차 지난날의 쓰라림이 건망(健忘) 속에 묻자돼가는 형편이었다. 이러한 상황 아래 경세치용학자들은 국제정세의 추이(推移)에 대한 예의(銳意) 주시와 종방(宗邦)의 미래에 대한 심사원려(深思遠慮), 그리고 과거를 소상(溯上)하여 민족의 걸어온 역정을 세심히 고찰하고 흥망성쇠의 원인을 이해하는 데 노력을 아끼지 않았다.

이리하여 경세치용학자들은 역사에의 관심이 높았고 나아가 독자적 관점에서 우리 나라의 역사를 재구성하려 했던 것이다.

근기학파의 사론(史論)에 있어서 우리의 주목을 끄는 것은 정통론(正統論)이다. 성호의 「삼한정통론(三韓正統論)」을 위시하여 순암·다산에 있어서의 정통론의 발전적 계승이 그것이다.

원래 정통론은 주지하는 바와 같이 중국에 있어서 역대 사가들에게 큰 문제가 되어왔던 것이다. 천하를 통일한 왕조는 자동적으로 정통(正統)에 속하는 것이지만 두 개 혹은 세 개의 정권이 대립·정치(鼎峙)했을 경우에 어느 것을 정통으로 보느냐가 문제였던 것이다. 근대 계몽기의 학자인 양계초(梁啓超)의 비판적 견해에 의하면, 『천하에 하루도 군주(君主)가 없을 수 없고, 또한 천상에 두 개의 태양이 있을 수 없는 것과 같이 백성들에게 두 사람의 왕이 있을 수 없는 것』[1]으로 생각했기 때문에 정통이 문제가 되었다는 것이다.

이리하여 중국 역사상에서 구체적인 문제로 가장 논난이 많이 되었던 것이 삼국시대의 촉(蜀)과 위(魏)에 관해서였다. 서진(西晉)의 진수(陳壽)는 위를 정통으로 보았음에 대하여 동진(東晉)의 습착치(習鑿齒)는 촉을 정통으로 삼았고, 북송의 사마광(司馬光)은 위를 정통으로 했음에 대하여 남송의 주자(朱子)는 촉을 정통으로 규정하였다. 이것은 이미 양계초가 지적한 바와 같이 서진과 북송은 사정이 위(魏)에 비슷하고 동진과 남송은 형편이 촉(蜀)에 방불했기 때문에 위의 사가(史家)들이 모두 제각기의 소속 왕조의 처지를 옹호하기 위하여 정통을 그리로 돌려주었던 것이다. 왕조본위의 역사기술에 있어서 정통론은 기년(紀年)의 기준을 세우기 위해서도 필요했던 것이지만 무엇보다 제각기의 소속왕조에 대한 의리에서 정통론이 더욱 중요했던 것이다.

이 정통론에서 또 한가지 간과할 수 없는 사실은 중국 중심주의 세계관이다. 천무이일 민무이왕(天無二日 民無二王)이라는 생각은 중국천

---

1) 梁啓超, 飮氷室文集 下 歷史 論正統, 『言正統者, 以爲天下不可一日無君也, 於是乎有統, 又以爲天無二日 民無二王也, 於是乎論正統.』

지에 한해서 적용되는 것이 아니라, 중국 황제는 곧 천자(天의 子)이며 중국의 주변에 있는 제민족 제국가——사이팔만(四夷八蠻)은 모두 이 세계제국의 지배자의 밑에 환공향앙(環拱嚮仰)하고 있어야 하는 것이기 때문에 중국의 정통은 동시에 세계의 정통이며 중국을 제외한 다른 지역에서 정통이란 아예 논의할 이유가 없었던 것이다.

첫째 자기 소속 왕조에 대한 의리(義理), 둘째 중국중심주의 세계관——이것이 중국사가에 있어서의 정통론의 흐름이었다.

이러한 전제를 두고 살펴볼 때, 근기학파의 정통론은 매우 특색이 있다. 우선 성호의 「삼한정통론」의 골자를 들어본다.

우리나라의 역사를 중국의 역사에 대비 설명하면서, 단군(檀君)이 처음 우리나라를 일으켰고 단군조선의 뒤에 기자조선(箕子朝鮮)이 그 정당한 계승자로 나왔으므로 기준(箕準)이 위만(衛滿)을 피해서 남쪽으로 옮겼으나, 거기서 다시 마한(馬韓)이란 이름으로 나라를 연장해 왔기 때문에 우리나라 역사의 정통은 단군조선에서 기자조선, 기자조선에서 마한으로 이어져 온 것이라고 말하고, 단(檀)·기(箕)의 시대에 요하(遼河) 이동과 임진강 이북이 우리나라의 중심지가 되어 있었는데, 그것이 위만에게 그리고 한사군(漢四郡) 내지 이부(二府)에 빼앗겨 버리고, 우리나라에 있어서 유국전서(有國傳緒)는 오직 마한이 있었을 뿐이므로, 마한은 비록 남예황복(南裔荒服)으로 보아왔던 국토의 일우에 처하고 있었지만 우리나라 역사의 정통이 아닐 수 없다[2]고 하였다.

성호의 「삼한정통론」은 물론 중국사가 특히 주자의 『강목(綱目)』의 영향을 받은 것(馬韓을 箕子朝鮮의 後繼者라 하여 正統으로 규정한 것은 朱子가 蜀을 漢의 후계자로서 正統이라고 한 것과 軌를 같이 하는 것이다)으로 보여지지만 주자와 같이 소속왕조에 대한 의리(義理)에서가 아니라 우

2) 星湖集 권47 三韓正統論, 『東國之歷代興廢, 略與中華相終始, 檀君, 與堯並興, 至武王受命, 而箕子定封, 意者, 檀君之後, 衰微, 無復君國, 故, 箕子得以開業,……當檀箕之世, 自遼以東, 臨津以西, 爲東方之中土; 而三韓之界, 不過南裔荒服之地, 箕準, 避寇南遷, 遂稱馬韓……開斥土疆, 屬國五十餘, 是則東方之正統不絶, 衛氏亦不過如周之狄人漢之曹瞞, 秉史筆者 宜不與數也……自準之南, 衛氏雖據朝鮮故地, 纔八十餘年而滅, 衛氏滅 而馬韓惟延至一百有一十有七年之久, 西北一面, 付之四郡二府, 而東土之有國傳緒, 惟馬韓是已……余故曰馬韓者, 即東國之正統也』

리나라 역사에 일정한 계통을 세워보려는 것이 그의 의식의 기조(基調)였던 것이다. 단군조선에서 비롯한 우리나라 역사의 변천과정 속에 하나의 계통을 찾아내려는 그의 생각은 한사군의 설치로 인하여 우리 나라 역사가 중단된 듯이 여겨졌던 그 공백기간에 마한의 유국전서(有國傳緖)를 발견하고 그것을 정통으로 내세우게 되었던 것이다.

성호의 이와 같은 이론은 순암에게 발전적으로 계승되었다. 순암은 「삼한정통론」을 토대로 해서 우리나라 역사기술의 신의 례(新義例)를 수립할 것을 역설하고 종래의 통사(通史)로서『동국통감(東國通鑑)』과 같은 것을 통렬히 공박하였다. 그의 말은 두 가지로 요약될 수 있다. ①『동국통감』에 단군조선・기자조선의 뒤에 위만조선을 붙여, 같이 〈삼조선〉으로 삼은 것은 부당한 일이다. 위만은 참적(僭賊)이니까 위 만 대신에 마한(馬韓)을 정통으로 대야 한다는 것, ②『동국통감』에 단 군・기자를 모두 외기(外紀)에 넣은 것은 부당한 일이다. 단군이 처음 나라를 어거(御擧)하였고, 기자가 처음 문물을 흥기시켰는데 비록 사실(史實)이 인몰(湮沒)되고 없다손치더라도 어찌 전기잡서(傳記雜書)의 것을 수록한 중국의 외기(外紀)에 동질시할 것인가[3]라는 것이다. 순암은 단군・기자의 사실성을 강조함으로써 우리나라 역사시대의 상 한을 그만큼 높이 올리게 되었던 것이다.

그는 다시 말하기를, 우리나라 역사의 정통은 단군・기자・마한・ 통일신라, 그리고 고려라는 것이다. 다만 고구려・백제・신라의 삼국 병립시기는 삼국이 동등의 자격을 가지고 있으므로 어느 특정국에 정 통을 줄 수 없어 무통(無統)으로 처리한다[4]는 것이다. 정통론은 순암 에 이르러 우리나라의 역사학으로 하여금 역사에 대한 체계적 파악에

---

3) 順菴集 권10 東史問答 與李貞山書,『東方之有國久矣, 宜有一史以倣綱目, 而不聞有焉, 何哉 編年之書, 有通鑑一部而全無義例, 檀箕雖無事實, 其可 置於外紀, 同于傳疑之例耶, 衛滿僭賊, 並列爲三朝鮮之名, 邊何德哉, 馬 韓爲箕氏之嫡統, 羅濟之始, 亦爲之服屬, 則何爲以沒之耶』

　東史綱目 凡例,『凡統系, 爲史家開卷第一義, 而通鑑, 以檀箕事蹟, 別 爲外紀, 其義不是, 今正統, 始于箕子, 而檀君附見于箕子東來之下, 倣通 鑑綱目篇首三晉之例(註…按檀君, 首出御國, 箕子, 肇興文物, 各千餘年, 神聖之治, 宜有不可泯者, 而通鑑, 以爲史書無傳, 編於外紀, 外紀之名, 始於劉恕, 劉恕, 與司馬公修資治通鑑, 復采上古以下, 作通鑑外紀, 雜出 於傳紀者, 無所揀擇而書之, 若女媧補天羿射十日之類是也, 故名以外紀, 檀箕事實雖湮, 豈可同於此科乎』

의 가능성으로 제고시키게 했던 것이다.

다만 여기에서 우리가 한가지 느끼는 것은 성호와 순암이 모두 기자조선을 단군조선의 정당한 계승자로 인정하여 아무 의의(疑義)도 두지 않았다는 것이다. 근대에 들어와서 여러 선학(先學)들은 기자조선(箕子朝鮮)을 개아지조선(崔南善氏說)·한씨조선(李丙燾博士說) 등의 새로운 해석을 붙여, 우리 조선족(祖先族)의 것으로 설명하기에 고심하고 있지만 성호와 순암에 있어서는 아직 그것이 전연 문제되지 않았던 것이다.

성호와 순암에게 근대적 의미의 민족적 자각과 같은 것을 구하기에는 시대가 아직 이르다. 그러나 성호와 순암은 사상적으로 커다란 진전을 보이고 있다. 그들의 정통론이 중국사가와 같이 자기 소속왕조에 대한 의리에 그치는 것이 아니고 역사파악에 있어서 체계성을 위한 것이었음은 이미 위에서 보아왔거니와, 한걸음 나아가 중국의 정통사상──천자사상, 다시 말하면 세계제국적 지배사상을 극복하게 되었던 것 같다. 이에 관한 성호의 사상은 그의 서양관(西洋觀)과 서양 선교사들에 대한 중국 지배층의 태도를 비난하는 데에 집중적으로 표현되어 있다.

서양은 중국의 지배권 외에서 각기 황제나 왕이 있어 자기 나라를 다스리고 있으며, 선교사들이 멀리 중국을 찾아온 것은 자기들의 구세(救世)의 뜻으로 온 것인데, 중국 지배층은 그들에게 여러 가지 계적(啓迪)을 받으면서도 정저와적(井底蛙的) 사고방식으로 그들을 배신(陪臣:屬國의 臣下)이라고 부르고 있어, 달식(達識)의 눈으로 볼 때에 치소(嗤笑)거리가 된다는 것이다.[5]

성호의 달식(達識)은 중국중심주의의 세계관을 이미 타파하였다. 뿐만 아니라, 각유황왕 군주역내(各有皇王, 君主域內)에 관한 인식의 밑바닥에는 각개 국가의 독립된 주권이 인정되고 있으며, 세계제국적 지배질서가 부정됨과 동시에 남의 나라를 지배 또는 침략하는 행

4) 同上, 『正統, 謂檀箕馬韓新羅文武王(九年以後), 高麗太祖(十九年以後), 無統, 謂三國并立之時』

5) 星湖續集 권17 跋天問略, 『夫西洋之於中國, 未之相屬, 各有皇王, 君主域內, 彼特以救世之意, 間關來賓……中土君臣, 方沾其剩馥而尊奉之不暇, 猶見聞, 局於卑狹, 敢爲井底語曰陪臣, 豈不爲達識之所嗤』

위는 자연히 부당한 일이 되게 되는 것이다. 성호의 각개국가의 주권
의 인정과 남의 나라에 대한 침략행위의 부정은 순암에 이르러 중국
의 정통에 관한 종래의 논리를 크게 바꾸어놓았다. 종래, 천하를 통
일한 왕조는 자동적으로 정통이 되는 것이고 통일의 주체가 어떤 것
인지는 묻지 않았는데, 순암은 이것을 반대하였다.

비록 전중국을 통일한 정권이라고 하더라도 통일의 주체가 중국민
족이 아니고 이민족(異民族)일 경우에 그것은 중국의 정통이 될 수 없
다는 것이다. 예를 들면 원(元)과 청(淸)은 이민족이기 때문에 전중
국을 지배하고 있었지만 그것은 겁도(劫盜)가 남의 집을 차지한 것과
다름이 없으며, 따라서 겁도가 그 집의 진주인(眞主人)이 될 수 없는
것과 같이 원·청도 정통의 위치를 인정할 수 없다[6]는 것이다. 이것
은 일종의 민족본위의 정통론이라 할 수 있는 것이다.

그러나 성호·순암의 정통론에는 아직도 화이사상(華夷思想)의 잔
재(殘滓)가 서식하고 있다. 중하성명문물지향(中夏聲明文物之鄕)이라
하여 여기에 쳐들어온 북방민족을 겁도시(劫盜視)한 것이다. 바꾸어
중국이 주변의 민족·국가들을 정복했을 때, 과연 중국을 겁도시했을
것인가는 의문이다.

그런데 이러한 의문은 다산(茶山)의 현실론적 주장에 이르러 완전
히 일소되었다. 다산의 견해에 의하면, 화이(華夷)의 구분은 문명의
수준에 있는 것인데 북위(北魏)와 같은 것은 비록 이적(夷狄)에서 나
왔지만 문명이 높았으므로 이적시되어서는 안된다고 말하고 북위에게
정통을 주지 않은 중국사가(中國史家)의 독선적 태도를 비난하였다.
다산은 또한 중국민족만이 우수한 민족이 아니고 우리 동이민족(東夷
民族)도 거룩한 민족임을 강조하였다. [7]

6) 順菴集 권12 橡軒隨筆 上,『苟可以得天下, 通謂之正統則是大不然, 中夏聲
名文物之鄕……傳自羲農, 至于堯舜禹湯文武而金甌無缺, 王燭長明, 動搖
乎秦晋隋南北五代, 復正于漢唐宋, 而穢亂于元淸, 譬如一家, 以父傳子,
以子傳孫, 多歷年所, 忽有劫盜, 奪而有之, 以爲己物, 又經累年, 幸其子
孫, 有能克家者, 勦除劫盜, 克復舊業, 則不可以中間劫盜之淹取者, 謂之
眞主人, 而使奉其先祀, 撫其奴僕, 以續其宗統也明矣』

7) 茶山全書 上 跋拔魏論,『……中國與夷狄, 在其道與政, 不在乎疆域也, 故,
周之先, 間於燻狄, 混夷之中, 未嘗非㬚狄也, 而一朝, 有如太王王季者興,
而禮樂文物可述焉, 則中國之, 秦之先, 伯益之後也, 未嘗非中國也, 而自

다산은 또한 선비(鮮卑)・거란(契丹)・여진(女眞) 제민족의 우수성을 말하고 그중에도 조선민족의 좋은 점을 들어서 자기자신이 동이족(東夷族)임을 자랑삼아 말하였다.[8]

성호에서 비롯한 정통론이 순암에 이르러 역사파악에 있어서의 체계성을 낳게 하였고, 다산에 이르러 현실론적 주장으로 중화주의(中華主義)의 절대성의 잔재가 일소되고 현실성에 입각한 역사의 이해를 가져오게 했던 것이다.

非子以來 崇利棄義, 不肯與中國和好焉, 則夷狄之, 聖人之處夷夏也, 本如是矣, 跖拔魏之地……號曰鮮卑, 其始也, 未嘗非夷狄也……親名儒, 禁胡語, 變胡服, 賢哲之君, 世世承繼……何不進之爲中國而必夷斥而不與統也, 史家之偏隘如是』

8) 同上 東胡論,『……跖拔魏, 鮮卑也, 其入中國也, 崇禮樂, 獎文學, 制作粲然, 契丹, 東胡也……其制治之盛, 歷年之久, 實中國之所僅獲也, 女眞, 再主中國, 而其在金也, 虜宋之二帝而終不加害, 將相和附, 規模宏遠……淸之得國也, 兵不血刃, 市不易肆……不亦賢哉, 史稱東夷爲仁善, 眞有以哉, 況朝鮮, 處正東之地, 故其俗, 好禮而賤武, 寧弱而不暴, 君子之邦也, 嗟乎, 旣不能生乎中國, 其唯東夷哉』

星湖의 새로운 史論

宋　贊　植

緒　言

　성호(星湖) 이익(李瀷)은 18세기 우리나라 대표적　실학자(實學者)의 한 사람이었다. 그는 진보적 실학사상(實學思想)을 주장함에 있어서 현실의 사회뿐만 아니라 과거의 역사에 대하여서도 깊이 연구하였다. 성호뿐만 아니라 대부분의 실학자들이 역사에 대하여 깊은 관심을 가지고 있었다. 반계(磻溪) 유형원(柳馨遠)이 「동사강목조례(東史綱目條例)」를 지었다든지 순암(順菴) 안정복(安鼎福)이 『동사강목(東史綱目)』을 저술한 것은 그러한 실례라 할 것이다.

　성호는 단편적이지만 많은 역사논문을 저술하였다. 『성호새설(星湖僿說)』의 「경사문(經史門)」은 대부분 사론(史論)이라 할 만한 것이며 시문집(詩文集) 가운데서도 안정복과의 왕복서간은 주로 역사에 관한 것이었다.

　그의 사론은 비록 단편적이기는 하지만 많은 새로운 주장을 내포하고 있는 듯하다. 그는 주자학자(朱子學者)들을 비롯한 종래 사대주의적 역사학에 대하여 날카로운 비판을 가하면서 그의 실학사상에 입각한 독자적인 사론을 전개하였다. 따라서 그의 사론은 그의 실학사상의 전체계를 알기 위하여서도 반드시 연구되어야 하지만, 한편 우리

나라 사학사(史學史)에서도 빛나는 위치를 차지할 것 같다. 당시 우리나라의 일반 학자들은 역사학을 하나의 독립된 학문으로서 인정하지 아니하고 경학(經學)의 연장 내지 응용경학으로서 생각하였으며, 이들의 사대주의적 경향은 중국사(中國史)에 대한 우리나라 역사의 독자성을 발견하지 못하고 있었다. 우리나라 역사학이 이러한 그릇된 역사인식을 스스로 부정하건서 어떻게 발전하여 왔는가는 우리나라 사학사의 중요한 문제의 하나일 것이다. 성호의 사론이 이러한 그릇된 역사인식을 완전히 극복하였는가는 의심스럽지만 그러한 노력의 일환임은 명백하다.

필자는 이상과 같은 관심을 가지고 성호의 사론을 이해하려고 노력하였다. 성호의 사론에 대하여서는 벌써 한우근(韓㳓劤) 교수의 「성호 이익의 사상연구」[1], 이우성(李佑成) 교수의 「이조후기 근기학파(近畿學派)에 있어서의 정통론(正統論)의 전개」[2]에서 높이 평가하였다. 본고는 이 두 분의 연구에 힘입어 지극히 한정된 범위 내에서 천착을 시도하였다.

1. 成 敗 論

성호의 성패론(成敗論)을 살펴보기에 앞서 우선 그 사료에 대한 설명이 필요하다. 성호는 성패론이라고 할 만한 논문으로 『성호새설』에서 「진적론성패(陳迹論成敗)」[3]와 「독사료성패(讀史料成敗)」[4]의 두 논문을 남겼다. 두 논문은 다같이 성패를 논하였지만 내용이 약간 다르다. 한편 『성호새설유선(星湖僿說類選)』에서도 「독사료성패」[5]라는 논문이 보이고 있는데 『성호새설』의 「독사료성패」와는 내용이 많이 다르다. 이들 삼자를 대조한 결과 『성호새설유선』의 「독사료성패」는

---

1) 韓㳓劤, 朝鮮後期의 社會와 思想.
2) 李佑成, 李朝後期 近畿學派에 있어서의 正統論의 展開, 歷史學報 제37집.
3) 星湖僿說 經史門 권27.
4) 星湖僿說 經史門 권20.
5) 星湖僿說類選 經史篇 卷之 7下.

『성호새설』의 「진적론성패」와 「독사료성패」를 합하여 정리한 것임을
알 수 있다. 『성호새설유선』은 성호의 부탁을 받고 문인(門人) 안정
복이 『성호새설』을 정리하여 만든 것이다.[6] 따라서 성호의 본의에 충
실한 것은 『성호새설』의 두 논문이라 생각되므로 성패론은 주로 이
두 논문에 의거하였다.

성호는 「진적론성패」에서 『사람들이 매양 진적(陳迹)으로서 성패를
논하기 때문에 많이 실패한다』[7]고 하고 종래의 사서(史書)에 대하
여 『천하의 일은 대저 8, 9가 행회(幸會)이다. 그 사서(史書)에 보이
는 바 고금의 성패 이둔(利鈍)은 참으로 인시(因時)의 우연이고 선악
현불초(賢不肖)의 별(別)에 있어서도 또한 반드시 그 실(實)을 얻은
것이 아니다』[8]라고 말하였다.

위의 말은 사서의 기록이 그때 그때 우연하게 기록되었다는 뜻으로
해석된다. 그러므로 성호는 이어, 『전사(前史)를 역고(歷考)하고 제
서(諸書)를 방증(旁證)하여 참험(參驗)하고 교감(較勘)하여야지 참으
로 일서(一書)를 전신(專信)하여 이정(已定)이라 해서는 안된다』[9]고
말하였던 것이다. 성호는 종래의 사서에 대하여 극히 버판적이었다.
그는 종래 사서가 저작되는 사정을 다음과 같이 보았다.

사(史)라는 것은 성패가 이미 정해진 뒤에 저작되기 때문에 그 성(成)과
패(敗)를 따라서 장점(粧點)하여 참으로 당연한 듯하다. 또한 선(善)에는
많이 과(過)를 휘(諱)하고 악(惡)에는 반드시 장(長)을 버리기 때문에 지우
(智愚)의 판(判), 선악의 보응(報應)이 가징(可徵)될 듯이 보이게 된다.[10]

이 말은 종래 사가들이 성패가 결정된 뒤에 역사를 쓰면서 승자인
현재의 집권세력의 편에 서서 그 성패를 윤색하고 포폄(褒貶)하였기

6) 星湖僿說類選 凡例와 星湖先生全集 卷之 1 의 安鼎福의 祭文 참조.

7) 星湖僿說 經史門 권27, 『人每以陳迹論成敗 所以多失也』

8) 同上 권20, 『天上事大抵八九是幸會也 其史書所見古今成敗利鈍 固多因時
   偶然 至於善惡賢不肖之別 亦未必得其實也』

9) 同上 권20, 『歷考前史 旁證諸書 參驗而較勘之 誠未可以專信一書而爲已
   定也』

10) 同上, 『史者 作於成敗已定之後 故隨其成敗 而粧點就之 若固當然者 且善
    多諱過 惡必棄長 故愚智之判 善惡之報 疑若有可徵』

때문에 사실(事實)을 왜곡시키고 시비(是非)를 전도시킨 데 대한 비판이다. 성호의 이러한 비판은 종래 곡학아세(曲學阿世)하던 모든 사가에게 적용될 수 있는 말이다. 그들은 겉으로는 춘추필법(春秋筆法)이라 하여 가장 양심적으로 포폄하는 듯이 주장하지만 실은 현실의 왕조권력과 결탁하여 그 지배체제에 대한 윤리적 정당성을 부여하기 위하여 사실을 왜곡시키고 시비를 전도하는 것도 꺼리지 않았던 것이다. 즉 그들은 현실의 왕조권력이 윤리적인 우월성 때문에 선악의 인과보응(因果報應)으로 성공한 것처럼 역사를 윤색하였던 것이다. 그러므로 성호는 이러한 역사서술에 대하여 다음과 같이 비판하였다.

　상시(常時) 역사를 읽을 때 언제나 의문나는 것은 선한 것은 지나치게 선하고 악한 것은 지나치게 악하다는 것이다. 당시에 있어서는 반드시 그렇지 않았을 것이다. 역사의 저작이 비록 권선징악(勸善懲惡)의 좋은 뜻에서이기는 하나 오늘날 사람들은 평지상(平地上)에서 간과하여 말하기를 『선한 사람은 진실로 의당히 저래야 하지만 악한 사람은 어떻게 이 정도로 악할까』한다. 기실 선한 것 가운데도 악이 있고 악한 것 가운데도 선이 있는 것이어서 당시 사람도 실로 시비를 가리지 못하였기 때문에 거취(去取)를 잘못하여 조소를 받고 죄악을 범한 사람이 있는 것이다.[11]

성호는 선악의 포폄을 역사학의 목적으로 생각함으로써 사실(事實)을 단순히 선악의 면으로만 해석하려는 태도에 반대하였던 것이다. 선악의 포폄은 주자(朱子)의 사학(史學)인 『강목』(綱目)(資治通鑑綱目)에서 가장 철저하였다. 조선시대 주자학은 지배적인 철학이었으므로 『강목』은 사학에 있어 경전시(經典視)되어 있었다. 그러나 성호는 『강목』에 대하여서도 다음과 같이 말하였다.

　『강목』일서(一書)는 비록 붓을 잡고 쓴 사람은 타인이지만 주문공(朱文公)이 손수 지은 것이라 하여도 해로울 것이 없다. 조사연(趙師淵; 字 幾道, 號 訥齋)은 주자의 문하에서 배운 사람인데 오늘날 왕복한 여덟 장의 서간

---

11) 同上 卷20 古史善惡, 『常時讀史 每疑善者偏善　惡者偏惡　在當時未必然 作史雖因懲惡勸善之至意 今人平地上看過 以爲善者固當如彼　惡者胡此至 極 其實善中有惡 惡中有善 當時之人 實有是非之眩 故有去取不審 貽譏得 罪者也』

에서 그 위촉하고 부탁한 뜻은 의심할 것이 없으나 범례초(凡例抄)가 조씨 집에 있었다가 이것이 발견된 뒤로 비로소 전후본말(前後本末)이 완전하게 알려지게 되었다. 대개 그 〈목(目)〉 가운데 거취(去取)는 곧 조공이 사설(師 說)을 받들어 만든 것이다. 그러나 이때 주자는 쇠병(衰病)이 이미 극심하 여 예서(禮書)를 겨우 끝냈으나 정력이 다시 타서(他書)에 미칠 여유가 없 었다. 이미 주자(朱子)가 책을 펴놓고 필삭(筆削)한 것이 아니라면 혹은 사 실에 의문되고 범례를 달리해야 할 것이 있었을 것이다. [12]

성호는 비록 주자를 직접 비판하지는 못하였지만 『강목』이 주자의 손으로 지어진 것이 아니라 하여 『강목』에서 포폄(褒貶)이 잘못된 부 분을 낱낱이 지적하여 비판하였다. 그러므로 성호는 종래 사서의 성 패(成敗)에 관한 설명이 대부분 믿을 수 없는 것이라고 말하였다.

이 때문에 사서에 의거하여 그 성패를 생각하면 그럴 듯한 부분이 많으나 금일 목격하여 현견(顯見)한 것으로써 생각하여 보면 8,9가 합당하지 못하 다. 이는 비단 우리의 지혜가 밝지 못할 뿐 아니라 곧 (史書에) 행회(幸會) 가 많은 부분을 점하고 있기 때문이다. 비단 오늘의 사실이 틀릴 뿐 아니라 또한 사서도 진실되기 어려운 것이다. [13]

성호는 자신의 현실에서 당쟁(黨爭)으로 사실(事實)이 왜곡되고 시 비(是非)가 전도됨을 직접 목격하였던 것이다. 따라서 사서도(10에 8,9는) 이렇게 하여 쓰여졌을 것이므로 진실되기 어렵다고 생각하였 던 것이다. 심지어 그는 사서를 깊이 생각하면서 읽으면, 『대개 합당 하지 않은 부분이 진실로 많으나 합당한 부분도 또한 준신(準信)할 수 없다』[14]고 말하였던 것이다.

---

12) 同上 권27 綱目, 『綱目一書 雖操筆在人 不害爲文公手書也 趙訥齋師淵字 幾道 學於朱門者也 今於往復八書 其屬託之意 無可疑者 而凡例抄在趙家 得此而後 本末始完 盖其目中去取 卽趙公承師說而爲之者也 然是時 朱子 衰病已極 禮書才畢 無力更及他書 旣非臨卷筆削 則容有事疑而異例』

13) 同上 권20 讀史料成敗, 『是以據史書料其成敗 則合處多 從今日目擊顯見者 而思量 則八九是不合 此非但吾智之不明 卽幸會之占多也 非但今事之多戾 亦史書之難眞也』

14) 同上 권20 讀史料成敗, 『盖其不合處固多 而合處亦未可準信』

　그러면 성호는 고금의 성패를 어떻게 인식하였던 것인가? 그는 「진적론성패(陳迹論成敗)」에서 다음과 같이 말하였다.

　　이를테면 약제(藥劑)로써 병을 치료함에 있어　사람의 병에는 심천(深淺)의 차가 있고 약의 효력에도 또한 맹헐(猛歇)이 동일하지 않은 것이니 어찌 동일시하여 균일하게 치료할 수 있겠는가? 가사 한문제(漢文帝)로　하여금 한신(韓信)·팽월(彭越)·영포(英布)의 연간에 즉위하도록　하였다면, 천하는 반드시 승평(昇平)할 수 없었을 것이고, 무제(武帝)로　하여금 문경(文景)의 뒤(앞?)에 나타나도록 하였다면 반드시 전안(全安)할 이치가 없었을 것이다. 학증산(郝甑山)의 이 말은 역사를 읽는 데 있어 명감(明鑑)이다.[15]

　이 말은 역사상의 각 시대는 특수성이 있으므로 통치자의 통치방식도 시대를 따라서 달라야 한다는 말이다. 여기서 한신·팽월·영포의 시대, 문경의 시대, 무제의 시대는 단순히 시간상의　차이만 인정된 것이 아니라, 그 밖에도 다른 무엇이 인식되고 있다. 그 무엇은 성호의 다음 말에서 명백히 드러나고 있다.

　　나로서 고찰하여 보건대 그금의 흥망은 어느 것이고 시세(時勢)에 몰리어 일어나는 것이지 반드시 사람의 재덕(才德)에 말미암은 것이 아니다. 사서(史書)에 보이는 바는 대부분 선을 좋아하고 악을 미워하는 편견(偏見)에서 나온 것이니 사서에서 말하는〈적덕누인(積德累仁)〉이라는 것도　사실이 아니다. 이를테면 시주(柴周：柴榮, 周世宗)는 개세영웅(蓋世英雄)으로 위엄과 혜택이 민중에게 두루 미쳤으나 마침 5대 반복이 무상한 시대(五季反覆之際)를 만나 송태조(宋太祖)는 하나의 권신(權臣)으로서 그　아들이 어린 것을 틈타서 하룻밤 사이에 팔을 걷어붙이고 제위(帝位)를　탈취하였다. 세위(勢位)를 이미 탈취하였는데도 탐욕은 한이 없어 곧 사해를　모두 집어삼키려 하였다. 강남(江南)의 이주(李主：南唐의 李昇)는 방역(邦域)이 비록 작았으나 실시한 정령이 구비되어 거의　후세로서는 영명(令名)한 현군(賢君)이었으나 송태조는 곧 강력(强力)으로써 전복시키고 말았다.　이 사실은 사람들로 하여금 분노를 불러일으키게 하는 것이니〈응천순인(應天順人)〉이 어

<hr/>

15) 同上 권27 陳迹論成敗, 『如以藥劑治疾 人疾有淺深之差 而藥力又有猛歇之不同 何可一視而均治耶　向使漢文帝 即位於韓彭英布之間 天下未必昇平 使武帝不當文景之後 必無全安之理 郝甑山此語 爲讀史之明鑑也』

더에 있었던가? 이것은 특히 하나의 사실이고 모든 것이 그러하였다.[16]

여기에서 그가 위에서 말한 각 시대의 특수성은 시세로 인식되고 있다. 성호는 바로 이 시세에 의하여 고금의 성패가 결정되는 것이고 통치자 개인의 재덕에 의하여 성패가 결정되지 않는다고 생각하였다. 그러면 각 시대를 따라 다르고 그것에 의하여 성패와 흥망이 결정된다는 〈시세〉는 어떤 개념인가? 성호는 「송조승세(宋祖乘勢)」라는 논문에서도 다음과 같이 시세와 비슷한 뜻인 세(勢)라는 말을 사용하고 있다.

주세종(周世宗)의 혜택은 사람의 마음에까지 스며들었으니 중주(中主) 이 상의 사람인 듯한데 송주(宋主)는 그 고과(孤寡 : 어린아들)를 속여 제위(帝位)를 탈취하였다. 진실로 5대 아침에 세웠다가 저녁에 갈아치우는 시대(五季朝孃暮遞之際)가 아니었다면 그 세(勢)를 어찌할 수 없었을 것이다. 남당(南唐)의 이주(李主)는 존호를 받지 않았으며 자손들은 그 법을 지켰다. 또 외척으로서 정사를 보필(輔弼)하도록 하지 않았고 환자(宦者)가 정치에 참여할 수 없게 하였음은 타국이 미치지 못한 바였으나 송주는 위력으로써 겁탈(劫奪)하였다. 통일되어갈 시대(混一之際)에 그 세가 유지될 수 없었다. 나는 비로소 천하사는 승세(乘勢)하는 것이 으뜸이고 지력(智力)이 다음이라는 것을 알았다. 당시 일이 혹 성공하지 못하였더라면 시영(柴榮)과 이승(李昇)에 미치지 못하였을 것이다. 사서(史書)의 포폄은 8, 9가 진실이 아니다.[17]

---

16) 同上,『以余考之 古今興亡 莫非時勢所驅而成 未必由於人之才德 史策所見者 多出於善善惡惡之偏也 其曰積德累仁 亦非也 如柴周之盖世英雄 威惠浹民 而適値五季反覆之際 宋太祖以一權臣 乘其子幼 一夜撰臂而奪之 勢位旣得 貪慾無厭 直欲呑盡四海 江南李主 邦域雖小 施爲政令 無小齟齬 殆後世之令名賢君 宋祖直以强力掩覆之 其事令人氣湧不平 安在乎應天順人 此特一事 觸類皆然也』

17) 星湖僿說類選 卷之8下 宋祖乘勢,『周世宗惠澤入人 恰是中主以上人 宋主欺其孤寡而奪之 苟非五季朝孃暮遞之際 其勢莫能也 南唐李主 不受尊號子孫踵其法 又不以外戚輔政 宦者不得與政 他國之所不及 宋主威以劫之混一之際 其勢莫能支吾也 始知天下之事 乘勢爲上 智力次之 當時事或不成則不及於柴李 史策之褒貶 八九非眞』

여기에서 〈세〉는 역시 〈시세〉와 같은 뜻으로 사용되고 있다. 그는 시세의 구체적인 것으로 〈오계반복지제(五季反覆之際)〉 또는 〈오계조천모체지제(五季朝嬗暮遞之際)〉와 〈혼일지제(混一之際)〉를 들었다. 시세는 유교적인 선악에 의하여 좌우되는 것이 아니었다. 그것은 특정한 개인의 주관과 관계없이 객관적으로 움직이는 각 시대의 사회적 제관계의 형세였다. 성호는 시세에 대하여 더 이상 추구하지는 않았다. 그러나 그는 확실히 시세를 통하여 현실의 객관적 움직임을 인식하였다. 성호는 이 시세를 파악하는 것이 역사학의 으뜸가는 과제라고 생각하였다. 그는 「독사료성패」에서 다음과 같이 결론지었다. 『나는 이 때문에 천하사는 소치지세(所値之勢)가 으뜸이고 행불행(幸不幸)이 다음이고 시비(是非)가 제일 아래라고 말한다.』[18]

여기서 소치지세(所値之勢)는 역시 시세를 의미하는 것으로 역사인식에 있어 시비나 행불행보다 상위에 두었다.

한편 성호는 이러한 결론을 도출하는 과정에서 송태조의 악행을 드러낸 것은 극히 흥미있는 논조이다. 당시 주자학자들은 주자시대의 왕조였던 송의 건국을 적덕누인(積德累仁)이니 응천순인(應天順人)이라는 종래 사서의 서술을 그대로 믿고 있었던 것이다. 안정복 같은 사람도 한·당·송(漢唐宋)은 중국의 정통이라 하여, 『한당송의 득국(得國)은 진실로 포선(褒善)의 뜻으로 서술하여야 할 것이니, 나라를 세운 시초에 당연히 곧 정통(正統)에 연결되어야……』[19] 하고 질문하였을 때 성호는 다음과 같이 답변하였다. 『포선(褒善)은 스스로 포선인 것이지 정통과는 무슨 관계가 있는가? 모두 당연히 제호(帝號)로써 단안(斷案)을 내려야 할 것이다. 송조(宋祖)의 시초는 선과 배치되었다.』[20]

성호는 나라를 통일하여 황제로 되었으면 정통이지 정통이라 하여 선정만 한 것이 아니라고 생각하였다. 그러므로 그는 당시의 정통론을 다음과 같이 비판하였다.

---

18) 星湖僿說 권20 讀史料成敗, 『余故曰 天下之事 所値之勢爲上 幸不幸次之 是非爲下』

19) 星湖先生全集 권25 答安百順問目, 『漢唐宋之得國 固可施以褒善之義 立國之始 當即接統』

20) 同上, 『褒善自褒善 與正統何干 皆當以帝號爲斷 宋祖之始 與善背馳』

정통설(正統說)은 끝내 주장에 궁한 곳이 있다. 인의(仁義)로써 말한다면 삼대(三代) 후에는 듣지 못하였고 공정(公正)으로써 말한다면 한(漢)나라가 오히려 근사하고 당(唐)나라가 독부(獨夫)에게서 탈취하였다. 그러나 필경은 그들의 힘에 의하여 탈취한 것이니 반신(叛臣)임을 면할 수는 없다. 조송(趙宋)에 이르러서는 공공연하게 찬탈을 감행하였으니 심적(心跡)이 가히 악하다. [21]

성호는 공정(公正)과 인의(仁義)로써 말한다면 3대 후에는 정통이 없다고 생각하였다. 따라서 한·당·송의 정통왕조도 그들의 폭력으로 찬탈을 감행한 반신에 의하여 건국되었다고 말하였던 것이다. 이러한 견해는 당시 속유(俗儒)들의 정통설(正統說)과는 정면으로 대립되는 주장이었다. 성호는 한·당·송뿐만 아니라 우리나라 일부 학자들이 주야로 사모하던 명(明)나라에 대하여서도 다음과 같이 말하였다.

나로서 고찰하여 보건대 명태조(明太祖)의 시각(猜刻)은 흡사 진시황정(秦始皇政)과 같았다. 진(秦)은 6국을 평정하였고 명은 호원(胡元)을 소탕하였다. 그들의 생각은 말하자면 형벌이 준엄하지 않으면 천하를 위압하지 못한다는 것이었다. 진은 호해(胡亥)를 얻어서 곧 망하였으나 명은 계승하기를 문황성조(文皇成祖)의 위맹(威猛)으로써 하였으니 이는 제2의 태조였다. (중략) 중엽 이후 환시(宦侍)가 권력을 잡아 수탈이 날로 참혹하였으니 이는 곧 세세 모두 진나라였고 사람마다 모두 진시황이었다. [22]

성호는 명나라뿐만 아니라 바로 조선왕조의 건국도 포선(襃善)의 뜻으로 인식하려 하지 않았다. 그는 『고려사』의 비판에서 다음과 같이 말하였다.

---

21) 同上, 『正統之說　終有說窮處　仁義也則三代後無聞　公正也則漢猶近之　唐取於獨夫　然畢竟　資其力而奪之　不免爲叛臣　至趙宋　公肆簒賊　心跡可惡』

22) 星湖僿說類選 卷之8下 崇禎皇帝, 『以余考之　太祖猜刻　恰同秦政　秦平六王　明掃胡元　其意若曰刑不峻　無以威天下也　秦得胡亥而便亡　明繼以文皇之威猛　是二太祖也 (중략) 中業以來　宦侍秉權　割剝日慘　是即世世皆秦　而人人皆政也』

정인지(鄭麟趾)의 『고려사』는 신우(辛禑) 부자를 반역 열전(叛逆列傳)에 기입하였는데 그 뜻이 공평하지 못하다……그는 선왕이 자기의 아들이라 하였고 부친이 전하여주고 자식이 이어받았는데 그 심중에 어찌 털끝만큼이나마 불선(不善)한 뜻을 품었다 하여 차마 반역이라 말하였겠는가?[23]

이 말은 형식상 『고려사』를 비판하는 듯하지만 실은 이태조의 폐가입진(廢假立眞)을 비판한 것이다.

이상에서 성호의 성패론(成敗論)을 살펴보았거니와 그의 성패론은 주로 왕조의 성패에 관한 것이었다. 그러나 그는 통치자들의 재덕이나 선악 또는 천명(天命)에 의하여 성패가 좌우된다는 종래의 관념적인 역사인식에 반대하고 시세(時勢)에 의하여 성패가 좌우된다는 견해를 주장하였다. 그는 이미 역사인식에 있어 유교적 관념을 배제하였다. 물론 그가 유교적 포선폄악(褒善貶惡) 자체를 반대한 것은 아니라 하더라도 그것을 역사인식과는 명백히 구별하였다. 그가 개인의 주관에 의하여 역사를 마음대로 움직일 수 있다고 생각한 종래 관념적 역사관을 극복하고 객관적인 시세에 의하여 역사의 변동을 설명한 것은 역사인식에 있어 큰 진전이라 할 수 있다. 성호의 이와 같은 역사인식은 역사학(歷史學)을 이미 경학(經學)의 연장 내지 응용경학(應用經學)의 처지에서 하나의 독립 학문으로 인정하는 결과로 된다. 즉 역사가 유교적 관념과 별도로 인식됨에 따라서 역사학은 경학으로부터 독립된 별개의 학문으로 되지 않을 수 없다. 그러나 성호에 있어 그러한 방향은 보인다 하더라도 아직 이를 이론적으로 체계화시키지는 못하였다. 한편 그가 새로운 입장에서 역대왕조 권력에 대한 윤리적(倫理的) 가면을 벗겨버리고 사실 그대로를 드러냄으로써 현실적으로 집권왕조에 대한 비판을 가한 것이었다. 그의 성패론은 결과적으로 당시 낡은 통치에 반대하던 민중에게 유리한 이론적 근거를 제공한 셈이다.

---

23) 星湖僿說 卷25 辛禑, 『鄭麟趾高麗史 以辛禑父子 入於叛逆列傳 其義不公 (중략) 彼則先王以爲己子 父傳而子承 其心中 豈有一毫萌不善意 謂之叛逆 其可忍耶』

2. 華 夷 論

　성호가 화이론(華夷論)이라고 할 만한 논문을 특별히 쓴 것은 아니지만 종래 화이사상(華夷思想)에 대한 그의 비판적 견해를 종합하여 화이론이라 하였다.

　화이사상이란 중국 중심의 세계관에 입각한 한족(漢族) 왕조의 정치적 배외사상이다. 그것은 존왕양이(尊王攘夷)를 강조하는 데서도 볼 수 있듯이 비한족(非漢族) 왕조를 이적시(夷狄視)하고 극도로 배척하였다. 이러한 배외사상이 한족 왕조가 이민족(異民族)에 의하여 위협을 받았을 때 특히 강조된 것임은 말할 것도 없다. 이러한 시기 한족 왕조를 방어하는 것은 지상(至上)의 도덕적 사명으로 생각되어 이를 춘추대의(春秋大義)라고 하였던 것이다. 역사적으로 이러한 사상은 주대(周代)·송대(宋代)·명대(明代)에 특히 강조되었는데 존주(尊周) 또는 존명사상(尊明思想)은 그 구체적 표현이었다. 이러한 화이사상이 이상하게도 조선시대 특히 17·8세기에 우리나라에서 강조되고 있었다. 그것은 한편에서 주자학(朱子學)의 영향이 컸다. 당시 우리나라에서 풍미한 주자학은 한족 왕조인 송나라가 이민족 국가인 요금(遼金)으로부터 부단히 위협받아 오던 시대의 산물이었기 때문에 존왕양이의 화이사상은 극히 철저하였다. 우리나라의 사대주의적 주자학자들은 무비판하게 이를 그대로 받아들이고 있었다. 다른 한편 명과의 관계에서 화이사상은 강조될 소지를 가지고 있었다. 조선왕조는 건국시기로부터 명과 긴밀한 관계를 맺어온데다가 임진왜란에 명군과 함께 왜군(倭軍)을 격퇴시킴으로 하여 존명사상이 강조되었다. 특히 만주족(滿洲族)이 정묘·병자의 두 차례 호란(胡亂)으로 우리나라에 침입하였고 명나라까지 멸망시켜 중국을 지배하게 되자 우리나라의 일부 학자들은 청(淸)을 타도하고 명을 위하여 복수하는 것이 춘추대의라고 주장하기에 이르렀던 것이다.

　이러한 화이사상은 현실적으로 아무런 의미도 없는 공허한 명분론(名分論)이었을 뿐만 아니라 역사인식에 있어서 우리나라 역사의 독자성을 부정하는 이론이었다. 그러므로 우리나라 역사에 대한 정당한 인식에 도달하려면 먼저 화이사상을 비판하고 극복하지 않으면 안되었다.

우선 성호의 명의 멸망에 대한 견해를 보면 다음과 같다.

임본요(林本堯 : 吳三桂의 부하)는 또 말하기를, 명은 천하 사람들에게 학독(虐毒)하였으므로 천하에서 다시는 명을 생각하지 아니한다 하였다……황명(皇明)이 학독하였다는 말은 거짓말이 아니었으니 그 망할 때 천하에서 다시는 명을 생각하지 않았다. 24)

성호의 이 말은 당시에 있어 주야로 명을 위하여 복수할 것을 주장하는 존명사대주의자(尊明事大主義者)들의 생각과는 정면으로 대립되는 것이다. 그는 또 사대주의자들이 명의 말제(末帝) 의종(毅宗)의 연호인 숭정기원(崇禎紀元)을 명이 망한 100여년 뒤에도 계속 사용할 것을 고집하는 데 대하여 다음과 같이 우려를 표명하였다. 『숭정기원후(崇禎紀元後)의 다섯 자가 전국에 널리 사용되고 있는데 이것은 비단 가문(家門)의 우환(憂患)으로 될 뿐만 아니라 반드시 나라의 근심으로 될 것이다.』25)

그는 존명사상을 위험한 사상으로 보았을 뿐 아니라 명을 위하여 북벌까지 주장하는 사대주의자들이 실제에 있어 얼마나 비겁하고 기만적이었나를 「화이지변(華夷之辨)」이라는 논문에서 다음과 같이 비판하였다.

고려 때부터 시작하여 반드시 망령되게 고원(高遠)한 이론을 내세우고 있으나 무릇 외적의 입구(入寇)가 있으면 다만 대국(大國)의 힘에 의존하고 그렇지 않으면 형세가 궁하여 애걸할 뿐이었다. 오늘날에 있어서 광경은 또 다르다. 대명(大明)이 호원(胡元)을 소탕한 뒤로 화이의 변(辨)은 더욱 강조되었으나 강약의 형세는 수에 꼽히지도 못하였다. 묘당(廟堂)의 정산(政算)은 내수(內修)할 생각은 하지 아니하고 밖으로 양이(攘夷)하는 데 팔을

---

24) 星湖僿說類選 卷之8下 吳三桂, 『本堯又云 明虐毒於天下 天下不復思明(중략) 皇明流毒之語非誣也 其亡天下 不復思明』

25) 星湖先生全集 卷28 答李汝久, 『崇禎紀元後五字 遍於郊原 此不但爲家憂 必將迤及國患』

걸어붙이고 있으며 무변(武弁)을 대하기 극히 천하게 하면서 장차 사변(事變)이 있으면 수용(需用)하려고 기대하니 그 그릇되고 어긋남이 이와 같다. 왕석작(王錫爵)의 말에 『무관은 찬하(欃下)에서 안일(安逸)을 구하면서 관새(款塞)의 이(利)를 오로지 하고 문신들은 틈구멍으로 전투를 구경하면서 출새(出塞)의 공을 쟁담(爭談)한다. 용맹(勇猛) 쓰기를 변방에서가 아니고 조정에서 쓰고 있으며 외적의 방어를 갑병(甲兵)으로써 하지 아니하고 문묵(文墨)으로써 한다』고 말하였는데 가위 시병(時病)에 꼭 들어맞는 말이다.[26]

성호는 현실적으로 존명사대사상을 비판하였을 뿐만 아니라 화이사상의 중국중심 세계관 자체를 부정하였다. 그는 분야설(分野說)의 미신성(迷信性)을 비판하면서 다음과 같이 말하였다.

오늘날 중국이라는 것은 대륙중의 일편토(一片土)에 지나지 않는다……정자(程子)의 말에 일신에도 또한 하나의 건곤(乾坤)이 있다고 말하였는데 한 나라에 대하여서도 마찬가지이다. 그 상하좌우는 머리와 발 좌우의 양팔과 같은 것이다…… 크게는 구주(九州)도 하나의 나라이지만 적게는 초(楚)도 하나의 나라이고 제(齊)도 하나의 나라이다.[27]

이 말은 중국중심 세계관의 부정이며 반대로 어느 곳이고 중심이 될 수 있다는 견해인 것이다. 또한 대소에 관계없이 하나의 나라로 인정한 것이다. 성호의 이와 같은 주장은 지구가 둥글다는 과학사상에 근거를 두고 있었다. 따라서 이우성(李佑成) 교수가 지적하였듯이 『성호의 달식(達識)은 중국중심주의 세계관을 이미 타파하였을 뿐

---

26) 星湖僿說類選 卷之8下 華夷之辨, 『自麗時始 必妄出高論 凡有外寇 徒藉大國之力 不然 勢窮而乞憐而已 在今光景又異 自大明掃淸胡元之後 華夷之辨益重 而强弱之勢 有不與數也 廟算不思內修 而攘臂於外攘 待武弁極賤 而將待有變需用 其謬戾如此也 王錫爵之言曰 武官在欃下求安 專藉款塞之利 文臣在隙中觀鬪 爭談出塞之功 賈勇不在邊境 而在朝廷 禦寇不以甲兵 而以文墨 可謂切中時病矣』

27) 同上 卷之1上 分野, 『今中國者 不過大地中一片土(중략) 程子曰 一身還有一乾坤 一國亦然 其上下左右 如顱趾兩臂(중략) 大則九州亦一國也 小則楚亦一國也 齊亦一國也』

아니라』『각개 국가의 독립된 주권이 인정되고』있었다. [28]

성호는 서양이 중국 지배권이 아니고 독립된 나라들인데 중국인들이 서양 선교사를 제멋대로 배신(陪臣)이라 한 데 대하여 조소를 던지기까지 하였다. [29]

그는 인물의 출현에 대하여서도 다음과 같이 말하였다.

> 나는 언제나 말하기를 9주(中國) 안에서는 의당 다시 성인(聖人)이 나타나지 않을 것이고 기대하는 곳은 구주 밖이라 한다. …… 지금 만리장성(萬里長城) 밖에는 그 크기가 중국만할 뿐이 아니다. 그 가운데 어찌 이적(夷狄)이면서 이적으로 당연히 할 일을 하는 자로 성인이 지적한 바와 같은 사람이 없겠는가. [30]

즉 성인도 중국의 독점물이 아닐 뿐 아니라 앞으로는 중국 이외에서 성인이 나타날 것이라고 기대한 것이다. 또한 성호에 있어서 세계는 중국 중심의 좁은 세계가 아니라 광대한 중국 이외의 세계가 인식되고 있었다. 그는 중국중심의 세계관을 부정하였을 뿐 아니라 화이(華夷)의 차별에도 반대하였다. 따라서 역사서술에 있어서 화이사상에 의한 서술을 반대하였다. 그는 중국의 남북조시대 위(魏)의 효문제(孝文帝)가 비한족(非漢族)이면서 유학(儒學)을 장려한 데 대하여 이를 무시한 중국사서들의 입장을 다음과 같이 비판하였다.

> 그러한 사실은 기특한 것이어서 의당히 표출(表出)하여 서술하여야 할 것인데도 오늘날 『강목』에는 생략되었다. 대개 사서(史書)들 가운데에는 외이(外夷)라 하여 소홀하게 다룬 것이 많은데 역시 애석하다 할 만하다. 기실 요·금·원(遼金元) 삼국은 예악(禮樂)이 미상불 갖추어져 있었다. [31]

특히 성호가 역서서술에 있어 화이사상의 극복을 선명하게 보여주

---

28) 李佑成, 李朝後期 近畿學派에 있어서의 正統論의 展開, 歷史學報 제37집.
29) 同上.
30) 星湖先生全集 卷27 答安百順, 『余每謂九州之內 宜不復生聖人 所待者九州之外(중략) 今長城以外 其大不啻中國 其中豈無素夷狄行夷狄者 如聖人所指者耶』
31) 星湖僿說類選 卷之8上 中國賴孝文帝, 『其事奇特 宜表而出之 今綱目略之 大抵史中 多以外夷而忽之者 亦可惜 其實遼金元三國 禮樂未嘗不備』

는 곳은 안정복과의 문답서간(問答書簡)이다. 우선 안정복은 『동사강목』을 저술하면서 우리나라의 대외관계를 어떻게 서술한 것인가에 대하여 다음과 같이 질문하였다.

　우리나라 역사는 스스로 우리나라의 사실인 것이니 당연히 우리나라의 기년(紀年)으로 서술하여 『춘추(春秋)』의 예와 같아야 할 것이다. 신라·고려 이후로는 중국에 복사(服事)하였기 때문에 당연히 정통을 주로 삼아야 할 것이니 요·금(遼金)은 필법(筆法)이 달라야 할 듯하다. 그러나 원(元)은 이적으로서 중국을 지배하였기 때문에 비록 중하(中夏) 정통과는 다르더라도 고려 원종 이후로 그 신속(臣屬) 관계가 이를테면 전대에 다만 정삭(正朔)을 받던 것에 비할 것은 아니니 필법이 부득불 정통의 예와 같아야 될 것이고 대명에 이르러서는 내복(內服)이나 다름없이 보았으니 조빙(朝聘)의 사실은 당연 조우경(朝于京)·여경사(如京師)라 서술해야지 여송(如宋)·여원(如元)의 예로 함은 부당하다.[32]

　이 질문은 화이사상에 의하여 한족(漢族) 왕조를 주로 하고 비한족 왕조에 대한 서술방식은 한족 왕조에 대한 서술방식과 달라야 한다는 것이다. 고려의 요·금에 대한 관계는 송에 대한 관계와 다름없다고 인식하였음에도 불구하고 요·금에 대하여 필법을 달리해야 한다고 주장하였다. 고려의 원에 대한 관계는 보다 긴밀하였음에도 불구하고 송의 예대로 쓰면서 조선의 명에 대한 관계는 고려의 원에 대한 관계보다 덜 긴밀하였음에도 불구하고 조빙을 외국에 간 것으로 서술하지 아니하고 지방에서 서울에 간 듯이 조우경(朝于京)·여경사(如京師)로 서술하자고 주장한 것이다. 이에 대하여 성호는 명백히 반대하여 답변하였다. 『원·명(元明)과 요·금(遼金)을 어찌하여 구별하는가? 다만 스스로 하나의 사서(史書)를 만들어 연호를 분주(分註)함이 합당할 것이다. 견사봉표(遣使奉表)한 것은 동일하나 오직 원만은 입조(入朝)

────────────

32) 星湖先生全集 卷25 答安百順問目, 『東史自是東國之事 則當以本國紀年若春秋之例也 羅麗以下　服事中國 當以正統爲主　遼金則筆法似異矣　然元以夷狄主中國 雖與中夏正統有異 麗元宗以下 其臣屬之義 非如前代只奉正朔之比 筆法不得不同於正統之例 至于大明 則視同內服朝聘之事 當曰朝于京如京師 而不當如宋如元之例矣』

한 사실이 있다.』[33]

성호의 답변은 화이사상에 의한 서술을 반대하고 오직 사실에 근거하여 서술할 것을 주장한 것이다. 그는 송·명(宋明)이나 요·금(遼金)을 모두 동일하게 서술하고 도리어 비한족 왕조인 원에 대하여는 입조한 사실이 있다 하여 특례로 써도 무방함을 인정하였다. 『조즉조(朝則朝)라 하고 여즉여(如則如)라 하여 아마도 사실에 의거해야 당연하지 이런 것은 화이(華夷)의 구별에 있는 것이 아니다』[34]라고 말하였다. 성호는 특히, 『하(夏)를 귀하게 생각하고 이(夷)를 천하게 생각하는 것은 의미가 없다』[35]고 말하였다. 성호는 역사서술에 있어 의식적으로 화이사상을 반대하고 동등시하였다.

이상에서 보았듯이 성호의 화이사상에 대한 비판은 실로 철저하다 할 만하다. 그의 이러한 비판은 우리나라 사대주의적 사가에 대하여서도 묵인하지 않았다.

　　우리나라 사서(史書)는 본래 문장을 읽을 수가 없는데다가 언제나 중국사를 근거로 삼아 참착(攙錯)하여 혼란시켰기 때문에 더욱 읽을 수가 없다. 이를테면 야인(野人)들이 스스로를 믿지 아니하고 서울의 것이면 사실이라고 믿어서 왕왕 웃음거리로 되듯이 모름지기 변별(辨別)하여 보아야 한다.[36]

그는 특히 『삼국사기』에 대하여, 『대부분 중국의 전문(傳聞)한 것에 의거하여 혼란시켰기 때문에 판별하기 더욱 어렵다』[37]고 말하였다. 이 말은 종래 우리나라 사서들이 우리나라 기록을 불신하고 중국의 기록을 중시하여 사실을 알 수 없게 서술한 데 대한 비판인 것이다. 그는 중국 기록들이 우리나라에 관한 것은 불확실한 것이라고 다음과 같이 말하였다.

33) 同上,『元明與遼金 何別 只合自爲一史 分註年號 遣使奉表則同 惟元有入朝』
34) 星湖先生全集 卷26 答安百順別紙,『朝則朝 如則如 恐當據實 此不在華夷之別』
35) 同上 卷25 答安百順問目,『貴夏賤夷 爲無義也』
36) 同上 卷26 答安百順別紙,『東史者本文不可見 每以中國史爲據 攙錯以亂之 尤不可讀 如野人不自信 而信京輦爲實 往往一笑 須辨別看』
37) 星湖僿說 卷22 留記新集,『多憑上國傳聞者混之 所以尤難辨別也』

우리나라의 군국산수(郡國山水)의 명칭은 착잡하여 알기가 어렵다. 우리나라 사람들은 우둔하게 본국사를 불신하고 언제나 중국의 역대지지(歷代地誌)에 의거하여 참록(攙錄)하였기 때문에 더욱 어려워졌다. 중국인은 혹은 전문한 것에 의하여 증거로 삼았는데 천만리 밖의 사실을 어떻게 하나하나 명백히 저작할 수 있겠는가? 비하자면 사람이 각각 이름을 가지고 있는데 외인이 혹은 갑을 을이라고 부르면 자기가 갑이라는 것을 불신하고 도리어 그가 을이 아닌가 의심하는 것과 같은 것이니 매우 가소로운 것이다.[38]

성호는 과거 우리나라 사서를 비판하였을 뿐 아니라 앞으로 새로 쓸 우리나라 역사는 중국사와 다른 서술형식을 취할 것을 주장하였다. 그뿐 아니라 그는 우리나라 역사의 독자성을 강조하였다. 그는 안정복이『동사강목』을 저술할 때에 다음과 같이 충고하였다.

오늘날 사람들은 우리나라에 나서 우리나라 사실을 전혀 각성하지 못하고 있다. 심지어『동국통감(東國通鑑)이 있으나 누가 읽겠는가』라고 말하니 어긋남이 이와 같다. 우리나라는 스스로 우리나라인 것이니 그 규제체세(規制體勢)가 저절로 중국사와 달라야 한다. 그 사대교린(事大交隣)의 관계는 옛것을 징험하고 오늘의 것을 비교하여 진실로 불가불 생각해야 할 것이 있는데 우리나라 사람들은 대개 캄캄하게 모르고 있다. 이런 것은 입설(立說)하여 나누어 밝히는 것이 좋을 것이다. 백순(百順 : 安鼎福)의 생각이 이런 데까지 미치었는지 모르겠다.[39]

여기서 불가불 생각할 것이 있다는 의미심장한 암시는 명백히 말하지는 않았어도 허망한 화이사상을 배격하고 우리나라 본위로 역사를 서술하라는 것으로 해석된다. 위의 말은 명백히 우리나라의 독자성을 인식하고 역사서술도 독자적 서술방식을 취해야 한다고 주장한 것이

---

38) 星湖先生全集 卷20 答尹幼章別紙,『我國郡國山水之名 錯互難明 東人魯莽 不信本史 每據上國歷代地誌 而攙錄之 所以尤難 上國人或因傳聞爲證 千萬里外事 如何能一一明著耶 比如人各有名而外人或呼甲爲乙 則不信己之 爲甲 而反疑其爲乙也 甚可笑也』

39) 星湖先生全集 卷25 答安百順 乙亥,『今人生乎東邦 惟東事全不省覺 至曰 東國通鑑 有誰讀之 其乖戾如此 東國自東國 其規制體勢 自與中史有別 其 事大交隣之間 驗古準今 誠有不可不商量者 東人蓋昧昧然也 此尤合立説而 分曉之也 百順已及此耶』

다. 이러한 견해는 종래 화이사상에 사로잡힌 사대주의적 국사관(國史觀)에 대하여 새로운 국사관을 주장한 것이다. 그가 비록 우리나라 역사를 쓰지는 않았지만 우리나라 사람의 입장에서 독자성 있게 우리나라 역사를 인식하였다는 것은 국사학의 새로운 방향을 제시한 것이다. 성호의 국사에 대한 새로운 인식은 고려시대 조위총란(趙位寵亂)에 대한 논평에서도 볼 수 있다.

조위총(趙位寵) 사건은 다만 그 의리만 보고 그 잘못을 깨닫지 못하였다. 금국(金國)에 도움을 구한 것은 악사(惡事)로 된다. 진실로 임금의 원수를 갚으려면 이런 일도 역시 힘써 할 것이지만 역사를 서술하기에는 어찌 어렵지 않겠는가. [40)]

여기서 의리(義理)라는 것은 무신란(武臣亂)으로 희생된 의종을 위한 복수 즉 충성이다. 그 잘못이라는 것은 금국(金國) 즉 외국에 원병을 요청한 것이다. 여기서 우리는 소박하기는 하지만 일종의 민족의식과 유사한 것을 느낄 수 있다. 성호는 조위총이 의종의 복수를 위하여 외국에 원군을 요청할 수 있다고 인정하였으나 외국에 원군의 요청은 나쁘다고 보았다. 이러한 성호의 논평은 유교윤리와 민족적 입장이 미묘하게 대립되고 있음을 의식하고 있다. 따라서 유교적 윤리사상을 아직 완전히 극복하지 못한 성호의 우리나라 역사에 대한 인식은 많은 한계를 가지고 있었다고 보아야 할 것이다.

結 語

이상에서 성패론(成敗論)과 화이론(華夷論)을 통하여 성호의 사론(史論)을 살펴보았다. 그러나 이것만으로는 성호의 사론에 대한 성격을 규정하기는 어렵다. 따라서 이상에서 고찰한 것을 간단히 정리함으로써 결론에 대신한다.

첫째, 성호는 역사를 개인의 주관에 의하여 마음대로 좌우할 수 있

---

40) 同上 卷25 答安百順丙子,『趙位寵事 但見其義不覺其非 求助於金國 亦惡事成 苟報君讎 此亦可屑爲也 作史豈不難哉』

다고 생각한 종래 역사관을 비판하고 시세(時勢)에 의하여 역사의 객관적 운동을 인식하려고 하였다.

둘째, 성호는 역사인식에 있어 유교적 관념을 배제하고 역사를 객관적으로 인식함으로써 역사학을 경학(經學)의 종속적 처지에서 독립의 학문으로 인정하는 결과로 되었다.

세째, 성호는 화이사상(華夷思想)을 철저히 비판하고 화이사상에 의한 역사서술에 반대하였다. 따라서 사실(事實)에 근거한 모든 나라의 평등한 서술을 주장하였다.

네째, 성호는 우리나라 역사의 중국사에 대한 독자성을 인식하였다. 따라서 종래 사대주의적인 우리나라 역사서술을 비판하고 우리나라의 입장에서 국사를 서술할 것을 주장하였다.

이상과 같은 성호의 사론(史論)은 많은 한계성과 철저하지 못한 점이 있음에도 불구하고 당시 낡은 역사학에 비하여 확실히 새로운 것일 뿐 아니라 근대적 사학에 일보 접근한 것이라고 말할 수 있을 것이다.

<白山學報 8집, 1970>

實學派의 史學理論

黃 元 九

1. 序

조선후기의 실학파(實學派)들은 현실적인 경세치용(經世致用)에 몰두했다. 경학(經學)을 중심으로 하되 그 경학이 시사(示唆)하는 그 세계를 위해서 많은 개혁론(改革論)을 주장했다. 그러나 그 개혁론에는 합리적·실증적인 배경이 필수로 되었다. 현실적인 문제를 역사적인 현실로 포착하자는 것이었다.

이런 생각은 실학파 중에서도 근기학파(近畿學派)에 의해서 주로 주창되었다. 이익(李瀷)을 중심으로 한 그 계열의 학파의 생각이었다. 여기에서 역사의식(歷史意識)은 이 학파에서는 중요한 입장이 되기도 했다. 종래와 같은 역사의 학습·이해에만 그치는 것이 아니라 독자적인 안목에서 역사를 체계있게 재편성하고자 했다. 여기에서 치사(治史)와 찬사(纂史)의 사관(史觀)이 나왔고 이에 의거해서 한국사의 새 모습을 찾고자 했다.

중국의 경우는 사찬(私撰)의 사서(史書)가 먼저 나왔고, 그 틀에 의해서 관찬(官撰)의 사서가 나왔지만, 한국에서는 관찬사서(官撰史書) 후에 사찬사서(私撰史書)가 이루어졌다. 또 중국에서는 사학(史學)이 관찬사서의 편찬을 계기로 독립할 수 있었으나, 한국에서는 사찬사서의 찬술(纂述)의 시기에 와서 독립할 수 있었다. 이와 같은 차이는 한국에서의 중국사학(中國史學)의 수용(受容)이 그 형식적인 데

서부터 이루어졌다는 결과이었다. 여하간, 조선후기의 일련의 찬사가
(纂史家)에 의해서 사학(史學)은 독자적인 분야를 개척할 수 있었다.
그것은 안정복(安鼎福)의 『동사강목(東史綱目)』, 이긍익(李肯翊)의
『연려실기술(燃藜室記述)』, 한치윤(韓致奫)의 『해동역사(海東繹史)』
에 와서 구체화되었다.

그러면 이들 3사(三史)(이후 倣此)는 당시의 시대여건에서 어떤 위
치에 있었는가. 또 이들의 사서는 서로 어떤 관계를 갖고 있고, 그
특성은 어떠한가. 이와 같은 문제를 생각해본 지는 오래 되었다. 그러
나 이 방면에 구체적인 연구결과는 너무나도 영세(零細)했다. 본고는
이들 여러 문제를 피상적으로나마 다루어본 것이다.

2. 史家와 史書

(1) 實學派의 歷史意識

조선후기의 실학파 학자들은 역사의식(歷史意識)이 뚜렷했다. 유
형원(柳馨遠)·이익(李瀷)·정약용(丁若鏞)에 계(系)하는 실학자에
서는 말할 것도 없지만, 그 주변의 일련의 실학자에 있어서도 그러
했다.

당시의 학문적 경향이 경학(經學)을 중추로 한 백과전서식(百科全
書式)인 고구(考究)에 있었다는 것에서도 그 일단을 찾아볼 수 있지
만 불합리한 사회제도를 광구(匡救)하기 위한 전제에서 오는 자기역
사의 이해와 그 정리에서 더욱 찾아볼 수 있다.

성호(星湖) 이익은 역사를 비판과 고증적인 입장에서 다루어야 한
다고 보았다. 특히 작자(作者)에서는 더욱 그러하다고 했다. [1] 이와
같은 역사관(歷史觀)은 유형원에서도 일맥 통하는 것이었고, 정약용
의 현실비판과 주례적(周禮的) 인식에서도 그 일단을 찾아볼 수 있

---

1) 韓㳓劤, 星湖의 史論(李朝後期의 社會와 思想, 韓國文化叢書 16)에서 그
   史論이 소개되어 있다. 여기에서는 李瀷의 春秋的 입장이 언급되어 있지
   않다.

다.[2]

그러나 이익의 사관은 안정복에 의해서 계승 발전되었을 뿐 아니라 그후 이긍익·한치윤에 의해서도 그 태도는 계승되었다. 안정복은 『동사강목』에서, 이긍익은 『연려실기술』에서, 한치윤은 『해동역사』에서 그 방법과 사관이 작용하고 있기 때문이다.

물론 이 밖에도 당시의 실학자 가운데는 역사에 대한 의식과 그 비판적인 입장이 없던 것은 아니다. 허다한 저술을 남긴 학자일수록 역사인식에 대하여 전해오는 문자가 많다. 그러나 자기의 역사를 일정한 체제하에 꾸민 학자는 안정복·이긍익·한치윤 밖에는 없다.

종래의 학문관(學問觀)은 문·사·철(文史哲)을 겸행한 것이었다. 어느 하나라도 독립될 수 있다면 그것은 사대부의 학문적 태도가 아닌 것으로 알았다. 그러나 한편으로는 문·사·철의 어느 쪽에서 두각을 낼 수 있느냐가 학문하는 방향이기도 했다. 어떤 이는 예(禮)에서, 또는 시문(詩文)으로, 혹은 사학(史學)으로 그 지식의 특출함을 드러내었다. 안정복·이긍익·한치윤도 경학과 시문에 결코 소홀한 것이 아니었지만, 역사서술을 통해서 두각을 나타낸 것이다. 사실 이때에 오면 사학은 유지기(劉知幾)가 말한 재·학·칙(才學則) 삼장(三長)을 겸비한 사람만이 다루는 분야는 아니었다. 육경개사야(六經皆史也)라고 갈파(喝破)한 장학성(章學誠)의 주장과도 같이 경학을 바탕으로 하면서 역사의식이 전진되어 자국의 역사를 재편성해본 것이다.

(2) 安鼎福──東史綱目

『동사강목』의 저자인 안정복은 자가 백순(百順), 본이 광주(廣州), 호가 순암(順菴)이다. 당시 실세(失勢)한 남인 출신이었다. 숙종 38년(1712)(陰) 12월 25일, 제천(堤川)에서 안극(安極)의 아들로 출생하여 정조 15년(1791)(陰) 7월에 고종(考終)하기 까지 80년 동안을 생존했다. 그 동안 유년 때에는 조부 안서우(安瑞羽)의 벼슬살이를 따라서 여러 지방에서 보냈고, 장년(壯年)이 되어서는 광주(廣州) 덕곡(德谷)에 정착했다.

---

2) 洪以燮, 丁若鏞의 政治經濟思想 硏究, 韓國硏究圖書館刊, 제1장 生涯─
   學의 形成 참조.

어려서부터 가학(家學)을 받았고 명철호학(明哲好學)했다. 이에 학은 크게 성숙되어갔다. 그런데 안정복이 광주에 정착하게 된 것은, 그의 학문적 방향에 한 전기를 이루는 계기가 되었다. 즉, 당시 광주(安山 星村)에는 같은 남인계(南人系)이자 실학의 거유(巨儒)이던 이익이 노숙(老熟)한 학의 영역을 지키고 있었는데, 안정복은 이 노학자를 찾아 그와 사제지의(師弟之誼)를 맺고 계속해서 그 지도를 받았기 때문이다. 안정복은 본래 주자학(朱子學)에 독실(篤實)하여 그 이념이 지향하는 실천궁행(實踐躬行)하는 것으로서만 만족했으나, 영조 22년 10월 성촌(星村)으로 이익을 찾아 교시를 받게 되면서부터, 이른바 실학적 학문태도를 갖게 되었다. 그가 『동사강목』의 찬수(纂修)를 시작한 것도 이익의 역사의식과 사론을 계승받은 데서 비롯했다.[3]

『동사강목』은 영조 32년(1756)에 착수하여 동 35년(1759)에 일단 초료(草了)하였다. 그러나 얼마 전부터 유일(遺逸 : 모든 試擧에는 不應)로 참봉─감찰(뒤에는 翊贊까지 이른다)을 역임하기 위한 시간적 제약도 있었겠지만 관직을 사임 후에도 여러 저술을 이룩하기에 여가를 갖지 못하더니 정조 즉위년 목천현감(木川縣監)으로 부임할 기회를 갖게 되자 다시 구고(舊稿)에 퇴고(推敲)하고 서문을 붙여서 완성하였다.

안정복은 이 『동사강목』의 찬술에 대해서, 종래의 동국사(東國史)는 그 종류가 많았지만 소략(疎略)·번잡(繁雜)·오류(誤謬)의 결(缺)을 너무나도 많이 갖고 있기 때문에 이 결함을 시정하기 위하여 찬술했다고 말하고, 서술의 대법은 주자(朱子)의 강목사관(綱目史觀)에 의한 명분(名分)에 두었던 것이다.[4]

---

3) 韓沽劤, 前揭論文 참조.

4) 東史綱目序, 『東方史亦備矣 紀傳則有金文烈鄭文成之三國高麗史 編年則徐四佳崔錦南奉敎撰通鑑 因是而有兪氏提綱 林氏會綱 抄節則有權氏史略 吳氏纂要等書 彬彬然盛矣 然而三國史疎略而爽實 麗史繁冗而寡要 通鑑義例多舛 提綱會綱筆法 或乖而至於因謬襲誤 以訛傳訛則諸史等爾 鼎福讀之慨然 遂有刊正之意 博取東史 及中史之有及于東事者節刪成書 而一遵紫陽成法 以爲私室巾衍之藏 資其考閱而已 非敢以纂述自居也 大抵史家大法 明統系也 嚴纂逆也 正是非也 褒忠節也 詳典章也 諸史於此 實多可議 故略加洗刷 而至若訛謬之甚者 別爲附錄二卷 繫之于下 書成二十有餘年 而久未繕寫 丙申多承乏湖邑簿牒之暇 始書一本 因述其由 用授家塾子弟(時聖上卽祚之三年戊戌仲春初吉 漢山安鼎福 書于木州之用晦堂中)』

안정복이, 역사찬술의 기준을 주자의 사관에 근거했다는 것은 조금도 이상할 것이 없다. 젊어서 주자학에 심취(心醉)되어 있었음은 전술한 바이지만, 당시의 우리 학계가 온통 주자학적 세계이었고 보면 당연한 결과였다. 주자학에서의 사관은 춘추적(春秋的) 대의명분론(大義名分論)이 강하게 작용했다. 따라서 안정복도 그 명분을 내세운 것이다.

『동사강목』은 본편(本篇) 17권, 부편(附篇) 4편목(考異·怪說辨·雜說·地理考)을 합하여 20권으로 되어 있다. 그리고 권수(卷首)에는 동국역대전수지도(東國歷代傳授之圖)·동국총도(東國總圖)·관직연혁도(官職沿革圖)를 전재(前載)하고 있다. 한편 찬술에서는 동국서적 40종, 중국서적 18종을 채거(採據)했는가 하면 동국측의 사론 25가(家), 중국측의 사론 6가의 설을 참고했다. 이들의 사론(史論)은 범례 74조에 집약되어서, 서술의 기준으로 삼았다.

여하간『동사강목』은, 비록 주자의 강목적 사관(綱目的 史觀)에 입각한 춘추론적(春秋論的) 방법론의 결과이기는 하였지만, 자국의 역사를 체계화해서 고증적 객관적으로 인식하고자 했던 것은, 분명히 실학적 태도의 소산이었다. 종래의 중국중심적 역사관에 대립해서, 또는 유교의 윤리적 제약과 현실적인 정치권력에 의한 사실(史實)의 왜곡을, 독자적이고도 합리적으로 시정하고자 노력한 것이다. 아울러 관찬(官撰)에 대해서 역사서술의 사찬의 효시(嚆矢)가 되었는가 하면, 일정한 기준과 체계하에 통사(通史)를 시도해서 민족 전체사를 인식하고자 한 것이다.

(3) 李肯翊 —— 燃藜室記述

『연려실기술』의 찬자(纂者)인 이긍익은 자를 장경(長卿)이라 했고 호는 전하지 않았다. 세간에 연려실(燃藜室)이라고 호했다 함은 잘못이라고 한다.[5] 본은 전주(全州)이고 색(色)은 소론(少論)에 속했다. 영조 12년(1736)에 출생하여 순조 6년(1806)에 71세의 나이로 세상을 떠났다. 그의 부친은 근세의 문장과 명필(名筆)로 유명하던 이광사

---

5) 權五惇, 燃藜室記述(韓國의 名著, 玄岩社刊) 참조.

(李匡師 : 嶠)였다.

이긍익은 당파 싸움의 결과 조부인 이진검(李眞儉)과 부친 이광사가 유배지에서 기세(棄世)해야만 했던 불우한 몸이었다. 따라서 빈곤과 고생 속에서 일생을 지내야 했다. 조·부 2대가 역모(逆謀)로 몰려서 신고 끝에 세상을 떠났고 보니 벼슬길은 단념해야 했다. 그러나 가학(家學)을 받아서 수학한 보람으로 장년이 되어서는 상당한 수준의 학의 경지에 들어서게 되었다. 이런 환경에서도 뜻을 치사(治史)에 두고 저술한 것이 바로 이 『연려실기술』이다.

『연려실기술』은 모두 59권의 방대한 기사본말체(紀事本末體)의 조선시대의 사승(史乘)이다. 원집 33권, 별집 19권과 속집 7권으로 되어 있다. 종래의 역사는 기전체(紀傳體)·편년체(編年體)가 사서의 모범이었지만, 이긍익은 사실(史實)의 시말을 조리있게 이해하기에 편의한 장점을 가진 기사본말체를 취한 것이다. 연려실(燃藜室)이란 일찌기 한대의 유향(劉向)이 옛글을 교정할 때 태일선인(太一仙人)이 청려장(靑藜杖)에 불을 붙여서 비춰 주었다는 고사에서 온 것인데, 그의 부친인 이광사가 아들인 이긍익을 위하여 서실 벽에 손수 휘호(揮毫)해준 것에서 유래한다.

이긍익에 대한 연보가 구체적으로 전해오지 않기 때문에 그 저술연대는 확실치 않지만, 정녕 이긍익이 41세가 되던 영조 52년 이전에 일단 완성한 것 같다.[6] 그것은, 이 『연려실기술』 첫머리에 이광사가 책명(冊名)한 『연려실기술』이라고 휘호하여 쓴 것으로 짐작해 보는 것이다. 이광사가 유배지인 신지도(薪智島)에서 영조 52년에 기세했기 때문이다.

여하간, 이긍익은 『연려실기술』의 의례 서(義例序)에서 찬술의 내력 및 찬술의 기준과 서술태도를 밝히고 있다. 이 기준 즉 의례(義例)는 모두 7조로 되어 있는데 여기에는 사관(史觀)과 편찬경위가 다시 설명되어 있다.[7]

---

6) 權五惇, 上揭論文 참조.

7) 燃藜室記述 義例序, 『吾東野史 編成巨帙者多 而大東野乘 昭代粹言之類 裒輯諸家所錄 若說邪 散漫無統 而語又多重疊 難於攷閱 春坡日月錄 朝野僉載之類 用編年之法 而收採未盡 遽爲成書 故詳處太詳 疎漏處太疎漏 不成體段 靑野謾輯不致詳於事實 而多載文集中論議諸說 撮其末而遺其本者亦

그런데 『연려실기술』에서는, 이긍익의 의견은 조금도 찾아볼 수 없는 것이 특징이다. 오직 선학(先學)들의 기술을 그대로 전재한 후 그 기사 끝에는 반드시 인용서목을 명기(銘記)하였다. 그가 인용한 조선시대의 야사(野史)·수필(隨筆)·일기(日記)·문집류(文集類)는 4백여종에 이른다. 시세에 낙오되고 반대파에 몰려서 제대로 뜻을 펴지 못한 불우한 찬자(纂者)가 이만큼이라도 공정할 수 있을까 의심될 만큼 불편무당(不偏無黨)한 필치로 이룩된 이조사서(李朝史書)의 최량서(最良書)라고 할 수 있다.

이에 『연려실기술』은 이긍익 생존시부터 많은 사본이 유포되었다. 그가 의례(義例) 속에서 말하고 있는 것을 보면, 여러 희망자에게는 원고를 대여해 주었기 때문에 사본(寫本)이 널리 유포(流布)하게 된 것이다.[8] 물론 그 가치가 벌써부터 인정되었기 때문이다. 그런데 여기에서 우리는 불우했던 실권층 즉 역모죄인의 장자(長子)로서의 깊은 주의와 조심성도 찾아볼 수도 있는 것이다.

『연려실기술』의 원집(原集) 33권 중에는 조선 태조조로부터 18대 현종조에 이르는 280년간의 사실이 왕조별·사건별로 수록되고 각조의 말미에는 당시의 상신(相臣)·문형(文衡)·명신(名臣)의 전기(傳記)가 부기되어 있다. 그리고 별집 19권 중에는 조선시대의 관직·전례(典禮)·문예(文藝)·천문(天文)·지리(地理)·변위(邊圉)와 역대고전(歷代古典)을 연혁으로 다루어져 있고, 속집 7권 중에는 19대 숙종 47년 동안의 일들이 원집의 형식으로 되어 있다. 말하자면 원집과 속집은 정치편이고 별집은 문화편이라고 볼 수 있다. 그런데 이중 속집은 추후 찬집(纂輯)한 것인 만큼, 이긍익의 찬술로 보지 않을 수도 있겠지만, 그 여부를 확증할 길이 없다. 오직 속집에서는 인용서목(引用書目)이 없는 것이 원집과 다른 점이다.

　　多 今余所編燃藜室記述 博採諸家野史而集成 略倣記事本末之體 隨所見而分類記載 以便續續添書 其有余所未見 而不及錄入者 後之覽者 未妨隨得隨補 以成完書耳』

8) 同上書 義例序, 『若秘而不傳 則人之目未見而耳有聞者 及反疑其有別般新語 豈不反爲危怕耶 余遂不待訖工而人之願看者 示之 願借者 與之』

(4) 韓致奫——海東繹史

　『해동역사』의 찬자인 한치윤(韓致奫)은 자가 대연(大淵), 본이 청주(淸州), 호가 옥유당(玉蕤堂)이다.　남인(南人) 출신이다. 영조 41년(1765)(陰) 11월 4일 한성 나동(羅洞)에서 통덕랑(通德郞) 한원도(韓元道)와 신씨(本 高靈)의　2남으로 출생하여 순조 14년(1814)(陰) 12월 26일 고종(考終)하기까지 50년간의 생애를 오직 진사(進士)에 만족하였을 뿐 폐거(廢擧)하고 평생을 학문에만 전념했다.　당시　집권당이 아니면 사환(仕宦)을 단념해야 했던　시대적 여건에서도 기인했지만, 일련의 남인학자(南人學者)들이 벼슬길을 마다하고, 학문에만 진력했던 추세에서 그러했다.

　한치윤(韓致奫)은　정통적인 교육의 결과　약관(弱冠)부터 문명(文名)이 높았고, 학문의 경지도 수준에 이르렀다. 이런 재사(才士)로서 족형(族兄)인 한치응(韓致應)에 수행하여 연경(燕京)에 사행함으로써 청(淸)의 문물을 직시하여 학문의 진폭을 넓히고,　아울러 자기를 새삼스럽게 자각해볼 수 있는 기회를 가진 일이 있었다. 그후, 그는 이와 같은 학문적 토대와 자기인식의　경험을　가지고 한국사의 새로운 편찬을 시작했다. 이것이 곧 『해동역사(海東繹史)』다.

　『해동역사』는 원편 70권과 그의 종자(從子) 한진서(韓鎭書)가 보성(補成)한 속편(地理考) 15권을　도합한 85권이다. 체재는 기전체(紀傳體)이다. 청(淸)의 사가인 마숙(馬驌)의 『역사(繹史)』에 방(倣)한 것임은 물론이다.　그런데 『해동역사』에서는 『삼국사기』와 『고려사』 등의 기전체에서는 볼 수 없는 비판정신이 담겨 있다.　관찬사서와 사찬사서의 뚜렷한 차이임은 췌언(贅言)을 요치 않는다.

　한치윤이 『해동역사』를 찬술하기 시작한 것은 그가 기세(棄世)하기 10여년 전의 일이다. 그리고 그가 새로운 사서를 집필하게 된 것은, 선행하던 여러 사서가 무징왜곡(無徵歪曲)된 채로 서술되고 있어 사서의 대의(大義)인 객관성을 잃고 있는 데서 착안된 것이다. 이런 정신은 당시의 실사구시(實事求是)·무징불신(無徵不信)의 고증적 학풍의 영향이기도 하였지만, 객관적인 자기확립이 없이는 어려운 일이기도 했다. 한치윤은 그 요건을 갖추고 있었다.

따라서 그는 고증적 정신과 객관적 태도를 가지고, 외국사료(中國·日本 등의 자료)에 의한 자국사의 객관적 인식을 시도했음은 물론, 중국과 일본의 경사(經史)와 총패(叢稗)를 망라한 허다한 자료를 구사해서, 어디까지나 귀납적(歸納的)인 서술을 하였다. 그러면서 자기중심의 서술태도도 잊지는 않았다. 외국의 자료를 이용하되 자기의 입장과 견해(按說)에서 아국의 사서(史書)와 대비·검토하여 자기중심의 사실의 해석을 모색하고 있는 곳이 적지 않을뿐더러, 간혹 한글로 직서(直書)해서 우리의 감정을 표시한 것들이 그 호례(好例)이다. 위에 들은 몇가지 사례는 그 학문적 태도의 한 모습을 찾아볼 수 있는 것에 불과하다.

이런 태도와 방법을 냉재(冷齋) 유득공(柳得恭)은 「해동역사 서(海東繹史序)」에서 잘 전해주고 있다.

즉 종래 몇 종의 동사(東史 : 한국사)가 혹은 황탄(荒誕)하고 혹은 약소(略疎)하여 학자가 불신하고 또는 미상하던 곳이 많더니 한치윤이 5·6년의 시일을 들여서 서술 퇴고하였다는 것이다.[9] 여기에서는 『해동역사』의 편찬에 따른 경위를 잘 표현하였지만, 이 밖에 「옥유당한공행장(玉蕤堂韓公行狀)」중[10]의 『우리나라 역사의 무징(無徵)을 부끄럽게 여겨 경전(經傳)으로부터 총패(叢稗)에 이르는 540여종의 인용서목을 가지고 이 책을 편찬했다.』[11] 그리고 한치응(韓致應)이 지은 만

9) 海東繹史序, 『東史凡幾種哉 所謂古記 都是縉流荒誕之說 士大夫不言可也 金富軾三國史(記) 人咨 其脫略不足觀 而名山石室茫無所藏 雖金富軾 亦且柰何 然則唯有鄭麟趾高麗史而已 高麗以前何從而鏡考乎 余嘗欲取二十一史東國傳 刪其重複以注以辨與三國高麗二史 相依而行 則庶或有資於徵信 卒卒未逡亦未嘗不去來于曺中 吾友韓大淵上舍 性恬靜 喜蓄書 閉戶考古 慨然有意于東史 與余不謀而合 又推而廣之 汎濫乎正史之外 我東數千年事實 自經傳 以至叢稗 在在散見者 幾盡搜剔抄寫 又手刀與糊 離而合合而離 蓬首流汗 殆忘寢食 用五六年之力(中略) 名之曰 海東繹史……』

10) 拙稿, 韓致奫의 史學思想——海東繹史를 中心으로(東亞細亞史研究, 一潮閣刊, 1976 所收). 附錄 1에 (前)朝鮮史編修會編『朝鮮史』稿本 通卷 2613 第5編 第811册에서 찾은 것을 소개하였다.

11) 曾孫 日東 謹識『……仍即廢擧 專治文學 於百家書 靡不貫徹 常病我東史之無徵 紬集編籍 上自經傳 下至叢稗 引用書目 凡五百四十餘種 積十數年 始克成編 窃附述而不作之意……』

장(輓章),[12] 홍명주(洪命周)가 지은 만장[13] 등으로 보아서도 본서의
가치는 짐작할 수 있다.

그러나 한치윤은『해동역사』를 계획대로 끝맺지 못하고 돌아갔다.
이에 그의 종자(從子)인 한진서(韓鎭書)가 가숙(家叔)의 유업을 받아
서 구초(舊草)를 정리하고, 미완성이던 지리고(地理考)를 속찬하여
순조 23년(1823)에 완성하였다. 이에 관해서 한진서는,『해동역사 지
리(地理)편만을 이루지 못하고 숙부가 돌아가셨으므로 널리 **다른** 서
적을 모아 지지(地志)를 완성했다』[14]고 술(述)하고 있다.

한진서는 한치윤의 형인 한치규(韓致奎：자 大奎, 호 頤堂)의 아들
로, 자가 유경(酉敬)이었다. 그 역시 진사에만 만족했으나, 음사(蔭
仕)로 관(官)이 현감에 이르렀다. 한진서가 그의 가숙(家叔)의 유업
을 이어서 대업을 완성한 것은 한치윤의 유교에 의한 것이지만, 한편
으로는 어려서 가친을 잃은 후 가숙으로부터 문학과 도덕을 훈도받
고 그 기애(奇愛)를 받은데서 속찬의 뜻이 절실하였을 것이다.

여하간『해동역사』는 외국측 자료에 의한 한국사의 객관적 인식에
목적이 있었지만, 이것이 어느 경우에는 결점(3장, 4절 속의 海東繹史
관계 참고)이 되기도 했다.『해동역사』는 이 결점이 있음에도 불구하
고 그 가치를 높이 평가해온 것은, 종래의 관찬사서에서 취한 관료적
사관에서 탈피했고, 아울러 외국측 사료(중국측 523종, 일본측 22종)
에 의한 자국의 역사를 객관적으로 보되 실증주의적인 방법에 의해서
새로운 통사(通史)의 체계를 모색하고자 노력한 데에 있다고 하겠다.

3. 史學理論──義例를 중심으로

(1) 史論의 기초

조선시대의 사학(史學)은 전통적인 사학의 범주를 벗어나지 못했

---

12) 韓致應, 輓章『寥寥羅麗後 史法病踈訛 金置細千古 彤毫證百家』
13) 洪命周, 輓章『眼閱中州恢地步 手編東史駐精神』
14) 韓鎭書, 海東繹史 地理考『家叔父 病東史之無徵 驛括中國書籍之載東國
事者 傍及日本書 無徵不採分類立目 積十數年工書成 名曰海東繹史 獨地
理未及卒業 而叔父棄世 小子懼先志之未逐 謹編舊草又博採他書 以補地志
之闕焉 (中略) 癸未二月朔 韓鎭書 識』

다. 역사를 통사로 보느냐 단대사(斷代史)로 보느냐 하는 시간적인
인식에서도 그러했지만, 기전체(紀傳體)·편년체(編年體)·기사본말
체(紀事本末體) 등의 삼체에 대한 입장도 그러했다. 그리고 역사를
자치(資治)적인 의의 또는 춘추(春秋)적인 명분에서 그 본의를 찾으
려고 한 데서도 종래의 관념과 다를 바가 없었다.

그러나 조선후기의 실학파(實學派)에 오면, 전술한 대로 역사를 어
떤 학문의 한 분야로 인식하게 되었다. 처음에는 비판적인 태도에서
사학(史學)이 고조되었고, 치용적(致用的)인 안목에서 사학이 주목되
었으며 객관적인 자기인식에서 사학이 전제되었지만, 일단 고조·전
진된 역사의식은 사학의 연구로 굳어져갔다.

한편 실학파에서의 사학은 춘추(春秋)—강목(綱目)의 현실적인 인
식에서도 촉진되었다. 춘추—강목적인 사관은 명분과 역사의 체계화
(正統)를 수반했다. 명분론은 송학(宋學)의 영향으로 격렬하게 되었
고, 역사의 체계적 이해——정통론(正統論)도 강목의 영향에서 기인
했다.

명분론은 고려·조선의 역성혁명(易姓革命) 후의, 『고려사』『실록』
의 편찬에서 시작되었고, 역사의 정통론은 『동국통감(東國通鑑』에서
시도되어서 『동사강목』과 『해동역사』에서 작용하고 있다.

그런데 그 중에서도 정통론은 실학파의 역사인식의 핵심이기도 했
다. 그리고 실학파에서의 정통론은 이익(李瀷)에서부터 구체적으로
제창하기 시작했다. 이익은 한국에서의 정통을 말하되 『마한(馬韓)이
곧 우리나라의 정통(正統)』[15]이라고 갈파했다.

정통이란, 양계초(梁啓超)의 견해를 빌면 『천하에 하루도 임금이 없
을 수 없어 통이 있고, 하늘에 두 해(日)가 없는 것과 같이 백성에게 두

_____
15) 星湖先生文集 卷47 三韓正統論, 『東國之歷代興廢 略與中華相終始 檀君
　　與堯並興 至武王受命 而箕子定封 意者 檀君之後 衰微 無復君國 故箕子
　　得以開業……當檀箕之世 自遼以東 臨津以西 爲東方之中土 而三韓之界
　　下過南裔荒服之地 箕準 避寇南遷 遂稱馬韓……開斥土彊 屬國五十餘 是
　　則東方之正統不絕 衛氏亦不過如周之狄人漢之曹瞞 秉史筆者 宜不與數
　　也……自準之南 衛氏雖據朝鮮故地 纔八十餘年而滅 衛氏滅 而馬韓惟延至
　　一百有一十有七年之久 西北一面 付之四郡二府 而東土之有國傳緒 惟馬韓
　　是已……余故曰 馬韓者 即東國之正統也』

임금이 있을 수 없어 정통이 있는 것』[17]이라고 했으나, 통(統)을 바로잡는다. 바른 통을 세운다는 것은 한대(漢代)의 삼통설(三統說)을 계(系)한 명분적인 사론임은 물론이다. 그리고 이 대의명분적인 사론이 주자의 『강목(綱目)』에서 작용(三國의 正統問題)됨으로써, 송학(宋學)에서의 명분론으로 되고, 주자학이 풍미(風靡)한 조선의 학계에도 영향했다.

여하간 이 정통론의 의식이 조선초부터 작용했음은 기술(旣述)했지만, 사찬(私撰)의 사서와 사론으로 대두된 것은 실학파에 와서이고, 실학파 중에서도 이익을 계(系)하는 근기학파(近畿學派 : 南人系)에서 더욱 뚜렷해졌다. 따라서 그 학계인 『동사강목』『해동역사』에서는 말할 것도 없고, 근기학파의 계통은 아니지만 역시 그 학파와 이념적으로 상통될 수 있는 『연려실기술』에서도 의식되었다.

물론 정통은 기술한 대로 역사의 체계화에 있어서 불가결한 작업의 하나이다. 그러나 안정복은 한국사에서의 정통을 이익의 소론대로 답습해서 『동국통감』의 체계적 시론(試論)부터 비판하고 있다.[17]

그리고 그는 「동사강목 범례」에서, 『동국통감』이 단군조선(檀君朝鮮)·기자조선(箕子朝鮮)·위만조선(衛滿朝鮮)을 부지(附之)한 것을 배격하면서, 대신 마한을 넣어서 정통으로 삼았다. 다시 그는 『정통은 단군조선·기자조선·마한·신라 문무왕·고려 태조 때이며, 무통(無統)은 3국 병립시기이다』(正統 謂檀箕馬韓 新羅文武王 高麗太祖 無統 謂三國并立之時)(「東史綱目 凡例」)라고 했다.

이렇게 이익과 안정복의 정통론은 그 본질이 전통적인 명분적 사관을 벗어나지 못했다고 하지만, 이를 과감하게 탈피한 사람도 없지 않다. 곧 정약용(丁若鏞)은 『여유당전서(與猶堂全書)』제 1 집 제12권에 실린 「척발위론(跖拔魏論)」과 「동호론(東胡論)」에서, 정통은 강역(疆域)의 이동(異同)에서 오는 것이 아니라, 그 문화와 그 민족의 활동 여하에 따라서 될 수도 있다고 보았다. 이런 생각은 홍대용(洪大容)

---

16) 梁啓超, 飮冰室文集 下 歷史論正統, 『言正統者 以爲天下不可一日無君也 於是乎有統 又以爲天無二日 民無二王也 於是乎有正統』

17) 順菴集 卷10, 東史問答, 與李貞山書 『東方之有國久矣 宜有一史以倣綱目 而不聞有焉 何哉 編年之書 有通鑑一部而全無義例 檀箕雖無事實 其可置於外紀 同于傳疑之例耶 衛滿僭賊 並列爲三朝鮮之名 遵何德哉 馬韓爲箕氏之嫡統 羅濟之始 亦爲之服屬 則何爲以沒之耶』

등의 일련의 북학파(北學派) 학자들에 의해서 달라진 청조문화의 중화문화시(中華文化視)하던 입장에서도 찾아볼 수도 있듯이, 당시의 한 새로운 추세의 일단이기도 했다.[18] 이런 생각이 이익·안정복에서는 볼 수 없는 것이었기 때문에, 안정복의 『동국통감』 비판이 있게 마련이었다. 『동국통감』의 체재가 정당하다는 것은 아니지만, 동국사(東國史)의 처음 있는 체계화에서는 시도될 수 있는 것이었다고 볼 수 있다.

조선후기의 일련의 역사 찬술자들은 그 사관의 기초를 어디까지나 춘추적(春秋的)인 대의명분론과 실증주의에 두고, 그 기준에서 객관적 방법을 구사했다. 이 기초는 근대적 사학이 있기까지 역사찬술의 기본적 태도가 되기도 했다.

(2) 史體의 選擇

『수서(隋書)』 경적지(經籍志)에 의하면 역사서의 분류를 정사(正史)·고사(古史)·잡사(雜史)와 이 밖의 13류(類)로 보았고, 당대(唐代)의 사관인 유지기(劉知幾)는 그의 『사통(史通)』에서 사체(史體)를 6가2체(六家二體)로 분류했다. 6가란 상서가(尙書家 : 記言家)·춘추가(春秋家 : 記事家)·좌전가(左傳家 : 編年家)·국어가(國語家 : 國別家)·사기가(史記家 : 通古紀傳家)·한서가(漢書家 : 斷代紀傳家)의 여섯을 말하고, 2체란 편년(編年)과 기전(紀傳)을 말한다. 『수서』에서의 정사는 기전체이고 고사(古史)란 편년체의 역사서술이었다.

이 분류는 당대(唐代)까지 중국에서 이루어진 사체(史體)를 그 성격에 따라서 말한 것이지만, 이 후에도 이들 사서의 체재는 각기의 장점을 살려서 전승된 것이 많았다. 특히 정사류인 기전체는 왕조가 흥망(興亡)할 때마다 관찬(官撰)의 단대사(斷代史)로써 전왕조사의 편수에 계승되었다.

그런데 송대부터는 기사본말체(紀事本末體)라고 하는 어떤 사건의 시말을 사건별로 기술하는 서술방식이 나오게 되었다. 이에 송대부터

---

18) 洪大容을 비롯한 일련의 北學派들이 종래 淸朝文化를 夷狄文化視하던 데에서 正統的 중국문화의 일환으로 보기 시작했다. (千寬宇, 洪大容의 實學思想, 文理大學報 6~2)

는 주요한 사체로서 기전체·편년체와 기사본말체의 삼체(三體)가 있게 되었다. 그러나 기사본말체는 관찬사서가 아닌 사찬사서에서 많이 모방하게 되었다.

한국에서는 중국에서의 역사편찬을 모방해서 삼국시대부터 각국별로 자기들의 국사를 편찬했고 왕조의 교체 후는 전조의 역사를 편수했다. 또는 사찬의 사승(史乘)도 있었다. 여기에서 사체는 삼체가 모두 모방되었다. 오늘날 전해오는 것 중에서 오래된 것으로는 기전체의 『삼국사기』와 『고려사』가 있고, 일반적으로는 야사(野史)로 치지만 일종의 기사본말체이기도 한 『삼국유사』가 있는가 하면, 편년체의 『고려사절요(高麗史節要)』가 있다.

한편 조선시대에는 이들의 삼체 외에도 야사류의 여러 사승(史乘)이 있었다. 이 대표적인 것으로는 『소대수언(昭代粹言)』『대동패림(大東稗林)』(稗林이라고도 함), 『광사(廣史)』『휘총(彙叢)』『동야수언(東野粹言)』『아주잡록(鵝洲雜錄)』『대동야승(大東野乘)』『설해(說海)』『총사(叢史)』『동사록(東史錄)』등이 있고, 이들 10종에 수록된 것만 보아도 293종에 이르고 있다.[19] 조선시대에 야사가 많아진 것은 조선시대의 정쟁 즉 당쟁의 영향에서도 인유(因由)했을 것이다. 그런데 이들의 엄청난 야사류가 장차에 찬술될 실학파의 저사(著史)에 적지 않게 공헌하였다. 아울러 야사 외에도 기왕의 사서 역시 큰 영향을 주었다.

여하간 『동사강목』에서는 편년 강목체를 따랐다. 이 사체(史體)는 『동국통감』이 모방한 편년 통감체와 비교해 보면 같은 편년체이지만, 여기에서는 주자의 『자치통감강목』에서 유래한 것으로서 사실(史實)을 연대순으로 서술하되 강록(綱錄)을 세워 어떤 국가를 큰 줄거리(綱)로 하고 그 시대에 있었던 다른 나라의 사실을 작은 글자(目)로 적는 형식을 말한다. 따라서 강을 승계하는 줄거리는 곧 통(統)이고, 이는 정통이어야 했다.

안정복이 강목체를 취한 의도는 그가 젊어서부터 주자학에 심취한 소치이기도 했지만, 이익으로부터 받은 정통사관(正統史觀)을 한국사

---

19) 末松保和, 李朝の野史の叢書にいて(靑丘史草 第2)에서 그 내용의 분류와 각 叢書에 수록된 書名의 頻度를 들고 있다.

에 적응시켜서 역사의 독자적 계통을 세움과 동시에, 종래의 결함된 한국사의 체계를 극복하고자 했기 때문이다. 그리고 춘추적인 명통계(明統系)·엄찬역(嚴簒逆)·포충절(褒忠節)·상전장(詳典章)의 대법(大法)을 드러내서 소시권징(昭示勸懲)하고자 했다.

한편『연려실기술』은 기사본말체에 의했다. 이긍익이 이 사체를 취한 이유를 전게한 서문에서『우리나라 야사에는 거질로 편성된 것이 많다.……편년법을 사용했으되 다 수록하지 못한 채 책을 이룬 것이 있다. 따라서 자세한 곳은 매우 자세하고 소루한 곳은 크게 소루해서 체재를 갖추지 못했다.……사실을 자세히 쓰지 않을 뿐 아니라 문집에서 논의한 제설도 그 말(末)만을 제시하고 그 본(本)을 빠뜨린 것이 많았다. 이제 내가 널리 제가의 야사를 집성하고 기사본말체를 본받아 분류기재하여 허(虛)한 곳을 채우고자 한다.』(吾東野史 編成巨帙者, 多而……用編年之法 而收採未盡 遽爲成書 故詳處太詳 疎漏處太疎漏 不成體段……不致詳於事實 而多載文集中 論議諸說 提其末 而遺其本者 亦多 今余所編 燃藜室記述 博採諸家野史而集成 略倣記事本末之體 隨所見而分類記載 以虛續續添書)라고 했다. 기사본말체의 사체는 가장 학구적이고 이해하기 쉬운 체재이다. 이긍익은 현왕조의 국사를 원집과 속집에 넣고, 예악(禮樂)·형정(刑政)·법제(法制)의 손익(損益)·변천을 별집(別集)하여 조선조의 정치·사회·문화를 보다 조리있고 다채롭게 이해·파악하고자 노력한 것이다.

이긍익이『여려실기술』에서 기사본말체를 방(倣)한 것은, 조선시대에 많지 않은 예이었다.『연려실기술』이 찬수되기 앞서 편찬된『조야첨재(朝野僉載)』『청야만집(靑野漫輯)』과『조야집요(朝野輯要)』『약파만록(藥坡漫錄)』등이 있어서, 편년체에 왕왕 기사본말체를 따르고 있었을 뿐, 조선조의 국사를 순수한 기사본말체로 엮은 것은 없다. 여하간『연려실기술』의 서술에서는 술이부작(述而不作)의 입장에서, 오직 방대한 자료로서만 집필했다. 그리고『동사강목』과『해동역사』는 통사이었으나, 여기에서는 단대사(斷代史)의 국사적 특징을 지니고 있기도 하다.

또『해동역사』는 기사체를 방(倣)했다. 표(表)를 제외하고 대신 지(志)에 주력했다. 기전체는『삼국사기』와『고려사』이후 전통적인 사체의 하나이었는데, 한치윤은『삼국사기』와『고려사』의 단대사에 그

치지 않고, 『사기』적인 통사의 입장을 지니고 있었다. 이렇게 기전체
의 통사를 의도한 이유에 대해서 서문의 찬자 유득공(柳得恭)은 전게
한 바와 같이, 고기(古記)가 있다고 하지만 치류황탄(緇流荒誕)하고,
『삼국사기』도 탈략(脫略)된 것이 많아서 고대에 관한 것을 충분히 알
수 없고, 중국측의 동사(東史) 관계도 불충분하여 이들의 부족한 점
을 보충함과 동시에 체계있는 자국사를 이루어보려고 했다고 한다.
이 생각은 유득공이 한치윤의 의사를 대변한 것이다.

한치윤은 이런 생각 아래 청대의 명저로 이름 있던 『역사(繹史)』를
모방했다. 『역사』도 중국 고대사의 실증적인 고구를 위해서 찬술된
것이었기 때문에 한치윤이 이를 방한 것이다. 한치윤은 사체뿐만 아
니라 편찬방법까지도 마숙(馬驌)을 따랐다. 그리고 자료의 광수(廣搜)
와 출전의 표시 등은 『연려실기술』의 경우와 비등(比等)한 바가 있다.
이 역시 실증적 정신의 발로임은 물론이다.

이렇게 삼사(三史)는 비록 그 사체가 다르지만, 모두 전통적인 사
체 중에서 각기의 장점을 살려서 한국사의 새로운 국면을 개척해 주
었다. 그리고 거의 같은 시기에 비슷한 연구태도로 이룩한 삼사는 사
체의 차이를 초월해서 종래의 관료적 사관에 대해서 실증적·비판적
인 사관을 지닐 수 있었다는 데에 그 의의가 있었다.

(3) 治史의 論理

한국의 역사를 제대로 인식하기 시작한 것은, 중국의 역사의식이
수용(受容)된 이후의 일이다. 삼국—신라시대에 오경(五經)이 전래되
고, 『사기』『한서』『후한서』 등의 사서가 전래된 후이었다. 그후
이 역사의식은 고려 때에 와서 『삼국사기』와 『삼국유사』로 응결(凝
結)되었다. 그리고 조선시대에 들어오면서 역사의식은 진전되어 『고
려사』『고려사절요』로 되기도 하고 『동국통감』으로 나타났다. [20]

그러나 이때의 역사는 『삼국유사』를 제외하고는 관찬서(官撰書)이
었다. 그것도 전부가 개인이 집필하는 것이 아니라 편찬기관——일종
의 사관(史館)을 두고 여러 사람이 참여 서술한 것이다. 또 이때의 역
사는 중국에서의 예와도 같이 전왕조의 역사를 편찬하기 위한 목적에

---

20) 中村榮孝, 15世紀の歷史敍述に關する覺書, 日本 天理大學學報 61 참조.

서 찬술된 것이다.

관찬사서는 그 특색이 당시의 왕조의 입장에서 그 성격이 달라진다는 것이다. 전왕조의 역사를 찬술할 때는 역성혁명(易姓革命)의 합리화가 있게 마련이고, 『동국통감』같은 통사에서는 국토와 역사에 대한 인식이 고조되어 있던 시대적 여건에서 한국사의 체계적 계통론(繼統論)이 강조된 것이 그 예이다. 그러나 관찬이 아닌 사찬의 사승(史乘)에서는 찬자의 입장에 의해서 사관과 방법이 독자성을 갖기 마련이었다. 조선시대의 수다한 야사류(野史類)가 편찬된 이유는 기술한 대로 시대적 조건의 소산이었다.

그러면 이조후기의 실학파 중의 일련의 역사 찬술자들은 어떠했는가. 실학파는 그 내세운 주장과 입장에 따라서 그 지향하던 방향이 조금씩은 달랐다고 하지만, 그 사회의 개혁적 정신에서는 공통되었다. 조선의 현실을 개조하자면 역사적인 인식이 앞서게 마련이었다. 이른바 리포메이션(Reformation)의 전제적 조건이었다.

유형원(柳馨遠)이 『반계수록(磻溪隨錄)』에서, 조선시대의 사회제도를 개혁하기 위한 개혁론의 주장의 배경에는 중국과 한국의 역사적 사실의 파악이 앞섰다. 이 사실(史實)의 파악은 그 개혁론을 보다 더 합리적이고 실증적인 것으로 만들었다. 그리고 이익도 그 경세치용적(經世致用的) 배경에는 역사적 인식과 그 고찰이 다분히 작용하고 있다. 『성호새설(星湖僿說)』경사문(經史門)에서 그 생각은 쉽사리 얻어볼 수 있다.

그렇지만 유형원은 그에 관한 「동사강목조례여지지(東史綱目條例輿地志)」 「역사동국가고(歷史東國可攷)」 「지리군서(地理群書)」 등을 저술한 바 있었지만, 전해오지 않아서 알길 없고, 이익의 경우는 『성호선생문집』과 『성호새설』에서 단편적으로 기술되어 있을 뿐 전저(專著)가 없다. 그러나 이 단편적인 것에서도 이익의 역사에 대한 투철한 주견(主見)을 볼 수 있다. 사가가 가져야 할 실증적·비판적·고증적인 방법은 물론, 작사자(作史者)에게 있어서 취해야 할 역사인식의 촛점, 사료의 취급방법, 서술태도 그리고 사관(春秋的 綱目的 史論) 등이 곧 그것이다.[21]

---

21) 韓㳓劤, 前揭論文 참조.

그런데 이익의 이와 같은 역사인식은 안정복에 그대로 계승되었다. 이익은 자기가 펴지 못한 사론의 결정을 안정복에게 위촉(委囑)시킨 것이다. 따라서 안정복의 역사를 다루는 치사(治史)의 방법은 곧 이익의 방법이었고, 이익은 사상적인 계연(系淵)을 유형원(柳馨遠)에 두고 있었다. 여하간 안정복은 유형원·이익의 치사의 정신을 받은 것이다. 이긍익·한치윤도 그 영향하에서 그 방법론을 받은 것이다.

안정복·이긍익·한치윤은 유형원·이익으로 오면서 적극적으로 추진되어온 현실비판을 위한 역사적인 인식을 구체적 방법——찬사(纂史)로 결정된 것이다. 17·18세기의 한국사회의 모순과 갈등이 역사적 인식을 고조시키게 되었고, 그 인식이 성과되어 3사가 나오게 된 것이다. 그리고 이 정신은 정약용에까지 미치게 되었다. 그러나 정약용은 현실문제에 너무나도 집착한 나머지 성호와 그 일파의 역사의식만큼은 투철하지 못했다. [22]

그러면 유형원—이익을 계(系)한 3사의 필자는 물론, 일련의 역사주의자들이 왜 역사를 소급해서 체계화하려고 했는가. 분명 그들은 그들이 내세운 개혁의 방법을 역사적으로 거슬러올라가면서 그 본질과 성격을 포착하고자 했기 때문이다. 한국사회의 본질적인 파악, 한국사회의 역사적인 이해는 곧 현실사회의 실증적인 개혁에 전제되었기 때문이고, 한편으로는 복고(復古)를 바탕으로 한 진보의 방향이기도 하였다.

이렇게 보면 조선조의 효종—순조에 이르는 동안의 일련의 역사인식 과정은 그 계통을 이으면서 시대적 여건에 따라서 적극화·구체화되어갔다고 할 것이다.

(4) 纂史의 態度

삼사(三史)의 편찬방법은 모두 실증주의에 입각했음은 누차 전술했다. 실증적 방법은 17·18세기의 청학(淸學)의 연구방법이기도 했고, 같은 무렵의 일본 덕천(德川)시대의 일련의 학문적 연구방향이기도 했다. [23] 그러면 구체적으로 3사의 찬술이론은 어떠했는가.

---

22) 洪以燮, 前揭書 참조.
23) 坂本太郎, 日本의 修史와 史學, 日本歷史新書 增補版 3장 참조.

『동사강목』에서는 먼저 범례 74조에서 정통(正統)・기년(紀年)・명
호(名號)・즉위(即位)・개원(改元)・존립(尊立)・붕장(崩葬)・찬시(簒
弒)・폐사유수(廢徙幽囚)・제사・행행(行幸)・은택(恩澤)・조회(朝
會)・봉배(封拜)・정벌(征伐)・폐출(廢黜)・인사(人事)・재상(災祥)・
채서(採書)・사론(史論)에 관한 서술의 기준을 세웠다. 이 기준은『자
치통감강목』의 범례 방식을 방한 것임은 두말할 것도 없지만 이 기준
에 사실의 예를 들었고 아울러 그 속에 흐르는 포폄(褒貶)의 정신은
더욱 엄격한 바가 있다.

그런데 여기서는 정통(正統)의 군주와 무통(無統)의 군주 그리고
정통의 시기에 해당하는 제국의 군주관계를 명호・즉위・개원・존립・
붕장・조회・봉배・재상조에서 엄격히 구별 서술되어야 한다고 했고
그 밖에는『춘추』혹은『구사』『동국통감』을 비롯 선배의 예에 따른
다고 했다. 이렇게 보면『동사강목』은 정통의 계열을 한국의 역사에
설정한 후 사실은 강목체(綱目體)에 의해서 정리한다는 생각이었다.

아울러『동사강목』에서는 사살의 체계 있는 정리에만 그치는 것이
아니라 논찬(論贊)을 간단없이 편입해 놓았다. 이렇게 논찬을 수시로
적어넣는 방식은『삼국사기』이후『삼국사략』『동국통감』『동사찬요』
와『고려사절요』가 모두 이랬다. 편말마다 정제되게 논찬을 붙인『고
려사』와는 그 논찬의 가입형식에서 구별되기도 한다. 여하간 그 논
찬 속에서 우리는 몇가지의 특색을 잡아볼 수 있다. 고구려의 대수・
당전쟁(對隋唐戰爭)과 고려의 대거란・몽고항쟁(對契丹・蒙古抗爭)에
서 을지문덕(乙支文德)・강감찬(姜邯贊)・서희(徐熙) 등의 역전인물
(力戰人物)의 공적을 찬양하여 외침에 대한 애국적 충절을 강조했고,
신라통일 후의 문치(文治)로 인한 무약(武弱)을 한탄했는가 하면, 고
구려 고국원왕 때의 진대법(賑貸法)의 비판(賑은 좋았으나, 貸는 국가의
백성 착취로 단정), 고려 광종 때의 노비안검법(奴婢按檢法)의 부당성
을 지적한 것들이 그 호례(好例)이다. [24]

한편 안정복은 한국의 역사지리와 역사의 측면에서 문제되어야 할
논제를 따로 설정해서 고구했다. 먼저『동사강목』의 권수(卷首)에 있
는「동국역대전수지도(東國歷代傳授之圖)」「동국총도(東國總圖)」「관

---

24) 李佑成, 東史綱目(韓國의 古典百選, 新東亞 1969년 1월호 부록) 참조.

직연혁도(官職沿革圖)」로써 이해의 실마리를 삼고, 본편 외에 부
권으로 고이(考異)·괴설변증(怪說辨證)·잡설(雜說)·지리고(地理
考)를 두어서 논고하고 있다. 부권의 4편목에는 133문제를 취급하고
있다. 고이편에서는 단군설화(檀君說話)·기자설화(箕子說話)·갈문
왕(葛文王)·신라진흥왕정계비(新羅眞興王定界碑)·중국사론삼국사
실지오(中國史論三國事實之誤) 등을 취급했고, 괴설변증편에서는 고
대 각국의 개국설화를 중심으로 취급했으며, 잡설편에서는 조선명호·
삼한문제를 취급했는가 하면, 지리고편에서는 주로 삼국시대의 지리·
지명의 고증을 하고 있다.

따라서 『동사강목』은 한국사의 체계를 세우되 그 역사연대를 종래
의 중국적 사관에 비해서 그 상한을 올리게 되었고 종래의 사실을 비
판적인 안목에서 그 시비를 가렸으며, 모호했던 사실을 실증적으로
상고(詳考)해서 그 사실성(史實性)을 구명하자는 데 있었다. 그런데
이런 사관은 어디까지나 『춘추』와 『자치통감강목』의 본질인 명분에
입각했고, 그 비판적 정신은 17·18세기의 학풍——특히 근기실학파
(近畿實學派)들의 주장인 경세치용학적·실증적인 데서 유래했다고
할 것이다.

『연려실기술』의 의례(義例) 7조 속에는 술이부작(述而不作)의 정신
이 농후하다. 그 뚜렷한 예는 그 의례 첫줄에서부터 발견할 수 있다.
그리고 그 이유를 첨가해서 말하되, 『동서로 분당된 후로부터 서로의
문적에서 헐뜯고 칭찬함이 서로 달랐고 기재자도 한쪽에 치우침이 많
았다.』(自東西分黨之後 彼此文籍 毀譽相反 而記載者 多或偏主一邊)고 했다.
따라서 이긍익 자신은 국사의 정당한 파악을 위하고, 그 사실의 왜곡
됨을 후세에 스스로 변별(辨別)시키기 위하여 『나는 사실에 의거하
여 수록하기만 할 뿐 그 옳고 그름은 후세 사람들의 판단에 미룬다.』
余則據實收錄 以俟後之覽者 各自定其是非)라고 했다.

그렇다고 해서 작사자(作史者)에게 그 사관이 없을 수 없었다. 그
는 다시 『김육(金堉)이 명신록(名臣錄)을 찬술(纂述)하는 데 최명길
(崔鳴吉)을 기재하지 않고 장유(張維)만을 넣었다고 하여 조경(趙絅)
이 편지를 보내어 책했다. 그런데 직접 문견(聞見)한다고 해도 입장
이 다르며 취사하는 데에 어려운 것인데 황차 오래된 일을 전문하는
데에서는 완전하기가 어렵다. 나는 연려실기술에서……상신(相臣)·문

형(文衡) 중 현우(賢愚)를 막론하고 모두 채록했다. 이것도……사의
(私意)에 의해서 한 것이 아니다……오직 한스러운 것은 견문이 넓지
못하여 궐루(闕漏)된 것이 많다는 것이다.』여기에서도 작사(作史)에
어디까 지나 자료중심의 실증적 입장을 취하고 있다. 오직 국사의 평
가는 후세의 일이고 자기는 사심없는 입장에 있다는 것이다.

그리고 그는 서술에서 공정한 태도를 엄수했다. 비록 완성되지 못
한 것이지만 자기의 불편부당(不偏不黨)한 공정한 입장을 스스로 믿어
언제든지 대여해 줄 수 있었던 것이다. 따라서 반대당에 박해받은 친
척들은 이긍익에게 서술에서 필주(筆誅)를 바랐건만 이긍익은 한 자
도 감정적인 서술을 하지 않았다.

또 그는 서술에서 별호(別號)·자(字)·시(諡)의 사용을 피하고 그
본명을 직서하였다. 아무리 명경거유(明卿鉅儒)라도 예외는 없었다.
『비록 야사라 할지라도 이미 한 벌의 문자로 이룬 것인만큼 일정한
범례가 있어야 한다』는 생각이었다. 종래의 야사에서 현관명유(顯官
名儒)의 본명을 직서하는 경우가 많지 않았다.

따라서 『연려실기술』에서는 코멘트가 있을 수 없었다. 한 줄의 사
견도 용사(容赦)받을 수 없는 체재이었기 때문이다. 역사를 찬술하
는 입장에서는 용이한 일이 아니다. 그 속에 잠재된 어떤 시사(示唆)
는 있을지언정, 직접적인 설득과 비평은 없었다. 후일 그의 일문의
후손에 해당하는 이건창(李建昌)이 『당의통략(黨議通略)』을 찬술해서
비교적 공정하다는 평가를 받고 있는 것도 『연려실기술』속에서 보인
실증적·객관적인 사관의 일맥을 전승한 결과이었다고 할 것이다. [25]
이긍익은 종래의 허구(虛構)와 오류, 그리고 아전인수격(我田引水格)
이던 역사인식을 지양 광정(匡正)해서 참다운 역사적 현실을 포착하
고자 한 것이다.

『해동역사』에는 찬사(纂史)의 기준을 명시한 의례(義例)가 없다. 즉
한치윤의 사관을 직접 얻어볼 수 없다. 그 서문도 친구인 유득공이
대서(代書)했다. 그렇다고 해서 한치윤에 대한 문적(文籍)도 별로 없
다. 조선사편수회 편(朝鮮史編修會編)『조선사』고본(稿本)(通卷 2613,
第5編 第811冊)에 그 행장(行狀)이 채록되어 있어서 그 생애와 내력을

---

25) 洪以燮, 李肯翊의 歷史敍述의 精神, 韓國史의 方法 참조.

알 수 있을 뿐이다. 비록 불우했지만 가장(家藏)한 수천종의 중동기서(中東奇書)로 『해동역사』를 찬술했다는 것이다. 그러나 『해동역사』의 내용으로 그 사관은 짐작할 수 있다.

한치윤은 고대조선을 단군조선·기자조선·위만조선의 삼조선으로 보고 삼한(三韓)을 들고 있다. 이것은 『동사강목』에서의 위만조선 찬역(簒逆) 같은 입장은 찾아볼 수 없다. 그리고 삼국의 순서를 고구려·백제·신라로 보았다. 신라는 삼국을 통일한 후 고려에 전승되느니만큼, 삼국과 고려의 사이에 두기 위해서 위와 같은 배열을 한 듯도 하지만, 오늘날에서 보는 삼국의 건국 순위에 맞는 것이다. 그런데 이 세가(世家)에서는 정통론 같은 명분설은 별로 찾아볼 수 없다. 단군조선을 수위에 두어 통사(通史)의 체제를 잡고자 했지만, 이익·안정복에서 보는 정통사학(正統史學)의 계열이기는 하지만 직접적인 계통이 아닌 것은 여기에서도 알 수 있다. 여기에서의 한국사의 계통은 『동국통감』적인 생각이 없는 것도 아니다.

한편 『해동역사』에서는 지(志)에 해당하는 성력(星曆)·예(禮)·악(樂)·병(兵)·형(刑)·식화(食貨)·물산(物產)·풍속(風俗)·궁실(宮室)·관씨(官氏)·석(釋)·교빙(交聘)·예문(藝文)·숙신(肅愼)·비어지(備禦志)와, 열전(列傳)에 해당하는 인물고, 그리고 속편의 지리고가 세가에 비해서 우월하다. 그런데 여기에서는 종래 집성되지 못한 백과전서식인 면이 여실히 엿보인다. 이보다 앞서, 『동국문헌비고(東國文獻備考)』의 편찬 때 이런 다양한 내용이 취급되었지만 사찬에서는 처음 있는 일이었다.

한치윤은 위의 여러 분야에서 외국측(中國·日本) 자료를 구사했다. 본문은 권수에서 밝힌 545종의 자료를 이용했고, 찬자의 논찬(論贊)에 해당하는 안설(按說)에서는 한국측의 자료를 들어 외국측 자료와 대비하고 있다. 여기에서는 『삼국사기』 『고려사』 등과 『반계수록』 등의 문집류도 많이 동원되고 있다. 그리고 안설은 역시 수처(隨處)에 붙이고 있다. 안설은 한치윤만 붙인 것이 아니라, 한진서도 본편을 정리하면서 보충하고 있다. 이때는 근안(謹按)으로 표시하고 있다. 이 안·근안은 오늘날의 안목에서 탁견(卓見)은 별로 없다.

또 모든 서술에서 기년(紀年)은 중국측의 자료에서 나타나는 대로 표시한 것이 많다. 중국측의 기년이 중심으로 되어 있는 것이다. 이를 두고 자기인식이 부족했다고 할 수 있을지 모르나 정녕 자료가 거의 중국측의 것이었기 때문에 한치운은 그 자료대로 편찬한 결과가 아니었던가 한다. 그러나 이런 외국측 자료의 지나친 참용(參用)은 그 자료에서 왜곡되게 이해 기재된 사실을 그대로 수용한 결과가 되기도 했다. 자료의 사료비판이 거의 이루어지지 않았다.

아울러 『해동역사』에서는 미비된 점이 많다. 인물고(三)에서 임진(壬辰) 전의 조선조의 인물을 적은 속에서 이황(李滉)이 누락되어 있다는 것이 그 호례(好例)이다. 어떤 기준에서인지는 몰라도 그 제자들은 있으나 그 선생은 빠져 있다. 『해동역사』가 비록 『동사강목』『연려실기술』에 비해서 결점을 많이 내포하고 있으면서도 높이 평가받는 이유는 비판적인 정신과 객관성이 있기 때문이다. 안・근안에서의 비판은 비록 적중(的中)한 것이 못되었지만 종래의 사서에서는 볼 수 없었던 일이었고, 기왕의 사서가 한국측의 자료가 중심이 된 것에 비해서 외국측 자료를 통해서 자기의 역사를 보자는 태도에 있다고 하겠다. 기전체(紀傳體)를 취하되 세기(世紀)보다도 그 밖의 관계 분야를 더욱 개척해서 종래에 소홀시된 역사의 측면을 더욱 밝히려는 생각도 특기할 만하다.

4. 結

이상에서 약술한 삼사(三史)는 각기의 특성을 발휘해서 한국사의 재편성을 시도해 놓았다. 『동사강목』이 춘추적・강목적인 사관에 의해서 한국사의 계통(繼統)을 분명히 했는가 하면, 『연려실기술』은 문헌적・실증적인 사안(史眼)으로 조선시대의 정치・문화를 정리해주었고, 『해동역사』는 귀납적・객관적인 입장에서 한국사의 진폭(振幅)을 넓혀주었다. 이들 3사가 결함없이 완벽한 것은 아니다. 『동사강목』이 인용서적의 제약과 왕실 중심을 고수하여 근대적인 서술에 부족함이 있고, 『연려실기술』이 인용서목의 부정(不精)과 자료인용의 용잡(冗雜)으로 야사적인 것이 농후했는가 하면, 『해동역사』는 왜곡된 외국측 자료의 비판없는 참용(參用)에서 오는 무의식적인 오류를 내포하고 있는 것이 그것이다.

그러나 이들 3사는 종래의 한국사의 무징(無徵)과 오류를 광정(匡正)해서 보다 실증적인 사실의 구명을 이루어주었는가 하면, 한국사를 체계화·계통화시켜서 역사의 상한을 연장시키고 역사의 폭을 왕실 중심에서 문화 전반에까지 확장시켜주었다. 마치 청 건·가(乾嘉) 연간의 정통파계의 역사고증학파와 절동사학파(浙東史學派)들이 이룩한 과학적인 역사인식이 전성하던 거의 같은 시기인 조선후기의 실학파의 일부 학자들에 의해서 이룩된 것이다.

따라서 이들 3사는 장차에 개척될 한국 근대사학의 연구에 크게 공헌했다. 구한말·일본식민지시대에서의 일련의 애국적 역사가들의 한국사 연구에서는 말할 것도 없고, 일본의 문헌 고증학자들이나 이와 근사한 학문방법을 지닌 우리 문헌 고증학자들의 한국사 연구에도 이 3사는 입문서 혹은 자료집의 구실까지도 했다. 또 그들의 연구를 위한 문제의식까지도 시사함이 적지 않다. 우리는 이런 관점에서 3사의 가치와 의의를 새삼스럽게 찾아보는 것이다.

<延世論叢 7집, 1970>

제 4 부

開化思想家 및 愛國啓蒙思想家들의 史觀

金　泰　永

1. 시대와 사회적 배경

모든 현실은 역사적인 현실이다. 역사적인 현실의 주체는 민중이요, 나아가서는 민족이다. 사관(史觀)은 이 같은 민족의 현실을 내다보는 시각(視角)이다. 여기서 문제삼고자 하는 바 개화운동에서 애국계몽운동에 이르는 시기의 사관은 특히 민족의 존망 문제가 미증유의 역사적인 시련을 겪고 있던 그러한 현실에 대한 시각이다. 개화사상과 애국계몽사상은 이 현실에 대한 시각을 지반으로 하여서만 실천성을 가질 수 있었던 것이다.

이 시기에는 중세적인 지배체제가 쇠퇴하고는 있었으나, 아직도 강인성을 발휘하고 있었다. 정권은 중세적인 타성과 인습에 얽매여 사회민중으로부터 유리되어 있었으며, 그 또한 사회민중을 외면한 고립에서 야기된 불안으로 말미암아 몸부림치는 한갓 사익집단(私益集團)으로 전락해가고 있었다. 이 시기에는 또한 외래 제국주의의 침략세력이 우리나라의 독점지배를 목적으로 위협과 기만과 유린을 자행해오고 있었다. 외래 제국주의는 근대적인 무력의 배경하에서 호혜(互惠)와 협력이라는 이름 아래 실상은 식민지화(植民地化)를 획책해오고 있었다.

그러나, 한편 이 시기에는 우리나라 사회 내부에서 스스로 성장해온 근대적인 요인들이 점차 활력을 얻기 시작하고 있었다. 우선 도시 시민층의 성장이 괄목할 만하였다. 이들은 조선왕조 후기 이래 봉건적 특권체제와 꾸준히 싸우면서 성장해온 상공업자를 중심으로 같은 시기 농민층의 분화에 따른 새로운 도시 이주민을 흡수하고 있었다. 이들은 개항(開港) 후 외래 자본주의의 침투로 인하여 성장을 저해받기도 하였으나, 한편으로는 그에 대항하여 각종의 상회(商會)를 설립하면서 19세기 말기에는 점차 시민계층으로 성장하고 있었다. 이들은 1884년 갑신정변(甲申政變)의 가능적인 사회 지반으로 작용하였다. 『많은 중인·무뢰지도가 10월의 변란에 호응하였다』는 사실이 그것을 말해준다.

이 시기에는 농민층의 성장 또한 주목할 만하였다. 물론 이 시기에는 아직도 광대한 토지가 봉건적인 국유지였으며, 대다수의 지주(地主)가 양반층 및 관료군이었다. 토지 소유관계가 이러하였다는 사실은 바로 절대다수의 농민이 아직도 봉건적인 수탈하에 얽매여 있었음을 말한다. 그러나 이미 해체에 직면한 봉건체제와 한편으로 발전해온 농업 생산력 일반은 농민층의 사회의식을 크게 일깨워놓았다. 이들은 이미 19세기초부터 봉건제에 항거하는 농민반란을 시작하였으며, 그 중엽에 이르러서는 비록 산발적이나마 전국적으로 반란의 폭을 넓혀 갔다. 개항 후로는 전통적인 봉건제의 수탈 위에 외래 침략세력의 수탈이 가중되어 농민층의 분화는 한층 더 촉진되었다. 게다가 동학(東學)의 유포에 따라 농민층의 사회의식은 급속도로 발전하였다. 이들은 마침내 1894년의 농민전쟁을 터뜨리기에 이르렀다.

같은 해의 갑오경장은 저 갑신정변의 개화이념과 동학 농민군의 개혁이념을 현실에 적용하여 정치·경제·사회의 광범한 면에 걸쳐 전근대 체제를 부정하는 법제(法制)를 발표함으로써 근대화의 한 시기를 그어놓은 대개혁이었다. 그러나 이는 개혁의 동력을 일본 제국주의의 침략세력에 의존함으로써 곧 그 침략에 이용당하는 정지작업(整地作業)의 역할로 귀결된 것도 사실이었다.

근대화는 불가결의 요청이었으나, 민족자주의 근대화가 동학 농민전쟁과 함께 실패하고, 이제 민족사회가 내재적인 기본 모순을 해결하지 못한 채 외래 제국주의 침략세력과의 관계 속으로 더욱 깊이 얽혀들어간 해가 1894년이었다. 이로부터 제국주의 열강의 침략은 노골적인 각축전을 벌이고 나섰으며, 국내의 봉건정권은 사회민중과 거의 완전히 유리되어 오히려 외래세력과 결탁하는 매국적인 것으로 화해갔다. 애국계몽운동은 이러한 정세하에서 일어난 구국투쟁(救國鬪爭)이었다.

애국계몽운동은 나라가 외래 제국주의의 식민지로 전락하는 절박한 위기에 대처해서 일어났기 때문에, 이는 일부 봉건양반 출신의 개화관료들에 의해 추진된 종래의 개화운동과는 달리, 대중투쟁의 방식을 취하고 있다. 근대적인 시민층의 새 지식인들이 그 주역이었던 것이다. 여기에는 근대적인 신문(新聞)을 통한 언론투쟁과 광범한 시민층의 참여를 통한 대중집회의 방식이 동원되었다. 1896년～1898년의 독립협회운동이 그 대표적인 사례였다. 그러나 그나마 나라의 주권이 상실되어감에 따라 합법적인 정치투쟁이 금압되면서부터 이 운동은 이제 민족의 교육과 산업의 육성을 위한 민중계몽(民衆啓蒙)의 형태로 전환되지 않을 수 없었다.

1906년 이후 대한자강회(大韓自强會)를 위시하여 각종의 학회 활동과 신문·잡지들의 출판 활동, 3천여개에 달하는 각종 학교의 설립을 통한 교육운동 등이 그 대표적인 사례였다. 이들의 활동이 비록 당시에 나라의 자주와 근대화를 실현하지는 못하였으나, 이후 민족 대중의 가슴 속에 자유와 평등에 대한 근대적인 대중의 이념을 심어주었으며 동시에 애국주의를 고취시킴으로써 독립운동의 사상적인 온상이 되었던 것이다.

2. 開化思想家들의 史觀

갑신정변의 가능적인 사회지반은 당시의 시민층이었다. 그것은 근대적인 시민층의 의식을 대변하여 단행된 것이었다. 그런데 이 정변이 시민층 일반을 광범히 동원하여 그 전력(戰力)으로 활용하지 못하고, 오히려 시민층이 경계해 마지않던 외세에 의존한 사실은, 정변의 주도 사상의 한계성을 여실히 드러낸다. 이 정변은 소수 개화파의 양반관료들이 한 민족사회의 근대화라는 큰 일을 너무나도 간단히 생각함으로써 또한 너무나도 졸속히 실패한 사건이었다.

갑오경장(甲午更張)은 동학 농민전쟁의 고양된 분위기의 여세 속에서 처음부터 외세의 간섭을 받으면서 진행되어 수많은 근대적인 개혁안(改革案)을 법제화해 놓았으나, 이 또한 근대화의 실상에는 거의 미치지 못하고 실패하였다. 이때에는 인민대중의 근대화운동이 혁명으로까지 발전해 있었는데도 개혁의 주도세력이 그들을 동원하지 못한 사실이 실패의 주요인이었다.

갑신정변을 주도한 급진 개화파나 갑오경장을 주도한 온건 개화파가 다같이 애국적인 개혁론자들이었다는 점에서는 일치한다. 이들은 당시 급격히 밀어닥치던 외래세력의 침략적인 도전에 대하여 문명개화·부국강병을 통한 나라의 근대화를 성취함으로써 대응코자 한 것이다.

그러므로 이들의 사상에서는 우선 역사에 대한 진보와 발전의 관념을 찾아볼 수 있다. 김옥균(金玉均)은 『우리 나라가 중고 이전 국운이 융성할 때에는 일체의 기계 산물이 동양 2국에 으뜸이었는데, 지금에는 모두가 폐절』되어 있음을 근심하여, 문명개화를 통한 부국강병이 불가피함을 역설하였다. 박영효(朴泳孝)는 우리 나라가 『점차 쇠약해져서 근세에 이르러 극도에 달하였으니…… 어찌 극도에 이르러서도 변통하지 않으리요』라고 하여, 그러한 변통의 유형을 〈구주(歐洲) 문명 강대지국〉과 〈아주(亞洲) 미개 약소지방〉으로 대비해놓고 있다. 그런데 〈아주 미개 약소지방〉 가운데서도 일본의 경우는 종족이나 자연조건이 우리와 아주 비슷하며, 『우리 나라에 비하여 국토의 대소 구별이 없고 물산의 풍박이 다름없는데도 다만 행사의 차이로 말미암아 저들은 개명(開明)의 길로 나아가서 문예와 무비(武備)를 닦고 다스려 거의 부강한 나라와 함께 달리는 반면에, 우리는 아직 몽매한 가운데에서 어리석은 바보처럼 취한 듯 미친 듯하여 세계의 일을 구분치 못하고 천하에 모욕을 당하고 있다』고 하였다. 문명개화야말로 역사발전의 획기적인 추진력으로 의식되고 있는 것이다. 또 갑오경장의 이론적 주도자였던 유길준(兪吉濬)은 『개화(開化)하는 자는 천사(千事)와 만물을 연구 경영하여 새로이하고 또 날로 새로이함을 기약』하는데, 세계에 아직 『개화의 극진한 지경에 이르른 나라는 없으며』, 모든 나라는 미개화에서 반개화로, 그리고 개화한 경지로 나아가는 발전단계를 취한다고 하였다. 그는 개화를 『인간의 천사(千事) 만물이 지선극미(至善極美)한 지경에 도달』하는 이상적인 상태로 보았다.

문명개화가 이처럼 지상의 과제였으므로 그 개화의 지경에 가까이
가고 있다고 생각된 당시의 자본주의 선진국을 동경한 나머지, 이들은
자기의 민족이나 나아가서는 자신의 입각 지반이어야만 했던 시민층
에 .대해서조차 일체관계에 서 있지 못하였다. 김옥균은 『오직 밖으
로는 구미각국과 신의로써 친교하고 안으로는 정략을 개혁하여 우매
한 인민을 가르치되 문명의 도(道)로써 하고, 상업을 흥기하여 재정을
정리하고 또 군대를 양성』해야 한다고 하였다. 그에게 있어서 〈인민〉은
우매한 대중으로서 문명을 개화시켜야 할 객체로 인식되었으며, 국가
재정의 정리도 상업자본의 발전 연관에서만 보았지 정작 소위 문명
개화한 나라들의 자본주의 경제구조가 어떠한 것인지는 알지 못하였
다. 이는 문명개화의 근본 추진력에 대한 인식의 결여를 뜻하는 것이
다. 박영효의 산업 육성책 가운데, 『형벌을 생략하고 조세의 부과를
가벼이하여 백성의 고난을 덜어주고 농상(農桑)을 권면하고 공상(工
商)을 일으키어 백성의 기한(飢寒)을 면하도록』해야 한다는 주장도,
인민과 그들의 영위하는 산업에 대한 소극적인 계몽이라는 한계를 벗
어날 수 없는 입장이었다. 그는, 『인도(印度)가 비록 아주의 성대국
이나 그 내란에 대한 방비가 없어 영국의 지배를 받게 되었다. 그 인
민이 영국 정부의 명령을 즐겨 받들고 스스로 자기 정부 세우기를 의
욕치 않는 것은 다름 아니라 영국의 법률이 관대하고 정치가 바르므
로 사람마다 그 생업에 편안하여 혹시 영국의 정치를 떠나 다시 자국
의 가혹한 정치에 빠질까 두려워하기 때문』이라 하고, 우리 나라의 경
우도 『러시아가 비록 군주 독재국이나 그 정치와 법기(法紀)가 우리
나라보다 좋으므로, 인민이 그 지배하의 편의함을 안락히 여기게 되
면 우리 나라의 부흥을 즐겨하지 않을 것이라』하였다. 문명개화사상
의 세계주의적인 측면이다. 이들은 문명개화의 현상만을 보았을 뿐
그 현상 저변의 구체적인 역사의 움직임은 보지 못하였다.

이들은 역사 추진의 기본 동력인 인민 대중의 능동적인 힘을 몰각
하고 있었다. 이 사실은 이들이 양반 출신의 개화관료로서 근대 개혁
에 있어서조차 지배층의 기본 입장을 탈각하지 못하였음을 뜻한다.
유길준이 이념적으로는 사회계약설의 입장을 지지하면서 프랑스 혁명
을 가리켜서는 『고금 무비의 포악한 행동을 자행한』짓이라고 규탄하
고 『국가를 스스로 지키는 길은 국내의 반란과 외국의 침략을 방지하

는』것이라 하여 민중혁명을 부정한 입장을 취한 것도 그 때문이었다. 그러므로 이들의 개화라는 것도 결국 지배층의 정책을 통한 개량주의 노선의 한계를 벗어날 수가 없었다. 이들이 주도한 갑신정변·갑오경장의 그 수다한 정강 속에서도 국가재정의 해결을 위한 조세부과제도의 개혁에는 언급이 있으나, 저 조선후기 실학에서 동학 농민전쟁에 이르기까지 절실히 요구해온 바 토지제도의 개혁과 같은 근본적인 문제의 해결에는 전혀 언급이 없었다는 사실을, 갑오경장 정권이 동학 농민군을 토멸한 사실과도 아울러 주의할 필요가 있다.

역사 추진의 본질적인 힘을 잘못 인식한 이들에게 있어서는 그 문명개화론조차도 다분히 관념적일 수밖에 없었다. 김옥균은『외국의 종교(宗敎)를 유입(誘入)하여 교화를 돕는 것도 역시 하나의 방편』이라 하였으며, 박영효는『종교라는 것은 인민의 의지하는 바로서 교화의 근본이다. 고로 종교가 쇠하면 나라가 쇠하고 종교가 성하면 나라가 성하나니』한대(漢代)의 유교와 인도의 불교와 서역·터어키의 회교가 다 그러하였고,『지금 천주·야소교의 번성이 구미제국의 가장 강성한』소이라 하여, 우리나라의 경우에는『유교를 다시 일으켜 문덕(文德)을 닦으면 국세가 인하여 다시 강성해질』것이라 하였다. 이는 무슨 종교사관에서라기보다, 병렬적(竝列的)인 현상을 인과관계로 파악하는 피상적인 관념론에서 나온 오류였던 것이다. 유길준은 종교에 대해서 그 같은 가치를 부여하지는 않았으나, 이 역시『그 인민의 개화하는 자가 많으면 개화하는 나라이며…… 미개화한 자가 많으면 미개화한 나라이니』『미개화한 자를 가르쳐 이를 깨닫게 함은 개화하는 자의 책망과 직분』이라 하여, 개화의 근본 추진력의 강구보다도 그 현상적인 관찰에 그치고 있다. 역시 지배층 중심의 사관 위에 구축한 관념적인 개화사상의 한계를 벗어나지 못한 소이에서이다.

개화사상가들이 개화의 기본적인 동력을 관념적으로 인식하여 국내의 민중과 일체관계에 서지 못한 것은, 외래의 개화세력——선진 산업자본주의의 제국주의적 침략성에 대해서도 분명한 인식을 갖지 못하였다는 사실과 표리의 관계를 가진다. 김옥균은『이제 조선을 위하여 강구하건대 청국(淸國)은 본래 족히 믿지 못할 것이요,…… 일본은 전년 이래 무슨 생각인지 일시 열심으로 우리나라의 일에 간섭하더니 변란(갑신정변) 후로는 홀연 이 정책을 버리고 돌보지 아니할 모

앙이니 또한 족히 믿을 수 없다』고 했는데 이는 뒤집어 말하면 간섭해
오는 외래세력을 믿고 의지하여 문명개화를 도모하겠다는 사고방식이
다. 유길준은『전날 구라파주의 여러 강대국이 희랍(希臘)을 원조하
여 터어키를 정토(征討)하고 인하여 이 양국간의 복속관계를 영구히
끊고 터어키를 핍박하여 희랍의 독립을 승인』케 하였다 하여, 아무리
강대국일지라도 천하의 이목과 공법(公法)의 구짖음을 꺼리어 약소국
을 자의대로 침략하지는 못한다고 하였다. 안이한 세계사관이었다.
그래서 유길준은 또 당시 자행되고 있던 제국주의 식민정책을 종교
의 성격에다 결부시킨다.『천주교를 숭상하는 나라는 다른 나라의 토
지와 인민을 그 종교의 형세로 침탈하는 음계(陰計)를 행하나니』프랑
스가 안남(安南)을 식민지화한 것이 그 사례요,『야소교에 이르러서
는 저와 같은 화해(禍害)는 없다고 하더라』라고 하여 프로테스탄티즘
국가의 제국주의적 성격을 부정하고 있다.

　제국주의 시대에 살던 이들 개화사상가들이 제국주의의 침략적인
속성을 분명히 인식하지는 못하고 있었다. 이들은 국제관계의 신의
를 믿고 우호적으로 보이는 외래세력과 결탁하기도 주저치 않았다.
이 안이한 낙관론적 세계사관이 이들이 추진한 개화정책의 저변을 이
루고 있었던 것이다.

3. 愛國啓蒙思想家들의 史觀

　애국계몽운동은 소수 관료들에 의한 하향식 개화운동이 좌절을 면
치 못하고 그 소용돌이 속에서 나라의 자주권이 점차 상실되어가는
상황 속에서 전개되었다. 이때에는 또 외래세력의 제국주의적 침략이
보다 노골화해가던 때였다. 이 절박한 위기 속에서 이제 근대화의 체
계적인 개혁보다도 광범한 시민층이 다각도로 결속하면서 국권의 회
복과 수호라는 구국투쟁에 나선 것이다.

　애국계몽운동은 그 뒤의 독립운동과 직접적 연관을 가진다. 독립운
동 사가(史家)인 민족주의 사학자들은 다른 곳에 미루고, 여기서는
장지연(張志淵)·현채(玄采)처럼 그 본령을 주로 국망(國亡) 전의 애
국계몽운동에 두었던 이들의 사상을 살피기로 한다.

　이들은 우선 애국사상의 고취에 온갖 정열을 쏟았다. 현채는『유년필독(幼年必讀)』의 범례에서『우리 한인은 구습에 얽매이고 애국하는 일에 어두워, 이 책은 오로지 국가사상 환기(喚起)를 주로 하고 역사로써 총괄』한다고 하였고,『만국사기(萬國史記)』의 서문에서는『나라 망하는 원인이 우리에게 있음』을 뉘우쳐, 타국에의 의지심을 버리고 우리 국민에 애국심이 없음을 한탄하면서, 여타 망국의 예를 들어 전철을 밟지 말 것을 강조하였다. 대한매일신보(大韓每日申報)도『역사란 것은 1만가지 학문의 근원이요, 근세 사기(史記)는 또 역사 중에 가장 긴요한』 것이며,『국가의 흥하고 망하는 이치도 이에 있으며 민족의 흥하고 쇠하는 이치도 이에 있으니, 우리의 희미한 뇌수에 변통없이 깨닫게 하는 것』이 곧 역사라 하였다. 이는 역사학의 탐구라기보다 애국사상의 계발을 위한 계몽적인 역사지식의 보급을 열망한 것이다. 현채는 또『파란말년전사(波蘭末年戰史)』의 발문에서『능히 자시(自恃)한즉 자립할 수 있고 자립하면 땅을 딛고 하늘을 마주할 수 있다.……자립의 실상은 군신이 덕을 같이하고 상하가 서로 믿음에 있으니, 임금된 자 밤낮으로 근심 근면하여 인민을 사랑하고 신하된 자는 나라일에 집을 잊고 공을 위해 사를 잊어 나아가서는 충성을 다하고 물러나서는 잘못을 바로잡아 일호의 구차한 뜻이 그 사이에 없다면 그러한 뒤에야 내정이 바로잡히고 외모(外侮)가 이르지 않는다』고 하였다.

　이들의 의식에는 역사를 거울삼아 현실을 경계한다는 전통적인 역사관이 깔려 있으나, 한편으로 이는 근대 국민국가의 수립에 불가결했던 계몽적인 애국주의사관으로 통하는 길이었다.

　이들의 애국주의는 필연 민족주의적인 자각을 수반하기 마련이었다. 우선 이 시기 애국계몽운동의 대표적 단체였던 대한자강회(大韓自强會)는 그 취지문에서『만약 자강(自强)의 술(術)을 궁구할진대 다름아니라, 교육을 진작(振作)함에 있으며 식산흥업함에 있으니…… 이 자강의 목적을 관철할라치면 부득불 먼저 그 국민정신을 배양하여 단군·기자 이래 4천년 한국정신으로 2천만인의 뇌수에 들어부어 한호흡 한 순간이라도 자국의 정신을 잊지 않은 연후에야 바야흐로 자강의 심담(心膽)을 단련하고 주권 회복의 활기(活機)를 지으리』라 하였다. 여기서 국민정신·한국정신이란 곧 역사 전통에 입각한 민족적 자각을 이름이다. 이 시기에 나온『초등 대한역사』의 서문을 보아도,

『본국은 단군 4천년의 신성한 나라요 본조 5백년의 교화에 훈목한 민족으로서 이제 침륜(浸淪)할 지경에 이르니 이는 장탄식할 바라』하여 역시 민족적 자각을 환기시킨다. 이 시기 대표적인 역사서인 현채의 『동국사략(東國史略)』은 비록 일인(日人) 하야시(林泰輔)의 『조선사(朝鮮史)』를 크게 본떴다고 하는 것이나, 저 『조선사』가 침략적 식민주의사관으로 일관한 데 반하여, 『동국사략』은 민족주의사관으로 점철되고 있다. 즉 『동국사략』은 『조선사』가 인정치 않은 단군을 분명한 한국사의 시초로 인식하고 삼한정통론(三韓正統論)을 내세워 국사의 자주적인 연속성을 확인하였으며, 『조선사』가 획기적인 사실로 과장한 한사군(漢四郡) 및 소위 임나일본부(任那日本府) 문제를 경시 및 부정하고 있다. 현채는 또 『유년필독석의(幼年必讀釋疑)』에서 정약용(丁若鏞)을 조선조 5백년간의 제일 경제가라 칭하고 그 농·공·의·약 및 형명(刑名)에 관한 연구는 서양의 근대문명과 차이가 없으며 서양의 학자라도 따르지 못할 것이라 하였다. 자국 역사상의 위인에 대한 상찬이 민족적인 자각에서 연유한 것임은 말할 필요가 없다. 이 시기에 『을지문덕전』을 비롯한 위인들의 전기가 다수 저술된 것은 물론이요, 특히 외래 침략세력에 대한 항쟁의 역사를 크게 다룬 사실도 마찬가지 사정에서 기인한다. 저 『조선사』가 임진왜란을 마치 왜군의 승전보처럼 꾸며놓은 데 반하여, 『동국사략』에서는 우리의 전첩 상황을 상세히 기술한 것은 물론, 특히 민중의 자의에서 우러난 의병활동을 상세히 기록하여, 민족적 저항정신을 의식적으로 고취하고 있다. 동시에 이러한 의병의 항전에 관한 사실이 한말의 것에 이르기까지 기술된 점도 주목할 만하다.

장지연의 경우도 마찬가지였다. 그는 『이태리건국삼걸전(伊太利建國三傑傳)』의 서문에서 『지금 이태리를 본다면…… 삼걸이 출현하면서부터 굉굉열렬(轟轟烈烈)하여 세계에 떨치게 되고 수십년 미만에 발흥하여 이 마음을 가진 자 많아졌으니 이 마음이란 무엇인고, 즉 소위 애국심이란 것이다. 우리 동포는 그 흥기하지 않을 것인가』라 하여 모두 분연히 흥기하여 나라의 자주독립에 매진할 것을 고취하고 있다. 그는 또 저 굴원(屈原)과 같이 모국의 존망 위기에 처한 자의 할 일을 다음과 같이 말하였다. 『눈으로 그 국가의 엎어짐을 보면서도 칼에 엎드려 혈간(血諫)하며 소매를 끌어 힘써 돌이켜 나라를 부지할

방책을 강구치 아니하고, 단지 누워서 걱정만 하며 시세를 탄식만 하
다가 졸지에 구제할 수 없는 지경에 이르르면 순절(殉節)하는 길을
택하고 마는데, 이는 개천에 목매어 남이 알지 못하게 죽는 작은 믿
음일 뿐이라, 어찌 족히 충의의 직분을 밝히 아는 자라고 할 수 있으
랴.』 나라가 망하고 난 후 순절만 할 것이 아니라, 망하기 전에 목숨
을 바쳐서 구제하는 실천이 앞서야 한다는 민족주의적 의식의 표현이
었다.

   그러나 물론 이들의 민족주의적 자각에는 분명 한계가 있었다. 충
의(忠義)·충효(忠孝)를 기초로 하는 전근대적 의식의 잔재 위에서
위인·호걸·열사들의 행위를 역사 발전의 주요한 동기로 인식하는
관념적인 민족사관(民族史觀)의 영역을 지양하지 못하고 있었다. 그
래서 이들은 애국주의나 민족적 자각의 사회적 기초에 대해서는 무지
에 가까왔다. 이들이 국가사회 전반의 대개혁운동을 전개하기에는
시세가 너무 절박해 있었으나, 제국주의의 식민침략에 대처하는 구국
투쟁에 있어서 이들의 애국주의나 민족적 자각이 이처럼 전근대적 의
식에 입각하고 있었다는 사실은, 이들의 사관이 아직도 시대착오의 영
역에서 벗어나지 못하였으며, 결과적으로 애국계몽운동의 전력이 그
만큼 애매하고 비전투적일 수밖에 없었다는 것을 말한다.

   애국계몽사상가들은 아직도 일정한 거리 관계에 있기는 하였으나,
앞선 개화사상가들보다는 사회 민중과 등질(等質)의 입장에 서 있었
다. 이 시기에 나온『만국사(萬國史)』의 서문을 보면 역사기술의 내
용을『국속(國俗) 인정과 의식 생업과 종교 학문과 발명』에 이르기까
지 국가사회의 전반적인 변천상을 그 대상으로 한다고 하였는데 이
는 지배층 중심의 전통적인 서술태도를 지양한다는 입장이었다. 이
러한 입장은 현채의『동국사략』에서는 좀더 발전하고 있다. 여기서
는 농업·도전(稻田)·제언(堤堰)·방적(紡績)·잠상(蠶桑)·상업 등
서민들의 생업활동이나 음식물·가옥·부인의 편발(編髮)·혼인·잡
기 등의 풍속 관계, 그리고 노비에 이르기까지 인민 대중의 생활사
를 갖추어 기술한다. 지배층에 의하여 강요되고 통제된 정치와 제도
뿐만 아니라, 그 이면을 지탱해온 인민 대중의 생활사가 이들의 역사
의식 속에 들어온 것이다. 정교(鄭喬)는 현채가 지은『만국사기』의
서문에서『자유를 인민의 뇌수로 삼고 독립을 나라의 골자로 삼으며,

행정・입법・사법의 삼권분립』이 성취되어야 함을 국가관으로 피력하고 있다. 현채는 또『미국독립사(美國獨立史)』의 서문에서, 『나라는 인민의 모임이다. 인민이 자립하지 못하고서 나라가 능히 자립할 수 없으며, 또한 인민이 자립하고서도 나라가 자립하지 못하는 자는 없다. ……우리나라 사람들의 적습(積習)이 남에게서 구하는 마음이 많고 탁발(卓拔)해서 굽히지 않는 마음이 적으니, 이것이 우리나라가 독립의 이름은 있으되 독립의 실상은 없는 바』라 하였다.

이들은 민중에 대한 계몽적인 일체의식에는 매우 접근해 있었다. 그러나 이는 아직도 관념적인 면이 짙은 일체의식이었다. 이들은 인민 대중의 자립을 역설하고는 있으되 정작 그 자립의 사회적 지반에 대해서는 구체적인 인식을 갖지 못한 것 같으며 실상 이들의 역사서술 내용은 민중의 생활에 관해서보다 지배층에 의한 시혜적(施惠的)인 정책의 운용에 훨씬 더 큰 비중을 두고 있다. 아직도 민중을 역사의 주체로 인식하는 데에는 이르지 못하고 있었던 것이다.

다음으로 애국계몽사상가들은 외래 식민 침략세력의 본질에 대한 인식에 철저하지 못하였다. 현채는『유년필독』에서 청국은 형제국으로 친해야 하며, 러시아는 침략국이니 경계해야 하며, 일본과는 〈순치(脣齒)의 형세〉이니 더불어 화목하여야 할 것이며, 미국은 세계의 일등국이니 그 부강함을 본받아야 한다고 하였다. 대한매일신보는 바로 1910년의 국망(國亡) 직전에 있어서도 일본 제국주의에 의한『한국의 합병이 이같이 용이하겠는가』라고 반문하면서 전일 원(元)・명(明)・청(淸)과의 경우와는『금일의 사세가 크게 다르다』고 하였다. 객관적 상황의 주관적 해석 방식이었다. 이들의 구국투쟁이 투쟁 대상의 속성을 철저히 파악하지 못하였다는 것은, 당시 세계 도처에서 진행되고 있던 바 제국주의의 식민침략이라는 객관적인 역사현실에 대한 인식이 애매하였음을 뜻한다. 애매한 역사인식이 애매한 투쟁방식으로 전개될 수밖에 없었음은 필연의 일이었다.

4. 맺는 말

개화운동은 능히 나라를 자주적으로 근대화시킬 수 있는 여건 속에

서도 주로 주도세력의 사상적 한계로 말미암아 실패하였다. 애국계몽
운동은 워낙 제국주의의 식민침략이라는 객관적인 제약이 너무 컸고,
동시에 이 운동을 주도한 사상의 미숙성 때문에 구국투쟁에서 실패하
였다.

개화운동은 당시 성장하고 있던 시민층의 동력을 동원하지 못하였
으며, 동시에 민중 속에서 자발한 바 시민혁명의 성격을 띤 동학 농민
전쟁과도 연결을 갖지 못하였다. 애국계몽운동은 당시 반제국주의
세력의 주력을 형성하고 있던 의병전쟁과 연결을 갖지 못하였다.

개화사상과 애국계몽사상은 모두가 근대 부르조아적인 계몽사상이
었다는 점에서 맥락이 통한다. 그러나 이들 운동을 주도한 사상은,
근대 시민혁명의 단계에까지 발전한, 그래서 구체적인 실천성을 갖
춘 사상으로까지 성숙되어 있지는 못하였다. 역사현실을 파악하는
시각이 적확(的確)하지 못하였다. 이것이 곧 이들 사상의 한계요 미
숙성(未熟性)으로 귀착된 것이다.

그러나 그럼에도 불구하고 이들 사상의 역사적 의의는 크다. 근대
화가 부득이한 과제였던 당시에 있어서, 개화·계몽은 필지(必至)의
형세였다. 이후 독립투쟁의 사상적 지반을 형성하게 되었던 민족주의
사관은, 이들 사상과 운동의 온상에서도 그 자양을 공급받은 바 실로
컸던 것이다.

<讀書生活, 1976. 7월호>

우리나라 近代 歷史學의 成立

金 容 燮

1. 歷史學의 轉換

역사학은 시대의 특성을 반영하는 것으로서, 우리의 근대 역사학은 우리나라 근대사의 제 특징의 기반 위에서 성립되었다.

19세기 후반기의 한국사회는 두 가지 면에서의 기본 특징을 지니고 있었다. 그 하나는 한국사의 내적 발전과정(發展過程) 위에서 이미 해체과정에 있었던 봉건적인 사회체제를 타도하고 새로운 근대사회를 형성한다는 일이었다. 이러한 과제는 서구 자본주의 문명의 동양 진출로 더욱 자극되고 촉진되었으며, 나아가서는 근대화 곧 서구화로서 간주되기도 하였다. 다른 하나는 서구 자본주의 열강의 동양 제국에 대한 제국주의적(帝國主義的)·식민주의적(植民主義的) 진출에 대응하여, 또는 일제의 한국에 대한 침략정책에 대비하여 민족의 독립을 견지하고 그들의 식민지로 전락하는 것을 막지 않으면 안되는 일이었다. 여기에 우리 민족에게는 강렬한 민족의식(民族意識)이 요청되고 제국주의의 침략에 대한 저항이 요청되었다.

그러나, 물론 이러한 과제가 각각 별개의 문제로서 있는 것은 아니었다. 그것은 하나의 과제인 것이었다.

근대화의 이념(理念)에 투철하더라도 제국주의 침략에 무방비 상태이어서는 아니 되며, 제국주의에의 저항(抵抗)에 민감하더라도 근대적인 개혁에 무관심하다면 시대의 사명을 다할 수 없는 것이었다. 더우기 보수적(保守的)인데다 민족의식조차 희박하다면 그것은 이 시대를 담당할 자격이 없었다. 이 시기의 우리 민족에게는 근대적 개혁과 민족의 독립 및 그것을 위한 민족의식의 강한 발현(發現)이 동시에 필요하였다.

이것은 이 시기의 시대사조이고, 이 시기 우리 역사의 기본 특징이었다. 이러한 시대사조는 문화 일반과도 무관할 수가 없었다. 역사학과는 더욱 그러하였다. 이 시기의 우리 사회의 기본 과제는 동시에 역사학 그 자체의 과제이기도 하였다. 그러기에 이 시기의 역사학에서는 이와 같은 역사적 현실을 정확하게 파악하고 거기에 대처할 수 있는 역사의식이 필요하였다. 내적으로는 중세적인 사회체제를 타도하고 근대사회를 형성한다는 이념과, 외적으로는 제국주의의 침략으로부터 국가와 민족을 수호한다는 의식이 역사학에 그대로 반영되지 않으면 아니 되었다. 더우기 일제 관학자(官學者)들의 근대 역사학적 방법에 의한 한국사의 연구가, 일제의 대륙침략과 직결되고 여러 면에서 우리의 역사를 왜곡하고 있다는 점에서는 더욱 그렇지 않을 수 없는 것이었다. 일제 관학자들의 역사학은 근대적인 학문의 방법으로써 한국을 침략하고 있는 것이었다.

우리의 역사학은 역사의식에 있어서나 역사 연구의 방법적인 면에서 고심하지 않으면 아니 되었고 새로운 차원의 역사학으로 성장하지 않으면 아니 되었다. 그리고 실제로 우리의 역사학은 이러한 상황 속에서 근대 역사학으로 성장할 수가 있었다. 그러므로 이 시기의 역사학은 현실 타개의 역사의식에 투철하였고, 그러한 역사의식은 우리 역사학에 있어서의 근대 역사학 성립의 전제조건이 되었다.

우리의 근대 역사학은 이러한 전제조건과 내면적으로 깊은 관련을 가지면서, 학(學) 그 자체에 있어서도 일정한 관(觀)과 방법론을 확립하지 않으면 안되었다. 그것은 전근대 사회의 역사학이 지배자 중심의 〈교훈적 또는 실용적 역사〉일 것을 목표로, 역사서술에 있어서 편년체(編年體)적인 또는 기전체(紀傳體)적인 서술방식을 취한 데 대하여, 근대 역사학에 있어서는 이를 지양하여 국가·민족·민중 중심의 〈발전적 또는 발생적 역사〉일 것을 목표로, 역사를 발전적으로 그리고 객관적으로 파악하여 이를 실증적(實證的)·비판적(批判的)으로

서술하지 않으면 아니 되는 까닭이었다. 근대 역사학에 있어서는 사회발전을 인과관계 위에서 분석·종합하는 것인데, 편년체나 기전체의 전통적 역사서술 방식으로써는 이러한 역사서술은 불가능하였다. 물론 근대 역사학이 성장함에 따라서는 역사의 〈발전성〉이나 〈객관성〉에 관하여 그 개념규정에 차이가 생기기도 하였지만, 그렇더라도 이는 역시 역사를 발전적으로, 객관적으로 파악한다는 것을 근대 역사학의 기본 자세로 인정한 위에서의 일이었다. 우리의 역사학이 근대 역사학으로서 확립되기 위해서는 이러한 학적인 전환이 있지 않으면 아니 되었다.

이와 같은 우리의 근대 역사학은 광무 개혁기(光武改革期)의 역사학을 거쳐 박은식(朴殷植)과 신채호(申采浩)의 역사연구에 이르러서 하나의 학으로서 성립을 볼 수 있게 되었다.

2. 改革期의 歷史學

광무 개혁기에는 갑오개혁에 있어서의 개혁 사업이 크게 조정되면서 이 시기 개혁의 새로운 방향이 모색되고 있었다. 그것은 갑오개혁에서의 그 이념이 다분히 전통적인 제 제도의 급격한 변혁을 강요하는 것이었음에 대하여, 광무개혁에 있어서는 이러한 급격한 변혁이 조절되면서 점진적인 방법을 취하게 된 일이었다. 즉 광무개혁은 아관파천(俄館播遷) 이후의 친일 정권의 타도와 동 정권이 수행하고 있었던 개혁사업을 계승함으로써 전개되는 것이기는 하지만, 갑오개혁에서 드러난 여러가지 한계 특히 주체성의 결여나 부족, 그리고 외세 침투에의 무방비를 재고하지 않을 수 없는 데서, 그리고 민비시해(閔妃弑害)에 대한 보복 여론을 중심으로 다시금 대두한 보수적인 정치 세력의 주장도 고려하지 않을.수 없는 데서, 이 시기에는 종래의 개혁사업의 방향이 크게 조정되어 신·구(新舊)를 절충한다는 원칙이 내세워지고 있었다. 그리고 신·구를 절충함에 있어서도 광무 개혁기의 초기의 담당자들이 구상한 것은, 옛것을 기본으로 하고 새것을 종으로 하는 이른바 구본신참(舊本新參)의 태도였다.[1]

---

1) 拙稿, 光武年間의 量田事業에 관한 一硏究(亞細亞硏究 31, 1968) 4의 1. 更張事業의 方向調整과 量田의 法制化 참조.

옛것을 기본으로 한다는 것은, 종래의 우리나라의 문물제도(文物制度)로써 계승할 수 있는 것은 이를 모두 계승하고, 그렇지 못한 것에 한해서 서구문명을 받아들인다는 것이었다. 이는 전통문화의 존중과 그 계승·발전이 의식적으로 내세워지고 있는 것으로서, 개혁에 있어서의 주체성이 강하게 표현되고 있는 것이며, 갑오개혁이 다분히 외세에 의존하여 구제도의 무조건적인 개혁이 주장되었던 것과는 거리가 있는 것이었다. 이와 같은 광무개혁의 이념은 이 시기 사상계(思想界)의 동태가 집약된 것으로서 역사학도 이러한 동태에서 예외일 수는 없었다. 그리하여 이 시기의 우리의 역사학은 전통적인 역사학을 바탕으로 하면서 새로운 근대 역사학의 방법론이 참작 도입되고 있었다.

역사학에 있어서의 〈구본신참〉의 이념은, 구래의 전통적인 역사학과 문화의 정당한 계승 위에서 새로운 역사학의 도입을 뜻하는 것이었지만, 이 시기의 역사학은 그들이 의거하고 그들이 계승 발전시켜야 할 전통사상·전통문화를 18·9세기의 실학(實學)에서 찾고 있었다. 실학사상은 기본적으로 봉건제 이조국가의 구조적인 모순을 타개하고 새로운 사회의 건설을 지향하는 것으로서, 거기에는 일정한 한계가 있는 것이기는 하지만, 18·9세기의 사회사상으로서는 진보적이고 혁신적인 점이 있는 것이었다. 정치·경제·사회·사상 등 여러 가지 면에서의 실학과(實學派)의 제 연구와 그 개혁 이론은 이 시기의 우리 문화의 수준을 보여주는 것이며, 그들이 제기하고 있는 사회개혁의 방향은 우리나라 역사의 진로와 장래의 과제를 제시한 것이었다.[2]

개혁기의 역사학이 실학사상을 그들이 의거할 전통사상으로 받아들이고 있는 것은, 실학에 있어서의 이와 같은 혁신성·진보성에 연유하고 있었다. 그것은 광무개혁의 이념이 주체적인 입장에서의 정치·경제·사회의 개혁이었음과도 일치하는 것이었다. 이 시기의 역사가들은 정약용(丁若鏞)의 학으로서 대표될 수 있는 실학을 〈후세의 법이 될 수 있는 학〉[3] 또는 〈경장유신(更張維新)의 뜻이 있는 학〉[4]으로 보고 있었

---

2) 이 시기의 개혁사상이나 開化論과 實學思想과의 연관성에 관해서는 다음의 論考가 참고된다. 金泳鎬, 侵略과 抵抗의 두 가지 機能(新東亞 1970.8 ; 文學과 知性 2). 近代化의 새벽──開化思想(韓國現代史 6). 千寬宇, 韓國實學思想史(韓國文化史大系 Ⅵ).

3) 梅泉野錄 p.31. 梅泉의 歷史學에 관해서는 洪以燮, 黃玹의 歷史意識(淑大史論 4, 1969) 참조.

4) 韋庵文稿 p. 192.

다. 개혁기의 역사가들은 개혁기 역사학 또는 광무개혁 자체의 이념
을 실학사상과의 관련에서 찾고 있는 것이었다고 하겠다.

이 시기 역사가들의 실학사상 계승은 실학파의 업적을 간행하거나
그것을 토대로 한 저술의 형식으로 나타났다. 1901년(광무 5년)에 김택
영(金澤榮)은 『연암집(燕岩集)』을 편간하였고, 양재건(梁在謇)은 『목
민심서(牧民心書)』, 현채(玄采)는 『흠흠신선(欽欽新書)』를 간행하였
으며, 1903년에는 장지연(張志淵)이 정약용의 『아방강역고(我邦疆域
考)』를 증보하여 『대한강역고(大韓疆域考)』를 간행하였으며, 그 후
『아언각비(雅言覺非)』를 출판하기도 하고, 다시 또 그후에는 『성호집
(星湖集)』의 간행계획도 있었다. 그리고 1905년에는 『삼국유사(三國
遺事)』 『삼국사기(三國史記)』 『고려사(高麗史)』 『동국통감(東國通鑑)』
과 더불어, 실학파 즉 안정복(安鼎福)의 『동사강목(東史綱目)』, 유득
공(柳得恭)의 『사군지(四郡志)』와 『발해고(渤海考)』, 박지원(朴趾源)
의 『연암집』 등을 참고하여 이 시기 역사서의 한 표본일 수 있는 김
택영의 『역사집략(歷史輯略)』이 편찬되기도 하였으며, 유득공의 『경도
잡지(京都雜志)』 열독(閱讀)을 통해서는 장지연의 우리나라 풍속사에
관한 소품들이 준비되어지기도 하였다.

개혁기의 역사가들은 이와 같이 실학사상의 학적 기반 위에서 그들
의 연구를 진행시켰으며, 그 성과는 통사(通史)와 특수 연구의 두 경
향으로 나타나고 있었다.

통사로서는 황현(黃玹)의 『매천야록(梅泉野錄)』, 정교(鄭喬)의 『대
한계년사(大韓季年史)』, 김택영의 전기 『역사집략』 등이 대표적인 것
이겠다. 첫째와 둘째 것은 고종 이후의 근대사이고, 세째 것은 우리
의 전 역사를 서술한 것으로서, 이는 저자가 학부에서 『동국역대사략
(東國歷代史略)』 편찬에 종사했던 경험을 살려서, 그 후 그 자신의
명의로 저술하였던 『동사집략(東史輯略)』을 다시 더 증보한 것이었다.
김택영의 저서로서는 결정판인 것이며, 그 방면의 저서로서는 이 시기
를 대표하는 저술이라고도 하겠다.

이들 저자의 역사의식은 투철하여서 이들은 이 시기의 개혁사업에
동조하고 있었으며, 제국주의의 침략행위에 대한 저항과 민족의식도
강렬하였다. 그러나 그러면서도 이들의 저술은 아직 근대 역사학적인
방법에 의한 저술이 되지는 못하고 있었다. 그들은 전통적인 역사서

술의 방법에 의해서 그들의 역사를 기술하고 있었다. 편년체적인 역사서술이었다. 그런 점에서 그들의 역사의식이 아무리 투철하더라도 사회의 발전과정이나 제국주의의 침략과정이 인과관계에 있어 과학적으로 서술되기는 어려웠다.

근대 역사학적인 방법에 비교적 접근한 연구는 특수 연구에 나타나고 있었다. 장지연의 『아한의관제도고(我韓衣冠制度考)』나 『조선유교관(朝鮮儒敎觀)』(후에 朝鮮儒敎淵源으로 擴大) 및 『조선불교관(朝鮮佛敎觀)』이 그것이었다. 간단한 논설문으로 되어 있는 이들 글은 각각 그 발달과정을 시대를 따라 전개한 것이기는 하지만 완전히 편년체의 역사서술은 아니었다. 거기에는 그것을 지양하려는 노력이 있었다. 그러나 그러면서도 그의 역사서술의 방식에는 아직 한계가 있었다. 그의 역사서술이 완전히 전통적인 방법을 탈피하고 있는 것은 아니었으며, 사료 비판적인 안목과 방법도 부족하였다. 그는 『아방강역고』에 임나(任那)문제를 증보하는 오류를 범하여 후에 신채호의 비판을 받기도 했다. 그에게는 또한 『대조선근사(大朝鮮近史)』가 있는데 이는 편년체의 역사였다.

장지연은 철저한 유학자(儒學者)였으나 시대에 민감한 역사학자였다. 그는 유교가 국운 쇠약의 원인이라는 설에 반대하여, 진정한 유자를 채용하지 않은 것이 그 이유라고 내세워 유교를 변호하였으며, 일인 다까하시(高橋亨)의 우리나라 유교에 관한 강연에도 반론(反論)을 제기하여 장문의 조선 유교에 관한 변론을 전개하기도 하였다. 그러나 그는, 그러면서도 조선시대 그대로의 유교사회를 고집하는 것은 아니었다. 그는 유교의 사상체계를 바탕으로 하여 서 있는 조선의 사회체제가 개혁되어야 할 것을 또한 구상하는 것이었다.

그가 과거제 복설(科擧制復設)의 논의에 반대하여 그 부당함을 말하고, 인재의 등용에 있어서는 문벌·신분을 부정한 위에서 재주있는 사람을 채용할 것을 말한 것, 따라서 유학자로서 고담준론(高談峻論)하여 신학문을 배척하는 것은 국가와 국민을 좀먹는 것이라고까지 혹평한 것, 국민교육은 한글로써 하고 한문은 전문학교를 세워 이를 전공할 사람에게만 교육할 것을 말하고 있는 것 등은 그의 그러한 의식을 말하여 주는 것이겠다.[5] 그리고 그의 반제국주의적인 자세도 철저

5) 韋庵文稿 卷5 論·辨. 卷6 趣旨文. 卷8 社說 등 참조. 千寬宇, 張志淵

한 것이었다. 다 아는 바와 같이 그는 언론인으로서 일제의 침략을 폭로하는 데 선봉을 섰던 인물이기도 하였다.

광무 개혁기의 역사학에는 이와 같이 시대성이 잘 반영되고는 있었지만, 그것이 근대적인 역사학으로서 성립되기에는 아직도 요원함이 있었다. 근대 역사학으로서의 〈학(學)〉의 체계나 방법론이 전면적으로 도입되고 있지는 못한 것이었다. 이 점은 이 시기 역사학이 극복하지 않으면 아니 되는 한계이고 과제였다. 이러한 과제는 번역사학(飜譯史學)을 통해서 점차 해결의 단서가 열리었다.

그러나 번역사학이 반드시 방법론의 도입이라는 점에서만 문제된 것은 아니었다. 이 시기에는 제국주의의 침략과 관련하여 그들을 알고 그들의 침략의 방법을 알아야 한다는 것이 식자층의 공통된 견해였다. 그러기 위해서는 그들의 역사, 그들의 침략사를 살펴야 할 것으로 생각되었다. 역사가들은 국민 계몽이라는 점에서 외국의 역사를 보급시키게 되었다. 외국사에 대한 인식의 필요성은 개항 후부터 이미 고조되어 있어서 『만국통감(萬國通鑑)』(美 謝衛樓述 淸 趙如光記, 1882. 中國)이 들어와 있었고, 1896년(건양 원년)에는 학부에서 『만국약사(萬國略史)』를 간행하기도 했으나, 이것으로써 세계대세를 알기에는 부족하였다. 식자층이나 국민 대중에게 널리 세계의 정세를 인식시키고 또한 우리 나라의 처지를 이해시키기 위해서는 우리말로 된 만국사의 보급이 필요하였다. 역사가들은 여기에 외국사의 번역·간행을 서둘렀고, 세계 정세에 대한 식견은 넓어갔다.

사학사적(史學史的)인 입장에서 외국사의 번역이 문제될 수 있는 것은 현채(玄采)의 일련의 역술활동(譯述活動)이라고 하겠다. 그는 한문과 일문으로 된 세계 제국(諸國)의 역사를 『만국사기(萬國史記)』(1906)의 이름으로 역간하였고, 이 작업의 일환으로서는 외국인 저술의 우리 나라 역사도 또한 번역하고 있었다. 『동국사략(東國史略)』(1906)이 그것으로서 이는 일본인 하야시(林泰輔)의 『조선사(朝鮮史)』와 『조선근세사(朝鮮近世史)』를 편역한 것이었다.

이러한 역술활동에서 현채는 그 목표를 단지 세계 정세 이해를 위한 국민 계몽이라는 점에만 두고 있는 것은 아니었다. 그에게는 우리

<hr>

과 思想 (白山學報 3, 1967). 張志淵(韓國近代人物百人選, 新東亞 1970. 1 附錄)

역사서술에 있어서의 방법론의 문제가 또한 주요 관심사가 되고 있었다. 이때의 『만국사』는 말할 것도 없고, 하야시의 『조선사』도 또한 근대 역사학의 방법론에 의해서 서술되고 있었는데, 우리의 역사학계는 역사서술의 방법에 있어서 아직 전통적인 편년체의 방법에 의존하고 있어서, 현채는 이의 극복 문제에 고심하고, 근대 역사학의 방법론을 도입해야 할 것으로 보고 그 한 수단으로서 역술을 하게 된 것이었다. 그가 『동국사략』의 자서(自序)에서, 그 동안 자신의 역사 편찬활동(편년체)이 〈체제불립(體制不立)〉하였음을 개탄하고, 체제가 정연하게 확립된 일인의 『조선사』를 역술하게 된 경위를 말하고 있는 것에서는 그의 그러한 방법론적인 반성을 볼 수 있는 것이라고 하겠다.[6]

현채가 역사학자로서 역사서술의 방법론에 얼마나 많은 관심을 가지고 있었는가 하는 것은 동료 사가 김택영(金澤榮)의 저서에 대한 평언(評言)에 더욱 잘 표현되어 있다. 김택영은 앞에서 언급한 바와 같이 1905년에 그의 『동사집략』을 증보하여 새로이 『역사집략』을 간행하였었는데, 이 때 현채(玄采)는 이 저서의 서술방식이 전통적인 서법을 고수하고 있어서, 근세 각국사의 역사서술이나 그 바탕이 되고 있는 역사의식과 같지 않음을 염려해 주고 있었다.[7] 즉 현채의 생각으로는, 근대 세계에 살고 있는 그들로서는 역사학에도 근대 역사학의 방법론이 도입되어야 할 것으로 보는 것이었다.

3. 朴殷植의 歷史學

개혁기의 역사학을 계승하여 그 일원으로서 그 때에 못한 과제를 곧 이어서 해결한 것은 박은식(朴殷植)(호는 謙谷·白巖)이었다. 박은식은 광무 개혁기에는 언론인으로서, 그리고 교육자로서 국민계몽의 선두에 섰던 인물이며, 일제의 침략 하에서는 중국으로 망명(亡命)하

---

6) 拙稿, 日本·韓國에 있어서의 韓國史敍述(歷史學報 31, 1966). 玄采에 관한 전반적인 연구로서는 盧秀子, 白堂 玄采硏究 (梨大史苑 8, 1969) 참조.

7) 歷史輯略 自序.

여 독립 투쟁의 지도자로서 국권 회복을 위하여 노력한 애국자였다. 그의 역사의식은, 그 행적에서 볼 수 있듯이 개혁이념에 투철하고 제 국주의의 침략에 적대적이었다.

그가 개혁기의 역사학을 계승하여 근대 역사학의 방법론을 직접 우리 역사에 도입함으로써 우리의 역사학을 근대 역사학으로 성장시킨 것은 1910년대의 일로서, 『한국통사(韓國痛史)』와 『한국독립운동지혈사(韓 國獨立運動之血史)』는 그것이었다. 『한국통사』는 한말부터의 준비를 토대로 1914년에 완성되고 1915년에 간행되었는데, 이는 대원군 집권 이후부터 1911년까지의 우리나라 근대사를 일제의 침략이라는 면에 촛점을 맞추고 서술한 것이었다. 전3편으로 구성된 본서는 제1편은 우리나라의 지리적 환경과 역사의 대개, 제2편은 대원군의 개혁정치에서부터 아관파천 이후 친일정권이 무너질 때까지, 제3편은 대한제국(大韓帝國)의 성립(국호 개정)과 그후의 일제의 침략과정을 취급하였다.

본서를 서술한 방법은 그가 범례에서 밝히고 있는 바와 같이, 근세 신사(新史)의 체제를 따라 역사적 사실을 중심으로 장(章)을 이루고, 이 사실을 기술함에 있어서는 그 내용을 서술하기도 하고, 이에 대한 그의 견해 즉 비평이나 논평을 가하기도 하였으며, 또 이 사실이 유래하게 된 선행 사건을 거론하기도 하고 그 결과로서 일어나게 되는 사실을 부론(附論)하기도 하였다. 그러고서도 미진한 점은 안설(按說) 즉 주로써 부기하는 방식을 취하였다.

이러한 역사서술의 방식은 곧 역사적 사실의 발달과정을 인과관계의 면에서 분석·비판·종합해가는 근대 역사학의 방법론이었다. 박은식은 『한국통사』를 서술함에 있어서 근대 역사학의 방법론을 의식적으로 도입하여 일제의 침략과정을 폭로한 것이었다.

『한국독립운동지혈사』는 『통사』이후 준비되고 서술된 것으로서 1920년에 간행되었다. 이는 『통사』와 표리관계에 있는 사서이며, 『통사』에서 볼 수 있는 일제의 우리나라 침략에 대항하여 우리 민족이 국권 회복을 위하여 투쟁한 피의 역사를 서술한 것이다. 본서도 전3편으로 구성되었는데, 상편에서는 개항 이후의 일제의 침략과정(『통사』와 일부 중복된다)과 조선총독부의 침략정책을 폭로하였고, 하편에서는 국권을 잃은 후의 우리 민족의 독립투쟁을 3·1운동 이후까지 전개하였으며, 부편(附篇)에서는 우리 민족의 독립운동에 대한 세계의 여론을

수록하였다. 그리고 그 서술방법은 『통사』와 마찬가지로 근세 신사의 체제를 따른 것이었다. [8]

박은식이 『통사』나 『혈사』를 서술함에 있어서 목표로 둔 것은, 국민들이 이를 읽고 민족정신을 잃지 않게 하자는 것이었다. 그는 국가가 유지되는 데 있어서는 국교·국학·국어·국문·국사 등 내면적·정신적인 혼(魂)과 전곡(錢穀)·졸승(卒乘)·성지(城池)·선함(船艦)·기계 등 외형적·물질적인 백(魄)이 필요한데, 혼이 따르지 아니하면 백은 살아 있어도 죽은 것이나 마찬가지라고 보고 있었다. 혼, 즉 정신의 문제는 민족이나 국가의 존망을 좌우하는 관건으로 보는 것이었다. 그런데 그는 이와 같은 민족의 혼이나 국가의 혼은 특히 그 나라의 역사에 담기는 것으로 보고, 따라서 역사가 존재하는 곳에는 국혼이 존재하는 것으로 생각하는 것이었으며, 그러기에 민족혼의 중심인 국사가 존속하면 그 나라는 망하지 않는 것으로 생각하였다.

그러한 사례를 그는 중국이나 터어키에서 보고 있었다. 중국은 그 민족혼이 그 문화에 담겨 있음으로써 북방 민족의 침략을 자주 받았으나 오히려 그들을 정신적인 면에서 동화시키고 있었으며, 터어키는 그 민족의 혼이 종교 속에 강렬하게 유지되고 있기 때문에 열강의 강압을 받은 바가 오래였으나 장차 다시 진흥(振興)할 것이라는 것이었다. [9]

그래서 그는 이러한 나라를 혼이 강한 나라라고 하였는데, 혼이 강한 나라는 그 인종의 자격이 서로 같고, 그 고유의 종교·역사·언문·풍속 등 국혼이 멸하지 않으면 비록 한때 열강에 병합되었다 하더라도 마침내는 거기에서 탈출하여 독립하는 것이라고 하였다. 강자가 약자를 병합하는 것은 국가와 국가가 경쟁하는 이 시기에 있어서는 자주 볼 수 있는 일이지만, 이 약자가 혼이 강한 나라라면 그 굴레에서 벗어나 독립하게 되는 현상도 오늘날의 세계에서는 흔히 보는 일이라 하였다. 그래서 그는, 우리나라도 장차 반드시 광복의 날이 있을 것을

---

8) 『韓國痛史』『韓國獨立運動之血史』에 관한 學的인 검토와 이와 관련된 그의 독립활동에 관해서는 다음과 같은 論考가 있다.
　洪以燮, 朴殷植 韓國痛史와 韓國獨立運動之血史(韓國史의 方法, 1968)
　姜萬吉, 韓國痛史(韓國의 名著, 1969)
　尹炳奭, 朴殷植(韓國近代人物百人選)

9) 韓國痛史 結論.

믿고 있었다. 우리 민족을 혼이 강한 민족으로 믿기 때문이었다.[10] 이것은 그의 신념이었다. 그는 우리 민족에게 이러한 희망과 신념을 안겨주면서 『혈사(血史)』를 서술하였다.

그는 우리 민족을 인재의 배출, 문물의 제작에서 실로 우수한 자격을 갖추고 타민족보다 훨씬 뛰어난 것으로 보고 있었으며, 우리의 역사는 4300년의 전통이 있어서 충의·도덕의 뿌리가 깊고, 종교와 문화가 일찌기 창명(彰明)하여 일본에까지 파급하였으니, 우리의 문화는 일본보다 선진의 위치에 있는 것이라고 생각하였다. 또 우리 민족은 우리의 언어를 쓰고 우리의 풍속을 가지고 우리의 노래를 부르고 우리의 예법을 쓰고 우리의 의식을 지니는데, 이는 모두 우리 민족의 국민성을 타민족과 구별짓는 것이라고 생각하였다. 이러한 제요소의 종합 위에서 우리의 문화가 생성된 것이므로 우리의 국혼은 강하고, 따라서 이것은 결코 타민족에게 동화될 수 있는 것이 아니라고 그는 믿었다. 더우기 일본은 조상 대대로 우리와 원수 관계에 있으니 우리의 민족혼이 그들과 조화될 수는 없다는 것이었다.[11]

민족혼이 살아 있는 한 민족의 독립이 있을 것을 믿는 그는, 우리 민족의 독립투쟁, 특히 거족적인 3·1운동을 통해서 그의 신념에 더욱 확신을 얻을 수가 있었다. 더우기 일제는 우리의 적이 되어 있을 뿐만 아니라, 그 대륙침략의 정책으로 인해서 4억 중국 민족과 2억 러시아 국민의 적이 되어 있고, 세계 민의(民意)의 적(敵)이 되어 있으며, 또한 구미 열강의 제재를 받는 바도 적지 않으니, 이러한 국제적인 고립 속에서 능히 패하지 아니하고 나라를 보존할 수가 있겠느냐는 것을 이유로, 그는 일제의 패망을 우리 민족의 광복과 더불어 반드시 있을 것으로 예견하고 있었다. 그러기에 그는, 그가 서술하는 민족사를 통해서 민족혼을 진작하고 이 민족혼의 유지 속에 민족의 독립을 전취하려는 것이었다.[12]

그에게는 민족의 광복(光復)을 확고한 사실로 믿는 신념이 있었으므로 여하한 회유정책도 이에 만족할 수 없다는 것을 천명하고 있었다. 그의 역사서술의 태도는 이러한 신념과 밀착되어 있었다. 그러기

---

10) 韓國獨立運動之血史 緒言.
11) 同上.
12) 韓國獨立運動之血史 緒言.

에 일제의 침략과 그에 대한 독립투쟁을 서술하는 그의 역사학은 자신(自信)에 넘쳐 있었다. 그의 역사학은 초기 일제 관학자들의 연구를 압도하는 힘이 있었다. 일제의 식민지 당국자들은 이 박은식의 『통사』의 출현을 계기로 그들의 『조선사(朝鮮史)』(37권) 편찬을 계획하게까지 되었다. [13] 우리의 근대 역사학 수립은 실로 일제 관학자들과의 대결을 통해서 이루어지고 있는 것이었다.

박은식의 역사학은 이와 같이 민족의식·민족정신으로 일관하고 있거니와, 그의 역사학 또는 그의 역사관을 좀더 구체적으로 이해하기 위해서는, 그 민족의식이나 민족정신의 본질이 어떠한 것인가에 대한 검토가 있어야 하겠다.

그리고 이 문제는 그의 문화 진흥에 관한 일련의 견해와도 관련되는 것이므로, 우리의 검토도 그의 견해를 좇아 문화일반의 문제와 관련하여 생각하면 편리할 것이다.

그는 본래 국가와 문화와의 관계에 관하여, 나라는 사람으로 해서 세워지고, 사람은 학문으로 해서 이루어지므로, 나라의 사람 됨을 논하려면 마땅히 사람의 사람 됨을 논해야 하고, 사람의 사람 됨을 논하려면 마땅히 학문의 학문 됨을 논해야 하며, 그러기에 국민에 대한 교학 즉 문화의 성쇠는 자고로 국운의 융성·교체에 관련된다는 입장을 취하고 있었다.

그래서 그는 「논국운관문학(論國運關文學)」 또는 「흥학설(興學說)」 등의 글을 써서 국민교육의 진흥을 제언하고, 따라서 문화수준을 향상시켜야 할 것을 건의하기도 하였다. [14]

문화수준을 향상시키고 국민교육을 진흥시키는 것은 이와 같이 국운의 융성을 위해서 필요한 것으로서, 이것은 기본적으로 두 가지 면에 유의해서 행해져야 할 것으로 그는 생각하였다. 그 하나는 각종 학교를 통해서 교육하는 〈경제지술(經濟之術)〉이고, 다른 하나는 종교를 통해서 교육하는 〈도덕지학(道德之學)〉이었다. 그는 이 양자를 제과(諸科) 학교의 예술의 교육은 물론 확장하지 않을 수 없는 것이나 종교를 부식하는 일은 더욱 늦출 수 없는 것이라 하고, 또는 이 양자는 마땅

---

13) 朝鮮總督府中樞院, 韓國痛史摘錄, 1920. 朝鮮總督府朝鮮史編修會, **朝鮮** 史編修會事業槪要 1938, p. 6.

14) 學規新論(1904) 및 謙谷文稿.

히 병행해야 할 것이나 국가는 도덕교육에 대해서는 더욱 신중하고
진력해야 할 것이라고도 하였다. [15] 전자는 이용후생(利用厚生)에 관
한 학이고 후자는 정신교육에 관한 것인데, 그는 이 양자를 모두 중요
시하였으나, 그의 관점(觀點)에서 후자에 대한 국가적인 노력을 강조
한 것이었다.

학교교육에 대한 그의 의견은 진취적이었다. 그것은 우리나라의 과
거의 교육상 결함을 근본적으로 시정하려는 것이었다. 그것을 그는
다음과 같이 말하고 있었다. 즉 우리나라 지식인들은 문정(門庭)을
떠나보지 못하고 목력(目力)이 해외에 미치지 못하여, 6대주가 서로
통하고 열강이 자웅을 다투는 금일에 좁은 견해를 묵수하여 스스로 현
명·정당한 것으로 생각하고, 고서를 연찬하여 시세(時勢)를 연구하
지 않으며, 의리를 공담하고 경제에 어두우며, 모든 각국의 이용후생
의 신학·신법을 구적시(仇敵視)하여 이를 배척함으로써 전국의 인민
을 무지·무식으로 몰아넣고, 마침내는 전 동포가 남의 노예가 되기
에 이르렀다는 것이었다. [16] 그러므로 당시의 국가가 힘써야 할 일은
이러한 결함이 타개될 수 있는 교육을 해야 한다는 것이었다.

그러한 교육을 위해서는 교육제도를 개선하여 보통교육과 전문교육
을 위한 학교를 설치하고, 실용적(實用的)인 학문(서양인들의 제학과)
을 보통 과정에서 그 기초교육을 시작하여 전문 과정에서 그것을 마
치도록 하며, 또 보통교육을 위해서는 국문으로 서적을 간행하여 무
지·무식의 대중이 없게 하며, 전문 교육을 위해서는 특히 외국에 유
학생을 파견하여 서구 선진국가의 문물을 배워올 것을 강조하였다.
그러나 이것은 어디까지나 외국에서 학문을 배우는 것이지, 그들에게
의존해서 문물제도를 개혁하려는 것이어서는 안될 것임을 또한 강조
하였다. 그는 자주자강(自主自强)하는 입장을 내세우고 있었다. 그는
우리의 주체적 입장이 확고히 견지된 위에서 정치·경제·사상·문물
제도 등 외국의 문화가 수용되어야 한다는 것을 말하고 있는 것이었
다.

그는 당시 국가에서 병통이 되고 있는 것은, 국가에 자주의 정신과
자강의 기개가 있느냐 하는 자주성의 문제로서, 자주자강하여 타국에

15) 謙谷文稿.
16) 學規新論.

의부(依附)하지 않으면 비록 국가의 규모가 작더라도 타국에 속하지 않으며, 자주자강하지 못하고 타국에 의부하려 하면 비록 국가가 크더라도 나라는 마침내 타국에 예속되는 것이라고 하였다. 그래서 그는 군대가 많지 않은 것, 기계가 구비되어 있지 못한 것, 제조(製造)가 왕성하지 못한 것 따위는 근심할 바 못되는 것이며, 다만 인심이 약해지고 민족의 기개가 위축되는 것이 가장 우려되는 바라고 하였다. 더우기 우리나라는 열강의 사이에 처해 있으므로 교제는 좋지만 의부는 불가하며, 학문은 배울 것이지만 세력은 빌 것이 아니라고 보고 있었으며, 만일 열강에 의부하는 것을 득계(得計)로 하여 그 세력을 비는 것을 가하다고 한다면 그것은 자기 나라를 남에게 맡겨버리는 것이라고 하였다.[17]

자주자강 즉 주체성의 문제는 정신적인 문제로서, 그것은 곧 그의 민족혼·종교론·도덕학의 문제와 연결되는 것이었다.

도덕의 학을 위해서는 국교로서의 종교가 확정되고, 그 종교에 의해서 도덕교육이 행해져야 할 것으로 생각하였다. 그는 종교를 유지하는 것은 곧 국맥(國脈)을 보존하는 길이 되는 것으로 보고 있었으며, 이 종교에는 민족의 혼이 담겨 있는 것으로 보는 데서, 민족정신의 앙양을 위해서는 반드시 종교의 유지가 필요한 것으로 보고 있었다. 그런데 우리나라는 근자에 이르러서 사기(士氣)가 날로 변하여 도의는 불수(不修)하고, 허위는 일자(日滋)하며, 마침내 전국의 인민으로 하여금 실교(失敎)의 민이 되게 하고, 나아가서는 서교(西敎)에 들지 않으면 동학(東學)에 들게 함으로써, 나라의 종교는 겨우 명목만이 있게 되고 국가의 원기는 이로써 위축되기에 이르렀다는 것이었다.

이와 같이 나라에 민족의 혼, 국가의 혼이 담겨 있는 종교가 없다면 어찌 나라의 꼴이 되겠냐는 것이 그의 생각으로서, 여기에 그는 민족의 혼, 국가의 혼이 담겨 있는 국교로서의 종교의 필요성을 강조하게 되었다. 그는 그러한 종교를 서슴지 않고 유교로 보고 있었다. 우리나라에는 자고로 많은 종교가 있었으나 그는 그 가운데서 〈한지 종교 부자지도야(韓之宗敎夫子之道也)〉라고 하여 우리나라의 종교는 공자의 도임을 밝혀 전제하고 종교 문제를 전개하고 있었다. 그는 공

17) 謙谷文稿.

자의 가르침 즉 〈삼강오륜(三綱五倫)〉이 국기(國基)가 되고, 〈육경사서(六經四書)〉가 도통(道統)을 잇고 예의를 수명(修明)하고 풍화(風化)를 부식하였음이 이미 오래되었음을 말하였다.

그러나 그러면서도 공자의 가르침이 비록 말(言)은 전하지만, 그 도가 일찌기 종교로서 실천되지 않았음을 그는 안타까와하였으며, 지금부터라도 공자의 도를 종교화하고 국교화하여야 할 것으로 생각하였다. 그러기 위해서는 그 종교화가 가능할 수 있도록 태학(太學)을 학부에서 분리하여, 옛날의 〈삼로오경(三老五更)〉의 예에 따라, 학덕(學德) 있는 사람을 선임하여 국중의 유교를 전담토록 하고, 유교의 교수를 각 군에 분치하여 학도들에게 유교 경전을 교육하며, 『소학(小學)』과 『사서(四書)』를 국문으로 역간(譯刊)하여 농민·공인·상인·부녀자에게 읽히면, 공자의 가르침, 즉 유교의 도리를 알게 되어 이교(異敎)에 들어 가지 않을 것이라고 주장하였다. 18)

박은식은 이와 같이 민족정신의 유지 앙양을 위해서 유교의 종교화와 그 보급을 강조하는 터이지만, 그러나 그는 유교가 그러한 기능을 담당하기에는 일정한 한계가 있는 것도 또한 인식하고 있었다. 유교는 공자 이래의 전통적 정치사상·사회사상으로서, 사회를 상하(上下) 관계로 질서화하고 지배자의 철학이 되어온 사상으로서, 당시의 시대 사조와는 너무나 큰 거리가 있는 까닭이었다. 그래서 그는 이 새로운 시대에 유교가 존립하고 나아가서는 국교로 되어지기 위해서는 스스로 자기개선이 있어야 할 것으로 생각하였다. 과거의 유교사상이 지니는 결함을 제거하고, 새 시대에 적응할 수 있는 새로운 면목의 사상으로 전환해야 한다는 것이었다. 그의 이른바 「유교구신론(儒敎求新論)」이 그것이었다.

종교개혁을 연상케 하는 「유교구신론」에서 그는 구래 유교의 세 가지 결함을 개선하려 하였다. 그 첫째는 유교의 정신이 전혀 제왕을 위해서 있고, 인민사회에 보급할 정신이 부족하다는 점이었다. 민지(民知)가 계발되고 민권이 신장되는 현금에 있어서는 더욱 그러하였다. 그러므로 그는 공자의 〈대동지의(大同之義)〉와 맹자의 〈민위중지설(民爲重之說)〉에 의거해서 그것이 인민에게 보급될 수 있도록 그 사상기반을 개량 구신해야 할 것으로 생각하였다.

___

18) 謙谷文稿 및 學規新論.

둘째로 공자가 천하를 개선하려는 뜻은 석가가 중생을 구제하고 기독이 세상을 구세하려는 뜻과 한가지인 데도, 유교가 불교나 기독교와 같이 큰 발전을 이루지 못한 것은, 유자(儒者)들이 공자가 천하 열국(列國)을 주유(周遊)하면서 도를 가르치던 주의를 본받지 않은 데 있는 것으로 보고 이러한 전교(傳敎)의 방침을 개선하려는 것이었다. 그는 그 방법으로서 천하의 제자들이 도를 배우려고 자기를 찾아줄 것을 바랄 것이 아니라 자기가 제자를 구하여 도를 전할 것이며, 나아가서 불교나 기독교의 전도에서와 마찬가지로 적극적으로 세계에 나아가 도를 전수할 것을 말하였다.

세째는 우리 나라의 유교는 주자학(朱子學)을 중심으로 하고 있는데 이 주자학은 유자들이 평생 공부하여도 이해하기 어려우며, 공부하는 방법으로서도 간이직절(簡易直截)한 방법을 구하지 않고 지리한만(支離汗漫)한 방법을 쓰고 있으니, 후진 청년들의 관심을 끌기 어렵다는 것이었다. 그래서 그는 이를 개선하는 방안으로서 양명학(陽明學)의 방법을 도입할 것을 말하였다. 양명학은 우주·인생·사물의 본질 파악과 그 학문의 응용력에 있어서 현대사회에 적응할 수 있는 성질을 지닌 것으로 보고, 유학의 방법이 주자학적인 것에서 양명학적인 것으로 전환하면 유교 그 자체의 면목도 새로와질 것으로 보는 것이었다. [19]

박은식의 역사학의 사상기반은 대략 이상과 같은 것이었다. 이와 같이 살펴보면, 그의 역사의식은 세계에 문호를 개방하고 주체적인 입장에서 그 문화를 섭취하려는 진취적인 개혁사상의 기반 위에 성립하고 있는 것이었으나, 동시에 그것은 기본적으로 전통적인 유교사상의 유지가 전제되고 있는 것이었으며, 따라서 그의 개혁사상은 우리 나라 구사회의 완전한 개혁을 기반으로 하고 있는 것이 아니었다. 그는 유교사상 속에 민족혼을 찾고, 민족혼의 앙양 보급을 위해서 유교의 종교화를 꾀하고, 그러한 민족혼의 유지를 통해서 국권의 회복을 바라는 것이었다. 그러한 점에서는 그의 역사의식, 즉『통사』서술의 사상적 배경은 광무 개혁기의 개혁이념과 통하는 것이었으며, 우리의 근대 역사학의 역사의식과는 아직도 거리가 있는 것이었다.

---

19) 儒敎求新論(西北學會月報 1의 10, 1909).

4. 申采浩의 史論

박은식(朴殷植)의 역사학을 계승하여 그의 역사의식에서 볼 수 있었던 한계를 극복하고 이론적으로 우리의 근대 역사학을 완성시킨 이는 신채호(申采浩 : 丹齋)였다. 우리나라의 근대 역사학은, 그 역사의식에 있어서 중세 체제의 지양과 근대사회의 건설이라는 전제조건이 필요한 것인데, 박은식의 역사학에는 이러한 점에 있어서 아직도 일정한 거리가 있었다. 신채호의 역사학에서는 이러한 점이 극복되면서 근대 역사학으로서의 우리 역사학의 이론체계가 체계화된 것이었다. 그의 이러한 역사학은 우리나라의 전통적 역사학으로서의 실학파(實學派) 역사학 및 개혁기 역사학의 비판적 계승과 박은식의 역사학을 계승 발전시킨 것으로서, 우리 역사학의 정통을 계승하여 그것을 근대 역사학으로 훌륭하게 성취시킨 것이었다. [20]

그는 광무 개혁기에는 청년지사로서 언론계에 종사하였고, 일제 침략하에는 중국으로 망명하여 독립운동에 가담하기도 하면서 역사를 연구하고 있었다. 그러한 점에서 신채호의 역사의식은 박은식의 그것과 마찬가지로, 제국주의에 대한 투쟁과 민족의식의 강렬함이 철저한 것이었다. 그의 역사연구는 그 자체가 독립투쟁이었다. 안재홍(安在鴻)은 후일 단재(丹齋)의 저서를 편찬하면서, 단재의 일념은 첫째 조국의 씩씩한 재건이었고, 둘째는 그것이 미처 못 될지라도 조국의 민족사를 똑바로 써서 시들지 않는 민족정기(民族正氣)가 두고두고 그

---

20) 이와 같은 申采浩의 歷史學에 대해서는 이미 여러 편의 學的인 論考가 있다.

洪以燮, 丹齋 申采浩(韓國史의 方法).

李基白, 民族主義史學의 問題——丹齋와 六堂을 中心으로(思想界 1963. 2; 民族과 歷史 pp. 42~52).

崔永禧, 朝鮮上古史(韓國의 名著).

柳洪烈, 申采浩(韓國近代人物百人選).

梶村秀樹, 申采浩의 歷史學——近代朝鮮史學史論 노트(思想 1969. 3, 日本).

金哲埈, 丹齋史學의 位置——韓國史學史에서 본 丹齋史學 (나라사랑 3, 1971; 文學과 知性 6).

자유·독립을 꿰뚫는 날을 만들어 기다리게 하자 함이었다고 하였
다. [21] 이는 실로 신채호를 잘 알고 신채호에 계발(啓發)되어 그 스스
로도 역사가가 되었던 한 민족사가(民族史家)의 신채호에 대한 정확
한 평언이었다.

신채호가 박은식의 역사학을 이어받아 우리의 근대 역사학을 완성시
킨 것은 1920년대의 일로서, 그것은 『조선상고사(朝鮮上古史)』『조선
사연구초(朝鮮史硏究草)』「조선혁명선언(朝鮮革命宣言)」및 그 밖의
여러 연구활동으로 나타났다.

『조선상고사』는 1926년에 완성되고 1931년에 조선일보 지상에 연재
되었다가 해방 후에 안재홍 서문으로 단행본으로서 발행되었다. 이
는 삼국시대까지의 개설인데 제1편「총론」은 우리 역사 연구를 위한
방법론을 기술한 것으로 그의 역사이론의 집약이라고도 하겠다. [22] 『조
선사연구초』는 1920년대 초반에 씌어지고 1925년에 신문지상에 발표
되었던 것을, 1926년에 홍명희(洪命熹)의 수집으로 발행(1929)한 것이
다. 본서에는 6편의 논문이 수록되었는데 이들 논문도 우리 역사 연
구를 위한 방법론의 문제와 많은 부분에서 관련된다.「조선혁명선언」
은 1922년에서 23년에 걸치는 겨울에 씌어진 글로서 우리나라 독립단
을 위하여 집필한 것이었다. 해방 후(1947)에 『약산(若山)과 의열단』
이란 책에 수록 간행되었는데, 이 글에서는 그의 일제에 대한 투쟁의
식과 사회개혁에 대한 의욕을 살필 수 있다.「총론」으로 표현된 그의
사론은 이「혁명선언」과 앞의 『연구초』가 그 이론구성의 기저가 된
것으로 생각된다.

그의 연구는 이와 같이 개별 연구와 통사적인 서술의 양면에 걸치
는 것이지만, 그 역사학의 특징을 잘 드러내고 우리 역사학을 한층 높
은 단계로 이끌어올린 것은, 우리 역사의 새로운 체계화를 위한 역사
이론 즉 그 방법론을 제시한 데 있었다. 그것은 말하자면 한국사 연
구법이라고 할 수 있는 것으로서, 우리나라 역사의 연구를 위한 최초
의 사론이라고도 할 수 있는 것이겠다.

그러면 그가 우리나라의 역사를 새로이 체계화하려고 하는 역사이

---

21) 朝鮮上古史 序文.

22) 總論 부분은 해방후(1946)에「朝鮮史論」의 이름으로 別冊으로서 간행되
기도 하였다.

론은 어떠한 것이었는가. 그것은 그의 역사에 대한 인식 태도와 관련
되는 것이었다. 그는 역사학의 본질을 다음과 같이 파악하고 있었다.

> 역사란 무엇이뇨? 인류 사회의 〈아(我)〉와 〈비아(非我)〉의 투쟁이 시간
> 부터 발전하며 공간부터 확대하는 심적 활동의 상태의 기록이니, 세계사라
> 하면 세계 인류의 그리 되어 온 상태의 기록이며, 조선사라면 조선 민족의
> 그리 되어 온 상태의 기록이니라.
> 무엇을 〈아〉라 하며 무엇을 〈비아〉라 하느뇨? 깊이 팔 것 없이 얕게 말하
> 자면, 무릇 주관적 위치에 선 자를 아라 하고 그 외에는 비아라 하나니, 이를
> 테면 조선인은 조선을 아라 하고 영·러·불·미……등을 비아라 하지만, 영
> ·러·불·미……등은 각기 제 나라를 아라 하고 조선을 비아라 하며, 무산계
> 급은 무산계급을 아라 하고 지주나 자본가……등을 비아라 하지만, 지주나 자
> 본가……등은 각기 제붙이를 아라 하고 무산계급을 비아라 하며, 이뿐만 아니
> 라……그리하여 아에 대한 비아의 접촉이 번극할수록 비아에 대한 아의 분투
> 가 더욱 맹렬하여, 인류사회의 활동이 휴식될 사이가 없으며, 역사의 전도가
> 완결될 날이 없나니, 그러므로 역사는 아와 비아의 투쟁의 기록이니라.[23]

이곳에서 말하는 아(我)나 비아(非我)는 물론 역사적인 의미가 있
는 아와 비아인 것으로서, 그것은 역사상에 있어서 시간적으로 상속
성이 있어야 하고 사회적으로 그 영향의 보급됨이 있어야 하는 것이었
다. 그리고 투쟁에는 반드시 승패가 따르게 마련인데, 그가 말하는 투
쟁은 아에 대한 정신적 주체의식의 확립이 없거나, 비아의 환경에 대
한 순응함이 없으면 패한다는 입장에서의 투쟁이었다. 그에게 있어서
대외적인 면에서의 아와 비아의 투쟁은, 역사서술에 있어서 민족과 국
가의 주체성을 강조하는 것이지만, 그것이 곧 비아에 대한 무조건적
인 강렬한 배타성을 의미하는 것은 아니었다. 특히 사회 내부에 있어
서의 아와 비아의 모순관계는 후술할 「혁명선언」과도 관련하여 사회
발전의 계기로 간주되는 것이었다.

그러므로 그의 이와 같은 역사에 대한 본질 파악에서 보면, 그는 역
사를 발전적으로 이해하고 역사적 사실의 인과관계를 사회현상 속에
서 파악하려는 것이었다고 하겠으며, 외적으로는 주체성의 유지 위에
서 자아를 찾고, 내적으로는 각 시대에 있어서의 여러가지 역사적 현

---

23) 朝鮮上古史 總論.

실을 모두 모순 상극의 관계에서 파악함으로써, 그러한 투쟁 그러한 모순 상극이 지양되는 가운데서 새로운 문화가 창조되는 것으로 이해하는 것이었다고 하겠다. [24] 그리고 이와 같은 역사를 서술하는 역사학은, 시간적 계속과 공간적 발전으로서 일어나는 사회활동 상태와 거기서 발생한 사실들을 사실 그대로 객관적으로 기술해야 하는 것이며, 저자의 목적을 따라 좌우되거나 첨부 변개하여서는 아니 된다는 객관적 역사서술로서의 역사학인 것이었다. [25]

신채호의 이러한 역사인식의 태도는 유럽 근대 역사학에서의 그것과 기본적으로 같은 것이었다고 생각된다. 그는 한학(漢學) 출신이지만, 중국에 망명하여 아마도 많은 서구 근대 역사학의 이론과 사회과학의 제 이론을 연구함으로써, 이와 같은 그의 사론(史論)을 형성할 수가 있었던 것이 아닌가 생각된다. 당시 중국의 역사학계에는 근대 역사학의 제 이론이 모두 도입되어 있었으므로, 신채호의 역사학도 중국 학계의 이러한 동향과 무관하지 않았을 것이라고 여겨진다.

그리하여 그는 이와 같은 역사인식의 입장에서 우리나라의 역사를 새로이 체계화하려 하였던 것인데, 이 때의 그의 구상은 우리 민족을 아(我)의 단위로 잡고 민족 문명의 기원, 역대 강역(疆域)의 신축(伸縮), 각 시대 사상의 변천, 민족의식의 성쇠, 민족의 분화, 우리 민족의 부흥문제 등 아의 생장 발달의 상태와 아와 상대자인 사린 각족(四隣各族)의 관계를 기본으로 서술하며, 그 위에서 언어·문자·사상·종교·학술·기예 등의 추세, 의·식·주와 농·상·공의 발달, 전토의 분배(토지제도), 화폐제도, 경제 조직 등 경제생활에 관한 상황, 인민의 변동과 번식, 인구의 증감, 빈부·귀천에 따른 각 계급의 압제와 그에 대한 대항관계 등 사회생활의 대세, 정치제도와 지방 자치제의 변천과정, 북벌 진취사상의 진퇴와 외세 침입에 따른 영향 등을 요목으로 전개하려는 것이었다.

그의 역사인식의 태도와 그 위에서의 우리 역사서술의 구상은 확실히 특출한 것이었다. 구래의 역사학이나 박은식의 역사학에 보였던 한계는 이로써 이론적으로 극복되고, 우리 역사에 있어서의 근대 역

---

24) 이와 같은 논리로 인해서 논자에 따라서는 丹齋史學의 理論基底를 辨證法으로서 이해하기도 한다. 梶村秀樹·柳洪烈 前揭論文 참조.
25) 朝鮮上古史 總論.

사학으로서의 이론도 이로써 확립되었다고 할 수가 있겠다.

그가 우리나라의 역사에 관하여 이러한 구상을 할 수가 있었던 것은, 물론 새로운 역사 이론을 섭취할 수 있었던 데도 이유가 있지만, 구래의 우리 역사학에 대한 사학사(史學史)적인 검토와 반성을 거치고 있었다는 사실은, 보다 더 구체적인 이유가 되었을 것으로 생각된다. 그는 이러한 검토를 통해서 우리의 역사학이 참다운 학으로서 성립되려면 확실한 사료 비판과 객관적인 서술을 거쳐야만 하겠다는 확신을 가질 수 있었다. 그래서 그는 이러한 사학사적인 검토를 통해서 그의 사론(史論)에서의 역사서술을 위한 방법론을 제시하게 되다.

그가 본 우리의 구사(舊史)는 시(時)·지(地)·인(人) 등 역사를 구성하는 3대 요소에 있어서 많은 결함이 있었다. 우리의 역사적 시대가 일부분 탈락하고 있는 것, 지리적 위치를 잘못 파악하고 있는 것, 중요한 인물을 누락하였거나 잘못 알고 있는 것 등이 그것으로서, 이러한 점은 중국측 사료뿐만 아니라 우리나라 사료도 마찬가지라고 생각하였다. 『삼국사기』『삼국유사』『동국통감』『동사강목』및 그 밖의 사서(史書)를 모두 그렇게 보았으며, 그러한 가운데서도 『삼국사기』는 최악의 사서라고 혹평하였다. 『삼국사기』이후에 우리나라 고대사에 대한 이해가 잘못되어지고 있는 것은, 사대주의자 김부식(金富軾)에 의해서 고대의 역사가 잘못 씌어지고 있는 데 연유하는 것으로 본 까닭이었다. 26)

그의 사학사적인 비판은 철저하여서 최선의 사서로 알려진 사서에 대해서도 비판을 가하고 있었다. 그가 최량의 사가, 최선의 사서로 본 것은 안정복과 그의 『동사강목』이었는데 그는 이에 대해서도 큰 결함이 있음을 말하였다. 그것은 세 가지였는데, 첫째는 사료의 열람이 부족하다는 점, 다음은 공자의 『춘추(春秋)』, 주자의 『강목(綱目)』의 역사서술 방식에 따르고 있어서 역사사실의 평가를 잘못하였으며, 셋째는 역사의 주체를 황실 중심으로 한 데서 민족의 움직임을 몰각하였다는 것이었다. 그의 역사학은 사료수집에 있어서나 역사서술의 방법 및 입장에 있어서, 그리고 역사의 주체 등이 모두 바르게 세워져야만 하는 것이었다. 27)

---

26) 朝鮮上古史 總論 및 朝鮮史研究草 18~19, 65~69장.

27) 同上 總論.

그러한 가운데서도 그가 사학사적인 비판에 있어서 가장 중시하고 역사연구에 있어서 가장 기초적인 문제로서 전제되어야 할 것으로 보는 것은 주체성의 문제였다. 그는 우리의 역사는 그것이 무엇을 대상으로 연구한 것이거나를 막론하고, 최소한 우리나라를 주체로 하고 우리의 역사 사실을 충실히 서술해야 할 것으로 보고 있었다. 그러기에 중국이나 일본이 주체가 되는 가운데, 우리나라의 역사를 무록(誣錄)하고 있는 중국·일본의 사서는 우리 역사로서 인정할 수 없는 것이며, 또 그러한 의미에서 주로 그와 같은 외국 사서에 그대로 의존하고 있었던 바 과거에 있어서의 우리나라의 대부분의 역사서도 참다운 의미에서의 우리의 역사가 될 수 없는 것이라고 그는 생각하는 것이었다. 그는 과거의 사서 가운데서 그와 같은 주체성이 역사연구에 있어서 견지되고 있는 것은, 여러가지 한계가 있는 것이기는 하지만, 다만 한백겸(韓百謙 : 호는 久庵)·안정복(安鼎福)·정약용(丁若鏞)·이종휘(李種徽 : 호는 修山) 등 실학파 역사학에서뿐이라고 보고, 그들을 학문적으로 존경하고 있었다. 그에게 있어서는 주체성이 결여된 역사학은 역사학일 수가 없는 것이었다.

그의 비판은 신사(新史)라고 일컬어지는 역사활동에 대해서도 행하여졌다. 이름이 신사로 되어 있어도 그 내용이 신사의 체제·입장·방법·역사의식을 갖추지 못하고 있음을 비판하는 것이었다. 그는 그러한 신사를 『근일에 왕왕 신사의 체로 사(史)를 만들었다는 1·2종의 신저가 없지 않으나……털어놓고 말하자면, 한장 책을 양장 책으로 고침에 불과한 것』이라고까지 혹평하였으며, 또 일제 관학자의 역사학을 평하여서는 『게다가 상당히 신사학에 소양(素養)까지 있다고 자랑하나 지금까지 동양학에 위걸(偉傑)이 나지 못함은 무슨 연고냐. 그 중에서 가장 명성이 뛰어난 자가 시라도리(白鳥庫吉)라 하지만, 그의 저 신라사(新羅史)를 보면 배열·정리의 신식도 볼 수 없고 1·2의 발명도 없음은 무슨 까닭이냐』고 하여, 자료를 독점하고서도 새로운 역사학의 성과를 올리지 못하고 있음을 책하였다.

우리나라의 구래의 역사학의 성과가 모두 이러한 상태였으므로, 그는 이러한 자료를 이용하여 그가 구상하는 바와 같은 우리 역사를 체계화하기 위해서는, 그 작업활동에 있어서 반드시 개선해야 할 점이 있는 것으로 보았다. 그 하나는 사료 비판과 고증의 문제이고, 다른 하나는 역사서술의 방법과 입장의 문제이었다.

전자에 관해서는 정확한 사실을 파악하기 위해서, 첫째 옛 비문(碑文)을 이용할 것을 들었다. 금석학(金石學)의 활용인 것이었다. 그는 그것을, 그의 경험에 비추어 광개토왕의 비가 있는 집안현의 일람(一覽)이 김부식의 고구려사(삼국사기)를 만독(萬讀)하는 것보다 낫다고 표현하였다. 다음은, 사실을 증명하기 위해서는 여러가지 사서를 참고하여 호증(互證)할 것을 말하였으며, 그 밖에 고대사에 있어서는 특히 한자나 이두(吏讀)로 표기된 각종 명사의 해석에 전문적 지식을 가질 것, 중국이나 일본의 사서에는 위서(僞書)가 많으므로 사료 채택에서 진위를 가려서 쓸 것 등을 들었다. 그러나 그에게 있어서 이러한 사료 비판과 고증은 그것이 고증 그 자체에 역사학으로서의 중요성이나 의미가 있는 것이 아니었다. 그는 고증 과정을 역사상의 대사를 발견하는, 즉 전 역사의 체계화를 위한 기초작업이라는 점에서 중요시하고 있었다.

후자에 관해서는, 역사학은 역사적 사실의 인과관계를 파악하는 학문이라는 입장에서 사실의 계통을 찾을 것이며, 또 사실을 보다 정확하게 종합적으로 이해하기 위해서는, 그 사실의 전후 관계를 유추하여 그 인과관계를 검토함으로써 그 발달과정을 분명히 할 것이며, 사료의 판독(判讀)에 있어서는 사료의 표현 그대로를 문제삼을 것이 아니라 그 뒤에 숨어 있는 사회의 실상을 찾을 것이며, 역사는 개인을 표준하는 것이 아니라 사회를 표준하는 것이므로 한 인물을 통해서도 한 시대와 사회의 움직임이나 그 성격을 추출해낼 것 등을 들고 있었다.

역사서술에 있어서의 이러한 입장과 방법은 해석학적인 역사학과도 통하는 것이겠지만, 그는 이러한 입장에서 역사사실을 객관적·비판적으로 분석·종합하려 하였다. 그리고 이럴 경우 역사학의 소재로서는 민족·국가의 강역(疆域)의 문제, 정치·경제·사회·사상·문화 일반 등 국민생활에 관련되는 문제, 그리고 민족의 성쇠소장(盛衰消長)에 관한 문제들이 대상이 되어야 한다고 하였다. 그의 근대 역사학은 어느 특권층만을 대상으로 하는 역사가 아니라, 민족 전체의 역사이어야 한다는 것이었다.[28] 그리고 궁극적으로는 민족과 더불어 민

---

28) 朝鮮上古史 總論.

족 속의 민중 전체의 진화를 서술하는 역사학이라야만 참다운 역사학일 수가 있다는 것이었다. [29]

신채호의 사론(史論)에서 특히 눈에 띄는 것은 그 이론이 서구 근대 역사학의 이론과 다르지 않다는 점 이외에도, 종래의 역사학과 대비하여 역사의 주체로서 민족이 강조되고 민족 속의 민중이 의식되고 있는 점이라 하겠다. 민중이 의식되는 역사학, 그것은 근대 역사학의 중요한 일면이었다. 이러한 사실은 그의 우리 역사학에 대한 사학사적인 검토와 더불어, 일제의 침략 밑에 독립투쟁으로 살면서 민중의 힘이 얼마나 중요한 것인가를 인식한 데서 얻은 역사의식이었다고 하겠다. 그것은 그의 「혁명선언(革命宣言)」에 잘 표현되어 있다. 민중을 의식하면서 서술한 그의 「혁명선언」은 곧 일제에 대한 독립선언이고 민중을 위한 사회 개혁론이기도 하였다.

일제에 대한 그의 입장은, 힘에 의한 침략자의 타도와 우리의 독립이라는 점에 집약되고 있었다. 그는 그것을 〈폭력〉에 의한 〈혁명〉으로서 표현하였다. 그에게 있어서 일제에의 혁명은 곧 우리의 독립이었다. 그는 『강도 일본이 우리의 국호를 없이하며, 우리의 정권을 빼앗으며, 우리의 생존적 필요 조건을……』다 박탈하였으므로, 『일본의 강도정치 곧 이족(異族) 통치가 우리 조선 민족 생존의 적(敵)임을』선언하고, 따라서 『혁명수단으로서 우리 생존의 적 강도 일본을 살벌(殺罰)함이 곧 우리의 정당한 수단임을 선언』하였다. 그는 일제와 그들의 주구가 된 매국노를 적으로 볼 뿐만 아니라, 일제의 통치하에서 일제와 협력하고 그들에게 기생하려는 자도 우리 민족의 적으로 규정하였다.

일제를 구축하는 방법으로서는, 과거에 외교를 통해서 국제적 협력을 청하는 길이 있었으나 이는 아무 효과가 없었고, 도리어 『2천만 민중의 분용전진(奮勇前進)의 의기를 지워버리는 매개가 될 뿐이었다』고 보았으며, 일제에 대항할 수 있는 실력을 기르자는 준비론이 있었으나, 정치·경제·생산·교육 등 모든 수단이 박탈당한 상황하에서 실력양성은 불가능한 것이니 그 주장은 잘못된 것이라고 지적하였다.

여기에서 그에게는 일제를 타도하고 민족이 독립할 수 있는 길은 하나밖에 없는 것으로 생각되었다. 그것은 민족과 민중의 힘이었다.

---

29) 朝鮮史 정리에 대한 私議.

그는 민족 전체, 민중 전체가 독립투사가 되어야 할 것으로 보았으며, 그러기 위해서는 민중 전체가 스스로 이를 깨달아야 할 것으로 생각하였다.

그는 민중적인 뒷받침이 없이는 무슨 일이나 성공하기 어려움을 역사적 사실에서 관찰하기도 하였다. 갑신정변(甲申政變)은 민중이 없는 특수세력의 활극이었고, 의병운동(義兵運動)은 독서계급의 활동이었으며, 안중근(安重根) 등 열사의 거사에는 민중적 기초가 없었으며, 3·1운동은 민중의 움직임이었으나 힘의 중심을 결한 것이었으므로 성공하기 어려웠던 것이라고 말하였다. 그러므로 그에게는 독립을 전취하려면 민중의 힘으로써 조직적으로 일제의 통치질서를 교란·타도하는 것이 유일한 방도로 생각되었다.

그러나 그에게 있어서의 일제로부터의 독립은 단순히 일제가 구축되는 정도의 독립이 아니었다. 가령 독립이 된다고 할 때 반봉건적인 일제하의 사회·경제 체제나 사상형태를 그대로 물려받을 것을 전제한 독립은 아니었으며, 하물며 대한제국 시대에로의 복귀를 생각하는 것은 아니었다. 그에게 있어서의 독립은 동시에 당시까지의 우리 사회에 내포되어 있는 사회 불평등의 제 요인도 제거할 것을 전제로 하는 것으로서, 그것은 동시에 사회개혁의 의미를 지니는 것이었다. 그는 그러한 그의 생각을 『다시 말하면 고유적 조선의, 자유적 조선 민중의, 민중적 경제의, 민중적 사회의, 민중적 문화의 조선을 건설하기 위하여, 이족통치의, 약탈제도의, 사회적 불평균의, 노예적 문화사상의 현상을 타파함이니라』[30] 하였다. 그의 사회개혁 사상은 진보적이며 철저한 것이었다.

제국주의의 침략에 맞서는 역사의식과 중세사회에서 근대사회에로의 사회개혁이 전제되는 역사의식은 우리 근대 역사학의 기본 전제가 되는 것이었는데, 단재 신채호의 사론은 이러한 역사의식으로서 형성되고 있었다. 그리고 그러한 그의 역사의식은 일제에의 독립투쟁이라는 현실적인 문제를 통해서 직접 체험으로써 얻어지고 있는 것이었으며, 따라서 그것은 확고부동하고 철저한 것이었는데, 그의 사론은 그러한 신념을 바탕으로 하여 이루어지고 있는 것이었다. 우리는 우리

---

30) 朝鮮革命宣言.

의 근대 역사학이 독립투쟁 속에서 성취되었음을 여기에 볼 수 있는 것이다. 그의 사론이 역사의 본질을 아와 비아의 투쟁으로 파악하고, 그 아의 투쟁을 외(外)로는 우리 민족과 타민족의 투쟁, 내(內)로는 사회 내부에 있어서의 계급간의 모순·상극의 관계로써 표현하였던 것은 실로 그의 그와 같은 역사의식의 단적인 표현이었다고 하겠다.

5. 그 밖의 學風

1910년대와 20년대에는 이와 같이 박은식이나 신채호에 의해서 우리의 역사학이 근대 역사학으로 성장하고 있었지만, 그러나 이 시기의 역사학이 전부 이들과 같은 입장에서만 연구되고 있는 것은 아니었다. 이 무렵의 우리 나라에는 이들과는 또 다른 계통에서 우리의 역사를 연구하는 일군의 학자들이 있었다. 그 중에서도 이능화(李能和 : 호는 無能居士)·최남선(崔南善 : 호는 六堂)·안확(安廓 : 호는 自山) 등은 그 중심 인물이 되고 있었는데, 이(李)는 한말의 어학교(語學校)에서 어학을, 최(崔)는 한학을, 안(安)은 일본의 대학에서 정치학을 각각 공부하고 역사연구에 참여하고 있었다.

이들은 박은식이나 신채호가 독립운동에 투신하고 일제와의 대결 속에서 우리 역사의 새로운 체계화를 구상하고 있은 것과는 달리, 국내에서 일제의 식민지 연구기관에 직접간접으로 관련을 가지고, 또 학문적으로도 그들과의 유대 하에서 우리의 역사를 연구하는 것이 특징이었다. 이능화와 최남선은 조선총독부 조선사편수회(朝鮮史編修會)의 수사관(修史官)과 위원(委員)이었고, 안확은 그곳 일본인 학자들과 학문활동을 같이 하고 있었다. 그러한 점에서 이들은 박은식이나 신채호와는 전혀 다른 환경 속에서 역사를 연구하고 있는 것이었으며, 따라서 그들의 역사의식이나 역사서술은 박·신의 그것과 다르지 않을 수 없는 것이었다.

이들의 연구는 이능화의 『조선불교통사(朝鮮佛敎通史)』(1918), 『조선기독교급외교사(朝鮮基督敎及外交史)』(1928), 최남선의 「삼국유사해제(三國遺事解題)」(啓明 18, 1927), 「불함문화론(不咸文化論)」(朝鮮及朝鮮民族, 1928), 『조선역사(朝鮮歷史)』(1928, 출판은 1931), 안확의 『개

조론(改造論)』(1921), 『조선문명사(朝鮮文明史)』(1923) 등 많은 저서
로서 출판되었는데, 그 연구태도는 사건 서술적인 것에서부터 문명사
학적(文明史學的)인 것에 이르는 폭넓은 것이었으며, 그 연구의 수준
은 자료정리적인 것에서 민중계몽적인 것에 이르기까지의 다양한 것
이었다. 이능화(李能和)의 저술을 사건 서술적이고 자료 정리적인 것
이라고 한다면, 최남선(崔南善)과 안확(安廓)의 그것은 문명사학적이
고 민중계몽적인 것이었다고 하겠다.

그러나 그러면서도 이들에게는 모두 일제에의 저항과 조국의 독립
에 바탕을 둔 철저한 역사의식이 결여되어 있거나, 또는 있다 하더라
도 불철저한 것이라는 점에서 공통됨이 있었다. 그들은 일제의 연구
기관에서 일본인 학자와의 협조하에 연구를 하고 있었으므로 그러한
의식을 지니기는 어려웠다. 그러기에 그들의 연구는 이 시기의 우리
민족의 민족의식이나 역사의식이 반영된 연구이기는 어려웠으며, 따
라서 그들의 업적이 오늘날에도 기억될 수 있는 것은, 그 연구 성과에
서라기보다는 그 자료정리적인 의미에서인 것이라고 하겠다. 더우기
그들의 연구가 철저한 실증적인 연구가 되지도 못하고 있다는 점에서
는 더욱 그러한 것이 아닐 수 없었다.

그러한 가운데서도 특히 이 시기의 지식인에게 절대적인 영향을 주
고 있었던 것은 최남선이었다. 그는 거의 신화적인 존재로서 국내에
있어서는 한국 지성을 대표하는 존재가 되다시피 하고 있었다. 그러
한 인물이었건만 그의 역사의식은 더욱 불철저한 것이었다. 그는 한
때 애국운동을 하기도 하였으나 20년대에 들어와서부터는 일제에 협
력하게 되고, 조선사편수회의 위원으로서 『조선역사』를 집필하여서는
민중계몽의 선두에 서게도 되었는데, 이것은 민중에게 우리의 역사
를 바르게 인식시켜 주는 길잡이가 될 수 있는 것이 아니었다. 그는
이 저서의 결론인 동시에 그의 한국사 인식의 기본태도라고 볼 수 있
는 부분에서, 우리 문화의 기본성격이나 우리 역사의 발전과정을 제
대로 인식하지 못한 채 그릇된 판단을 과장하고 있었으며, 우리 민족
의 민족적 역량에 회의를 제시하기도 하였으며, 민족성의 결함이나
그릇된 과거의 역사를 통해서 민족의 자각이 있기를 촉구하기도 하였
었다.[31]

31) 歷史를 통해서 보는 朝鮮人(朝鮮歷史, pp. 172~188).

일제의 침략을 규탄하지 못하고 있는 저서에서 이와 같은 점을 강조하고 있다는 사실은, 일제의 지배하에 들게 된 우리의 현실을 우리 민족 자신의 결함에서 연유하는 것이라고 보는 결과가 되게 하는 것으로서, 말하자면 일제침략의 책임이 결과적으로는 우리 자신에게 있다고 하는 논리를 낳게 하였다. 한국 지성의 정상이 제시하고 있는 민중계몽의 논리는 민중을 비굴과 자조(自嘲) 속으로 이끌어가는 것이었다. 이러한 역사인식의 태도는, 이 시기에 일제의 식민지 문화정책과도 관련하여 제론되고 있었던 이른바〈민족(民族)에 대한 배반을 도덕적(道德的)으로 위장한〉민족개조론이나〈패배적 민족주의〉로서의 민족개조론과 유를 같이 하는 것이 아닐 수 없었다.[32] 그리고 한걸음 더 나아가서는 일제의 식민사관(植民史觀)과도 일맥 상통하는 것으로서, 그들의 한국침략을 합리화시켜 주는 결과가 되는 것이 아닐 수 없었다.[33]

근대 역사학 성립기의 우리나라의 역사학계는 그 연구 풍토에 있어서 실로 부산하고도 다양한 셈이었다. 이 시기에는 일제의 한국 침략에 대해서, 그리고 역사서술의 태도에 있어서, 서로 다른 자세에 있는 두 계통의 역사학자들이 그들의 연구를 진행시키고 있는 것이었다. 그리고 그러한 가운데서도 이 시기의 지식층이나 대중에게 실질적으로 크게 영향을 주고 있는 것은, 일제의 식민지 당국이나 일제 관학자들과 유대를 가지고 있는 학자들의 역사 연구였다. 그들은 당국의 비호하에 그들의 학풍(學風)을 넓혀갔고, 그러한 학풍의 팽창은 이 시기의 지식인들에게 자기인식의 사고력(思考力)을 마비시키거나 상실케 하고 있었다.

더우기 이때 일제의 식민지 관학자들은 우리의 역사, 우리의 문화전통이 정당하게 서술된 구래의 한국사나, 박은식·신채호 등 일제의 타도와 우리 민족의 독립을 전제로 하는 강한 민족주의적인 사풍(史風)을 일거에 제거하려는 의도에서, 식민지 문화정책의 한 사업으로

32)「民族改造論」에 대한 평가로서는 宋稶, 文學評傳. 李基白, 民族과 歷史 참조.
33) 그는 이 글이 범한 과오의 중요성을 잘 알고 있었던 것 같다. 1943년의『故事通』(朝鮮歷史의 改題)에서는 이를 삭제하였고, 해방후(1946)의 新板『朝鮮歷史』에서는 이를 대신하기를 獨立運動의 經過로서 하였다.

서 『조선사(朝鮮史)』(전37권)의 편찬을 계획하고 이를 추진시켜 가고 있었으므로, 그들의 연구는 상승적인 효과를 보고 있었다.

진사(眞史)는 구축되고 위사(僞史)가 역사학계를 풍미하게 된 것이었다. 우리나라의 역사학은 근대 역사학으로 성장하기는 하였지만, 그 전도는 결코 단순하고 창창할 수만은 없는 것이 아닐 수 없었다.

<韓國現代史 6권, 1970 ; 知性 5호, 1972. 3>

丹齋 申采浩의 民族主義

安 秉 直

머 리 말

단재(丹齋) 신채호(申采浩)는 19세기말 20세기초에 우리나라가 낳은 대표적인 사가(史家)이자 계몽사상가이며 혁명가였다. 그는 우리나라가 반(半)식민지적 내지 식민지적 민족위기에 처했을 때 사필(史筆)을 붙잡고 민족의 주체성을 밝히며, 정치평론(政治評論)을 통하여 봉건주의와 제국주의에 반대하는 투쟁을 전개하였고, 직접 독립운동 단체에 참가하여 혁명활동(革命活動)을 전개하기도 하였다. 신채호는 그 성격이 아주 강직하였으며 노예근성이나 타협적인 태도가 조금도 없었는데, 이것은 식민지·반식민지 민족에 있어 가장 귀중한 성격이다. 신채호는 19세기말 20세기초 우리나라 문화전선(文化戰線)에서 그리고 혁명전선(革命戰線)에서 전민족의 대다수를 대표하여 적진에 돌입한 가장 용감하고 가장 단호하고 가장 정열적인 민족영웅(民族英雄)이었다.

신채호는 1880년 가난한 농촌선비 신광식(申光植)의 둘째아들로 태어났다. 그의 집안은 누대사족(累代士族)이었으나 몹시 가난하였다고 한다. 그는 어려서 다른 일반 양반사대부 가정에서와 마찬가지로 정통적인 유교교육을 받았다. 그는 19세 되던 해인 1898년에 성균관(成均館)에 입교하였고 1905년에 성균관 박사가 되었다. 그의 애국계몽활동은 1901년부터 시작하였다고 하나 확인할 수 없다. 그의 애국계 몽활동은 1905년 그가 단발(斷髮)하고 황성신문(皇城新聞)의 논설위원, 1906년 대한매일신보(大韓每日申報)의 주필로 취임하면서부터 시작되었다. 그는 1906년부터 1910년 사이에 대한매일신보의 주필로 있으면서 수많은 정치평론과 역사논문을 집필하였는데 그는 이를 통하여 반식민지적 민족위기를 극복하기 위하여 민족의 애국심을 고취하고 민주주의를 실현하는 데 충실히 복무하였다. 다른 한편 그는 1907년에 독립운동 단체인 신민회(新民會)에 참가하였고 국채보상운동(國債報償運動)에도 가담하여 민족독립운동을 활발히 전개하기도 하였다.

1910년 4월 망국을 4개월 앞두고 그는 한국을 떠나 청도(靑島)에서 동지들과 독립운동 방책을 논의하기 위하여 청도회의(靑島會議)를 개최하였다. 이 회의에서는 토지개간 사업, 무관학교 설립, 교관 및 전문 기술자 양성을 결의하였으나 자금부족으로 실현되지 못하였고, 그후 해삼위(海蔘威)로 가서 해조신문(海潮新聞)·청구신문(靑丘新聞)·권업신문(勸業新聞)에 관여하면서 해외 동포를 대상으로 애국계몽운동과 독립운동을 전개하였다. 1915년에는 북경(北京)에서 신규식(申圭植)과 신한청년회(新韓靑年會)를 조직하여 해외에 있는 청년들의 단결을 공고히 하는 한편 박은식(朴殷植)·문일평(文一平) 등과 박달학원(博達學院)을 세워 청년들의 교육에 힘썼다. 1919년 상해에 임시정부가 수립되자 전원위원회 위원장에 피임되었으나 곧 사임하고 신문 신대한(新大韓)의 주필로 있으면서 제국주의 특히 일본제국주의에 대한 임시정부 요인의 타협적 태도를 신랄하게 비판하였다. 특히 그는 1923년에 의열단(義烈團)의 요청으로 「조선혁명선언(朝鮮革命宣言)」을 작성하였는데, 여기서 그는 〈민중직접혁명〉을 주장하면서, 조선의 자치운동, 독립수단으로서의 외교우선주의, 실력양성론, 식민지하에서의 타협적 문화운동을 철저하게 규탄하였다. 1928년 그는 직접 무정부주의운동(無政府主義運動)에 참가하여 폭력으로써 일제의 모든 시설물·관공서·인명의 파괴를 목적으로 활동하다가 체포되어 10년형을 받았다.

이와 같이 그는 직접 혁명가로 활동하면서 1936년 민족혁명가로서 그의 일생을 끝막음할 때까지 민족의 역사와 주체성을 밝히기 위하여 수많은 역사서적을 집필하였다.

위에서 간략하게 살펴본 바와 같이 신채호의 **중요** 사회활동 시기는 1905년 전후부터 1936년 그의 임종까지이다. 이 기간에 우리나라의 근대사는 심히 복잡하게 전개되었다. 조국의 운명은 반식민지로부터 식민지로 전락되어갔으며 조국의 강토에서는 일본의 자본주의 경제가 발전하여감에 따라 한국의 자본주의 경제는 몰락하여갔고, 식민지적 근대화가 진행됨에 따라 국내의 계급구성도 질적 변혁과정을 겪고 있었다. 따라서 신채호의 사상도 우리나라 근대사의 진전에 따라 발전하여갔는데, 그의 사상은 애국계몽사상으로부터 이른바 〈민중직접혁명〉 사상에로까지 발전하였다.

우리는 신채호의 사상을 구체적으로 분석하기 전에 그의 **중요** 사회활동 시기에 세계사와 민족사의 성질이 어떻게 변하여갔는가를 잠시 살펴볼까 한다. 이것은 그의 사상발전을 이해하는 데 중요한 참고가 될 것이다.

앞에서 지적한 바와 같이 그의 중요한 사회활동 시기는 1905년부터 1936년까지이다. 우리는 이 기간을 세계사와 민족사의 성질에 따라 뚜렷이 구별되는 두 시기로 갈라볼 수 있다. 하나는 1919년 이전의 시기이며, 다른 하나는 1919년 이후의 시기이다. 이 시기구분의 기준은 세계사적 관점에서 볼 때에는 중국의 5·4운동, 러시아에 있어서의 쏘비에트 혁명, 독일·오스트리아(헝가리)·이탈리아 등 삼국에 있어서의 프롤레타리아 혁명, 영국을 비롯한 제국주의 세력의 상대적 약화 등에 해당한다. 이러한 사건들의 세계사적·민족사적 의의는 자못 크다. 그것은 이러한 사건들이 세계사와 민족사에 새로운 시대를 개척하였다는 점에서다. 즉, 러시아에 있어서의 쏘비에트 혁명은 세계의 각민족에게 서구의 부르조아 사회와는 다른 새로운 사회를 건설할 수 있다는 가능성을 실증하여 주었고, 현실적으로 제국주의는 반식민지와 식민지 민족의 적인 데 반해 쏘비에트 러시아는 그들의 해방동맹군으로 보였던 것이다. 따라서 반식민지와 식민지에 있어서 사회주의 사상의 전파력은 대단히 빨랐고, 세계의 피압박민족들은 민족해방의 새로운 희망을 갖게 되었다.

1919년 이전 피압박민족의 민족운동 목표는 초기 서구적 자본주의 사회를 건설하는 데 있었다. 이 시기에 있어서는 터어키의 케말파샤

혁명이나 일본의 명치유신(明治維新)이 피압박민족의 민족독립운동
가들의 선망 대상이었다. 반식민지 및 식민지에 있어서는 자본가 계
급이 일반적으로 취약했기 때문에 봉건세력과 타협해서까지도 입헌군
주국가나마 건설하고자 노력하였다. 우리나라에 있어서도 3·1운동 이
전의 민족운동의 목표는 대체로 이 선상에 있었다. 갑신정변(甲申政
變)·갑오개혁(甲午改革)·독립협회(獨立協會)·대한자강회(大韓自強
會) 등의 행동강령에 나타난 제사상은 반제(反帝)·반봉건(反封建)·
민주주의의 수립으로 되어 있으나 반제·반봉건 운동은 철저하지 못
하였고 따라서 봉건권력과 타협해서라도 입헌군주제를 수립하는 것이
그들의 기본목표였다. 애국계몽사상도 이 범주에서 벗어나지 못하였
다. 그들이 주장하는 〈산업(産業)과 교육(敎育)〉의 장려·육성도 초
기 서구적 자본주의 사회의 수립 바로 그것이었다.

그러나 1919년 이후의 세계사와 민족사의 정세는 그 이전과는 아주
달랐다. 이제 서구의 구(舊)민주주의 사회는 인류가 건설하여야 할 유
일한 국체는 아니었다. 러시아 혁명이 또 하나의 모델로서 등장한 것
이다. 더구나 구민주주의 국가들은 제국주의 국가가 되어 반식민지 및
식민지에서 자기들의 자본주의 경제를 건설하면서 피압박민족의 자본
주의 발전을 저해하거나 몰락시키고 있었다. 따라서 이제는 초기 서
구의 시민사회가 피압박민족의 민족국가 건설의 유일한 본이 될 수도
없었으며 오히려 반식민지 및 식민지에서 부르조아 세력의 성장을 약
화시키든지 그렇지 않으면 그들로 하여금 자기 민족을 배반하는 제국
주의의 종으로 육성시키는 세력으로 부각되었다. 다른 한편 반식민지
나 식민지에 있어서도 여하간 자본주의 경제가 성장하게 되고 따라서
제국주의 국가에 보다 더 종속적이거나 덜 종속적인 차이는 있겠지만
자본주의적 경제성장에 희생되는 광범한 대중들이 새로운 민족주체
세력으로 등장하게 되었다. 이 새로운 주체세력은 그들을 착취하는
서구적 시민사회의 건설을 희망하지 않았다. 그들은 반식민지나 식민
지에서 서구모방적 민주주의 국가의 건설을 반대하며 그들의 이익을
반영할 수 있는 새로운 민주주의 국가건설을 추진하게 되었다. 1919
년 이후의 우리나라 민족운동 과정도 바로 이것을 실증해주고 있다.
3·1운동을 계기로 민족운동에 있어서 민족 부르조아지의 주도적 역할
은 일단 끝장나는 것이다. 이제 노동운동과 농민운동이 민족운동의

주요 세력으로서 등장하였으며, 그들이 민족자본가와 결합하여 새로운 민주주의 사회를 건설하고자 노력하게 되었다. 그 노력의 일단이 신간회(新幹會)로 나타나기도 하였는바, 여기서는 이미 입헌군주국의 건설 따위는 아무런 관심의 대상도 될 수 없었다.

우리는 신채호(申采浩)의 사상이 위에서 지적한 세계사적 및 민족사적 정세 변화에 정확하게 대응할 만큼 발전하였다고 말하려는 것은 아니다. 다만 우리가 여기서 고찰해보고자 하는 것은 본래 단순히 애국계몽사상으로부터 출발한 그의 사상이 세계사적 및 민족사적 정세변화에 따라 어떻게 거기에 대응하려고 노력하였는가를 알아보는 동시에 그의 사상분석을 통하여 1920년대 이후 우리나라에서 민족운동의 진정한 과업이 무엇이었던가를 밝히고자 할 뿐이다.

1. 社會와 歷史

신채호 사상의 핵심은 민족주의(民族主義)이다. 우리는 그의 사상을 애국계몽사상, 민족주의, 〈민중직접혁명〉사상, 무정부주의 등등으로 부를 수 있지만, 그의 사상에 대한 이 모든 표현들은 거기에서 민족주의적 요소를 빼고 나면 그것들이 갖는 의미는 곧 말살되고 만다. 다시 말하면 여러가지로 표현될 수 있는 그의 사상 기초는 민족주의이며 그 여러가지 표현들은 민족주의의 내용을 구성하고 그것의 시대적 발전을 표현하는 데 불과하다. 이것은 그의 사상이 어떠한 명칭으로 불리어지든, 그리고 그의 사상이 어떠한 외견(外見)을 갖든 그의 사상은 결코 부르조아적 민족주의사상의 틀을 벗어난 일이 없었다는 것을 말해주기도 하는 것이다.

그러면 그의 민족주의는 어떠한 내용을 가진 것인가. 이 질문은 앞으로 이 글의 전편에서 해명되어야 할 것이지만, 우선 여기에서는 그의 민족에 대한 이해부터 밝혀보기로 한다. 그에 의하면 민족이란 한 국가의 주체(主體)이다. 그는 이 주체를 〈인(人)〉 또는 〈인종(人種)〉으로 표현하였다. 그러면 〈인종〉이란 무엇인가. 그는 〈인종〉을 혈통에 따라 나누어지는 〈종족(種族)〉으로 이해하였다. 그런데 그에 따르면 이 〈인종〉은 반드시 그 혈통이 순수할 필요는 없다. 어떤 〈인종〉

은 단일 혈통으로 구성될 수도 있고 어떤 〈인종〉은 여러 인종 중에서 우세한 한 인종이 다른 여러 인종을 흡수하여 생성될 수도 있다. 그러므로 그가 말하는 〈인종〉이란 역사적 생성물이며 천부적(天賦的)인 것이 아니다. 그리고 그는 여러 〈인종〉간의 천부적 우열을 인정하지 않았다. 다시 말하면 신채호는 민족을 혈통으로 갈라본 〈인종〉으로 이해하기는 하였으나 인종은 천부적인 것이 아니고 역사적 생성물이며, 그들 간에 어떠한 천부적 우열도 없다고 생각하였다.

그러면 만약 세계의 각 민족이 천부적 소질에 있어서 우열의 차이가 없다면 역사의 일정시기에 각 민족의 문화수준, 정치세력 및 경제발전 수준에 일정한 차이가 생기는 것은 무엇 때문인가. 그는 그것을 역사적 요인에서 찾았다. 그에 의하면 역사는 『시(時)·지(地)·인(人) ……삼원소(三元素)』(朝鮮史 總論)로 구성되어 있다. 〈인〉은 인종이며, 〈지〉는 지리이며, 〈시〉는 시대이다. 그러므로 세계 각 민족의 역사발전 수준의 차이는 역사발전의 주체인 〈인종〉 즉 민족이 주위의 지리적 환경과 시대적 사정에 제약을 받으면서 발전하기 때문에 민족 자체의 차이(우열이 아니다)뿐만이 아니라, 지리적 환경과 시대적 사정의 차이에서 발생한다고 보았다. 우리는 그의 역사발전 동인(動因)에 대한 이해를 좀더 자세히 알아보기 위해서 그의 역사관을 밝혀보는 것이 좋겠다.

그는 『조선사』 총론에서 역사를 다음과 같이 정의하였다. 역사란 『인류사회의 아(我)와 비아(非我)의 투쟁이 시간에서 발전하며 공간에서 확대되는 인적 확대의 상태의 기록이니…… 조선사라면 조선민족이 그리 되어온 상태의 기록이다』라고 하였다. 역사에 대한 신채호의 이 정의는 확실히 관념론적 역사관에 입각하고 있다. 그는 역사를 민족정신이 그 대립물과의 투쟁과정에서 발전한 것으로 이해하고 있었다. 그러나 그는 역사의 발전과정을 설명하기 위해서는 사회생활의 물질적 조건에 관한 연구와 여기서 일정한 합법칙성에 대한 해명이 필요하다고 생각하였다.

그는 『조선사』를 서술함에 있어서 역사서술의 요목으로 『의식주의 정황과 농공상의 발달과 전토(田土)의 분배와 화폐제도와 기타 경제조직 등이 어떠하였으며 인민의 천동(遷動)과 번식과 또 강토의 신축을 따라 인구의 가감이 어떻게 된 것인가』(조선사 총론)를 서술하여야 한다고 강조하였다. 그리고 그는 역사는 걸출한 왕이나 장군의 의사에 의하여 발전되는 것이 아니고 개별적인 인물들은 사회생활의 객관적 조건에 의하여 제약받는 사회적 소산이라는 것을 이해하고 있었다.

나포레옹이 웅재대략(雄才大略)을 가졌더라도 그가 도포(道袍)를 입고 『대학(大學)』을 읽던 백년 전의 도산서원(陶山書院) 부근에서 났다면 송시열(宋時烈)이 되었거나 혹은 홍경래(洪景來)가 되었을 뿐이 아닌가. 대소의 분량이 꼭 그렇게 되지는 않더라도 그 면목이 아주 달라지지 않으리라는 것은 단언할 수 있다. 개인은 사회의 불무에서 만들어졌을 뿐이다. (조선사총론)

그는 또 역사를 서술함에 있어서는 그 역사의 주인공이 되는 주체(主體)를 반드시 밝혀야 한다고 주장하였다. 그가 말하는 역사주체란 민족이지만 그는 인간사회 발전의 개별적 단계에서의 민족의 주도적 역할을 다음과 같이 지적하였다.

역사를 집필하는 자는 반드시 그 나라의 주인공으로 되는 한 민족을 선명히 내놓고 그를 주체로 삼아야 한다. 그리하여 그의 정치가 어떻게 긴장되고 해이되었으며 그 실업은 어떻게 발전하고 정체되었으며 그 무력이 어떻게 성쇠하였으며 그 습속이 어떻게 변하였으며 기타 다른 나라들과 어떻게 외교하고 무역하였는가를 서술하여야 한다. 이렇게 해야 역사라고 말할 수 있다. 만일 그렇지 못하면 그것은 무정신(無精神)의 역사이다. 무정신의 역사는 무정신의 민족을 낳으며 무정신의 국가를 만들어낼 것이니 어찌 두려워하지 않을 수 있겠는가.(讀史新論 서론)

위에서 본 바와 같이 그는 역사를 관념적으로 이해하고 있기는 하지만, 역사에는 일정한 정도로 발전의 합법칙성이 있으며 그것을 추진하는 주체가 있다는 것을 강조하고 있다.

그리고 한 걸음 더 나아가 그는 역사발전의 추진력을 다음과 같이 이해하고 있었다. 그에 의하면 역사발전의 추진력은 인민들의 투쟁이며 세계사의 불균등적 발전의 원인은 인민들의 투쟁의 앙양과 저락이었다. 『국가의 역사는 민족의 발생과 소멸, 그 흥망의 상태를 사술한 것이다. 따라서 민족을 빼놓고서는 역사가 있을 수 없으며 역사를 버리면 민족이 그 국가를 중요시하지 않을 것』(讀史新論 서론)이라고 하였다. 즉 그는 국가의 주체는 왕도 봉건귀족도 아닌 민족이며 민족이란 단순한 이해공동체가 아니라 계급에 의하여 분화되어 있고 이렇게 분화된 민족 중에서 그 절대다수를 차지하는 〈민중(民衆)〉이 진정한 민족이라고 보았다. 역사란 이 민족이 자기와 대립되는 타 민족, 타 계급과 투쟁하는 속에서 발전한다고 이해하였다.

우리는 여기에서 다시 한번 신채호(申采浩)의 민족개념을 정리해 볼까 한다. 그에 의하면 민족이란 우선 혈통으로 나뉘어지는 〈인종(人種)〉이다. 이 인종이란 혈통에 의하여 다른 인종과 구별되는 것이지만 이것은 천부적인 것이 아니고 역사적 형성물이다. 그리고 세계 각국의 인종 사이에는 비록 각 인종의 역사발전 단계에 따라 차이가 있을 수 있지만 선천적인 우열은 없다. 그러므로 이 인종개념에서는 혈통이란 사회와 역사를 설명하는 데 있어서 중요한 요소가 아니다. 신채호의 사상체계에 있어서 이 민족으로서의 인종개념이 중요한 의의를 갖는 것은 역사주체 혹은 민족주체로서의 개념이다. 그는 세계는 여러 민족국가(民族國家)로 구성되어 있고 각 민족국가는 서로 대립·투쟁하는 것으로 이해하였다. 이러한 상태에서 어느 민족이 자기를 유지·발전시키려면 우선 자기 나라의 주체를 명확히 인식하고, 자기의 우수성을 믿고 긍지를 가지며, 그 내부적 통일을 강화하고 대외침략자와 견결하게 투쟁하지 않을 수 없다. 앞에서 지적한 바와 같이 그는 민족을 혈통으로 나뉘어지는 〈인종〉으로 잘못 표현하였지만 그의 민족개념은 위와 같은 내용을 갖는 역사주체 혹은 민족주체로서의 개념인 것이다.

그는 역사를 민족정신이 그 대립물(對立物)들과의 투쟁과정에서 발전하는 것이라고 다분히 관념론적(觀念論的)으로 이해하고 있었지만 동시에 그는 역사발전 과정을 설명하기 위해서는 사회생활의 물질적 조건에 대한 연구와 여기서 일정한 합법칙성에 대한 해명이 필요하다고 보았다. 즉 그는 민족의 발전은 일정하게 물질적 조건에 의하여 제약받고 있으며 따라서 일정한 합법칙성에 종속되어 있다고 생각한 것이다. 그리고 그는 사회는 우연이나 혹은 걸출한 왕이나 장군 등 영웅적 개인에 의하여 발전하는 것이 아니라 역사발전의 개별적 단계에 있어서 주도적 역할을 하는 일정한 사회적 집단에 의하여 발전한다고 생각하였다. 이 사회적 집단은 민족이기도 하며 계급이기도 하다. 그가 말하는 〈아(我)와 비아(非我)〉는 자기 민족과 타 민족이기도 하며 자기가 속하는 계급과 타 계급이기도 하기 때문이다. 그러나 그에게 있어서 이 사회적 집단으로서 보다 중요한 의미를 갖는 것은 계급이라기보다 민족이다. 왜냐하면 그의 사상의 중심과제는 민족문제이며 계급문제가 아니었기 때문이다. 그렇다고 하여 그는 민족 내에 계급이 있다는 것을 무시하지도 않았으며 어느 한 계급을 상위나 하위의 계급으로 고정된 것으로 이해하지도 않았다. 그는 그의 사상의 중심과제인 민족문제의 해결에 있어서 어느 계급이 주도적 사회집단인가에 따라 일정한 평가를 부여하였으며 그가 개념하는 민족은 바로 그러한 것이었다.

2. 歷史와 民族

19세기말 20세기초, 나라가 반식민지(半植民地)적·식민지적 위기에 처할 무렵 신채호(申采浩)는 이 민족적 위기를 타개하기 위해서 우선 민족의 주체의식을 강화해야 한다는 것을 재빨리 간취하였다. 그리하여 그는 그의 저술활동이나 사회활동을 통하여 무엇보다도 우선적으로 민족의 주체의식을 강화하는 데 정열을 쏟았다. 그는 우리 민족이 반식민지 및 식민지에서 온갖 고통을 겪고 있는 조건하에서 민족에게 주체의식을 갖도록 하려면 우선 민족에게 희망을 갖도록 하여야 한다고 생각하였다. 그는 큰 고통을 당하는 민족일수록 큰 희망이 있었던 것이 역사가 증명하여 주는 바라고 주장하면서 민족이 당시에 받는 고통이 남보다 모질고 독하니 더 큰 희망을 가질 수 있다고 다음과 같이 노래하였다.

크구나, 대한(大韓)의 오늘의 희망이여, 아름답구나, 대한의 오늘의 희망이여, 멀지않아 조물주(造物主)가 세계 각 국민의 시험성적을 발표할 것이니 우리 국민이 제1등의 자격을 가질 것이다. (大韓의 希望)

그는 민족에게 희망을 갖도록 하기 위하여 우선 필요한 것은 우리
가 우리 민족의 우수성에 대하여 자부심을 갖도록 하는 것이라고 생각
하였다. 그리하여 그는 우리가 우리 민족의 우수성에 대하여 자부심
을 갖도록 하기 위해서 우리 민족의 역사에서 민족적 위기에 처하여
영용하게 민족을 지킨 민족영웅들, 우리 민족의 우수하고 독창적인
문화, 우리 민족사의 특정 시기에 있어서 다른 나라보다 강대하였던
국력 등을 찬양하고 소개하면서 우리 민족도 다른 민족 못지 않게 우
수하다는 것을 실증(實證)하여 보여야 한다고 생각하였다.

큰 일을 할 위치에 있으면서 큰 일을 할 시기에도 큰 일을 할 수 있는 국
민이 아니면 큰 사업을 능히 하지 못하거니와 내가 우리 동포를 보건대 큰
일을 할 자격을 구비하고 있구나. 변란이 없을 때에는 평화롭게 생활을 하
다가도 일단 임진란(壬辰亂)과 같은 시기가 도래하면 적을 방어할 대책을
강구하며 일에 당하여 갑자기 준비하더라도 문제를 제때에 해결하여 철포
(鐵砲)를 창안한 박진(朴晋)과 철갑선(鐵甲船)을 만든 이순신(李舜臣)도 있
어서 명예의 기념비(紀念碑)를 역사상에 길이 세웠으니 저 구라파에서 강대
하다는 평가를 받고 있는 나라 사람들이라도 우리 민족과 땅을 바꾸어 살게
한다면, 우리가 그들보다 우수하다. ……그들도 우리를 따르지 못할 점이
많다. 오, 우리 국민이여, 큰 일을 할 국민이 아닌가. (대한의 희망)

그리고 그는 제 나라 민족의 우수성에 대한 자부심을 짓밟는 민족
허무주의와 〈큰〉 민족에 대한 〈작은〉 민족의 노예적 굴종, 도식적 모
방이 우리 민족발전에 끼친 해독이 막심하다는 것을 깨달았기 때문에
이러한 사상들의 온상이 되고 있는 사대주의에 대하여 격렬하게 비판
하였다. 그의 사대주의에 대한 공격을 열거해보면 아래와 같다.
우선 그는 고려 중엽 이래 사대주의자들이 국가의 지배권을 장악하
면서 사대주의에 저촉되는 사료(史料), 즉 우리나라의 독립성과 우
수성을 전해주는 사료가 일체 인멸되었다는 것을 지적하였다. 우리나
라의 사료로서는(삼국시대까지의 사료) 지금까지 그 명칭이 알려져 있
는 것만 하더라도 고구려의 『유기(留記)』와 『신집(新集)』, 백제의
『서기(書記)』, 『삼한고기(三韓古記)』『해동고기(海東古記)』『삼국사
(三國史)』『삼국사기(三國史記)』『삼국유사(三國遺事)』 등이 있었으

나 지금까지 전해오는 것은 『삼국사기』와 그 부용(附庸)인 『삼국유사』뿐이다. 그는 이러한 사정을 다음과 같이 지적하였다. 사대주의자들은 〈이소사대(以小事大)〉, 즉 〈큰〉 민족에 대한 〈작은〉 민족의 노예적 굴종과, 역사서술에 있어서는 〈춘추필법(春秋筆法)〉 즉 〈큰〉 민족에 대한 〈작은〉 민족의 도식적 모방을 철칙으로 삼았기 때문에 우리나라 사료 중에서 『독립자존에 관한 자가 있으면 일체 기휘(忌諱)되어』(조선사 총론) 사대주의자들에 의하여 말살되었다고 하였다. 그러므로 지금까지 남아 있는 사료를 통해서 우리가 배울 수 있는 역사는 〈큰〉 민족에 대한 〈작은〉 민족의 노예적 굴종과 도식적 모방뿐이며, 따라서 사대주의자들이 저지른 이러한 용서할 수 없는 범죄에 대하여 신랄하게 규탄하였다.

또 사대주의자들이 저지른 죄악은 그들이 〈이소사대(以小事大)〉의 견지에서 〈중화(中華)〉사상에 저촉되는 일체의 역사적 사실들을 왜곡하였다고 지적하였다. 그 대표적인 예를 들면 조선의 유학자들이 중국을 〈큰〉 나라로 받들면서 〈작은〉 나라의 지배자가 되기 위하여 사대주의를 선전하는 도구로서 기자조선(箕子朝鮮)을 역사적 사실로 날조하였다. 그리고 그들은 『삼국사기』 편찬보다 약 30여년 앞선 1102년에 평양에는 사대주의자들에 의하여 기자릉(箕子陵)과 기자묘(箕子廟)가 날조되었다. 사대주의자들의 역사에 대한 이러한 태도는 자기 민족에 의하여 건설된 고조선(古朝鮮)이나 동북양부여(東北兩扶餘)를 역사에서 말살시키고 우리나라의 고대국가는 외국의 〈큰〉 민족에 의하여 건설되지 않으면 안된다는, 즉 자기 민족은 제 힘으로 나라를 건설할 수 없다는 민족허무주의를 고취하는 것이었다. 그는 이 점에 대하여 『후인(後人)이 매양 기자(箕子)가 제왕이 되어 조선의 전국을 가진 것으로 아는 것은 너무 지나친 생각이라, 기자가 외국의 나그네로 들어오는 길에 곧 제왕이 되었으리요.』 『남북 양부여를 빼어 조선문화의 기원을 쓰레기통에 묻으며 발해를 버리어 삼국(三韓—필자) 이래 결정(結晶)된 문명을 버리』(조선상고문화사 제1편)었다고 지적하면서 사대주의자들의 죄악을 규탄하였다.

그리고 사대주의자들이 역사적 사실을 날조(捏造)한 실례는 고대국가들의 강역고증(疆域考證)에서도 역력히 볼 수 있다고 지적하였다. 그들은 고대국가들의 강역이 절대로 압록강을 넘어서는 안된다는 입

장에서 압록강 이북에 있던 고대국가의 지명을 전부 압록강 이남으로
비정(比定)하였고 심지어는 압록강 이북에 건설된 우리나라의 고대
국가인 발해(渤海)는 우리나라 역사에서 삭제하여버렸다. 사대주의자
들의 이러한 입장이야말로 비역사적인 태도라 할 것이다. 도대체 수
천년의 역사를 두고 국경선의 변동이 없는 그러한 나라는 있을 수 없
는 것이다. 이에 대하여 신채호(申采浩)는『과거 조선사람들은 매양
그 짓는 바 역사를 자기목적에 복종시켜 도깨비도 뜨지 못한다는 땅
뜨는 재주를 부리어 졸본(卒本)을 떠다가 성천 혹은 영변에 놓으며
안시성(安市城)을 떠다가 압록강 혹은 안주에 놓으며 아사산(阿斯山)
을 떠다가 황해도의 구월산을 만들며, 가슬라(迦瑟羅)를 떠다가 강원
도 강릉군을 만들었다. 이와 같은 허다한 땅에 근거가 없는 역사가
서술되어 크지도 말고 더 작지도 말아라고 한 압록강 이남의 이상적
강역 즉〈불대불소극부제심(不大不小克符帝心)〉에 해당하는 우리나
라 강역을 획정(劃定)하였다고 비판하였다. (조선사 총론)

또한 사대주의자들은 남의 것은 다 좋고 자기 것은 다 나쁘다는 사
상이 골수에 박힌 자들이다. 그들은 큰 나라인 중국의 역사에 대해서
는 중국 학자들도 머리를 숙일 정도로 잘 알고 있었지만 제 나라 것
은 알지 못하고 있었다는 것이다. 설령 알고 있는 경우에도 아주 보
잘것없는 것으로 왜소하게 묘사하였다. 이러한 형편에 대하여 신채호
(申采浩)는『(사대주의자들이─필자) 잘 아는 것은 중국의 역사와 지리
이고 습관된 것은 중국의 풍속이다. 그러나 자기 나라의 훌륭한 사람,
역사, 지리 등에 대해서는 현실적 의의를 부여하지 않고 비록 큰 인
물과 큰 영웅들이라 하더라도 그 이름을 모르고 있다. 설령 알고 있
는 경우에도 그러한 인물들은 중국 사람보다 낮은 지위에 놓는다』
(대한협회회보 제1권 제2호)고 지적하였다. 그는 또한『대조영(大祚
榮)이 고구려의 멸망을 회복하여 장백산(長白山) 서쪽에 큰 나라를
세운 것을 코웃음쳐 말하기를〈그는 고구려의 천한 유민〉이라고 하였
고 김유신(金庾信)과 김문훈(金文訓)이 당(唐)나라 침략군대를 격파
하고 고구려와 백제의 고지를 통합하여 우리나라 국토를 완정한 데
대하여 주제넘게도〈네가 감히 큰 나라를 배반하였느냐〉』(위와 같음)
고 한 사대주의자들을 폭로하면서 다음과 같이 말하였다.『역사가 이
러고야 어찌 역사라 할 수 있겠는가. 이러한 역사로 인민들을 교양한

다면 매국노·망국노를 낳을 뿐이다. 이러한 역사교육을 받으면 외국에 아부하는 악습과 외국을 숭상하는 사상이 비등하게 될 뿐이다.』(위와 같음)

또한 신채호는 역사서술에 있어서 자기 나라 문자를 버리고 어려운 한자(漢字)만으로 서술하는 데에 반대하였다. 그는 한문으로 역사를 서술하는 것이 얼마나 어려운 일이었는가에 대하여 몇 가지 실례를 들었다.

현종(顯宗)이 조총(鳥銃)의 길이가 얼마냐고 물었을 때 유혁연(柳赫然)은 두 손을 들어 〈요만〉하다고 형용하였다. 그러나 기주관(記注官)은 두 사람의 문답을 받아쓰지 못하여 붓방울만 적었다. 유혁연이 이를 보고 『上問鳥銃之長於赫然, 擧手尺餘以對曰如是라 쓰지 못하느냐』고 꾸짖었다. 숙종(肅宗)이 박태보(朴泰輔)를 국문할 때 『이리저리 잔뜩 결박하고 뭉어리 돌로 때려라』하므로 주서(注書)인 고사직(高司直)이 서슴없이 『必字形縛之, 無隅石擊之』라 썼다. 그래서 숙종의 칭찬을 받았다고 한다. 이것들이 궁정(宮廷)의 가화(佳話)로 전하는 이야기지만 반면에 남의 글로 내 나라 역사를 기술하기 힘든 일임을 알 수 있을 것이다. 국문이 나오기도 늦게 나왔지만 나온 뒤에도 한문으로 서술한 역사기록만이 있으니 괴상한 일이다. 한문은 역사서술의 도구로서 부적당하다. (조선사 총론)

이와 같이 신채호는 사대주의사상과 투쟁하면서 민족사의 주체적 발전을 정당하게 밝히고 이러한 역사를 통하여 민족의 주체의식과 애국사상을 교육하려고 하였다. 그는 물론 민족에게 자기 민족을 사랑하게 하는 데에는 정신운동만으로는 불충분하다는 것을 알고 있었다. 그러나 그는 민족운동이라면 그 형태가 어떠하건 자기 나라 사람이 자기 나라를 사랑하는 애국심을 기초로 하지 않고는 무의미하다는 것을 누구보다도 더 강조하였다. 그는 이것을 역사교육을 통해서 실현해보려고 하였던 것이다.

3. 民族과 民衆

민족운동에 있어서, 특히 반식민지·식민지 하에서 민족주권을 회복하려는 민족운동에 있어서는 애국사상이 민족주의의 바탕이 되지 않으면 안된다는 것은 앞에서 지적한 바와 같다. 그리고 반식민지·식민지 하에서의 사회운동이라면 반드시 그것이 순수한 부르조아적 민족운동이 아니라 하더라도 그 사회에 있어서 민족문제의 해결이 선결조건으로 되어 있는 한, 애국사상이 그 운동에 필요한 유일한 사상적 바탕은 아니더라도 그 운동에 필요한 한 가지 조건인 것이다. 그리고 이 애국사상은 무엇을 전제로 하고 요구되는 것은 아니다. 어느 나라이거나 그 나라가 남의 나라로부터 침략을 받는다거나 침략을 받을 위기에 처해 있을 때에는 애국사상이란 무조건 요구되는 것이며, 또 그것 없이는 민족의 위기를 극복하지 못하는 것이다.

그러나 애국심의 발휘와 그 강도(强度), 그리고 그 단결력에 있어서는 사정이 다르다. 애국심의 발휘를 위해서는 일정한 조건이 요구되는 것이다. 다시 말하면 애국심의 발휘와 그 강도, 그 단결력은 그 사회의 계급구성, 계급 모순의 상태, 지배계급의 지도노선 등등 사회적 제조건과 관계 있는 것이다. 우리는 일반적으로 계급없는 국가에 있어서 애국심이 가장 강력하게 발휘되리라고 기대할 수 있다. 다음으로 가령 어느 국가가 계급국가라고 하더라도 계급간의 모순이 격화되어 있지 않은 상태에서는 그것이 격화되어 있는 상태에서보다 애국심의 강도가 강하리라고 기대할 수 있다. 그러나 만약 어느 국가에 있어서 계급간의 모순이 격화되고, 특히 지배계급의 지도노선이 사이비 민족주의 노선을 걷고 있다면 애국심의 발휘는 지배계급 내에서는 있을지 몰라도(물론 이것도 사이비 애국심이지만) 국민의 절대다수로부터 애국심을 기대할 수는 없는 것이다. 실례를 들면 장개석(蔣介石) 지배하의 중국 국민당(國民黨)이 그 좋은 예이다. 장개석 지배하의 중국 국민당은 겉으로는 손문(孫文)의 삼민주의(三民主義)를 표방하면서 국민들의 애국심, 즉 국민당에 대한 충성심을 호소하였지만 내부적으로는 제국주의자들과 밀통하고 중국 국민의 이익을 제국주의자들에 팔아먹는 대신 자기의 지배체제를 공고히 하면서 국민을 착취하고 진과부(陳果夫)를 중심으로 하는 폭력 정보조직을 통하여 국민을 불법적으로 투옥·살해했던 것이다. 때문에 중국 국민들은 국민당이 애국심을 발휘하라고 호소했을 때 냉소로 답하였으며, 그 결과 장개석은 대만으로 쫓기는 운명을 면치 못하게 되었다.

그러므로 애국심의 발휘와 그 강도, 그 단결력은 역사교육에 의해서건 국민 윤리교육에 의해서건 정신교육만을 통해서 기대될 수는 없는 것이다. 국민 대다수의 애국심을 기대하려면 국민 대다수의 이익에 봉사하는 국가를 만들지 않을 수 없는 것이다. 무엇이 국민 대다수의 이익이냐 하는 것은 역사발전 단계와 민중의 각성도(覺醒度)에 따라 달라진다. 이것은 필연적으로 반식민지·식민지하의 민족운동에 있어서는 민족운동의 지향성과 관계되지 않을 수 없다. 민족운동이 일정하게 조성된 역사적 조건하에서 어떠한 국가를 형성하려고 하는가의 문제는 민족운동 성패의 관건이 되는 것이다.

신채호(申采浩)는 그의 애국계몽활동 시기에 다른 애국계몽주의자들과 마찬가지로 조국의 민주주의적 발전을 위하여 노력하였다. 그는 당시에 우리나라가 처해 있는 역사적 제조건에 비추어 조국의 과제가 부국강병(富國强兵)의 근대적 국민국가를 형성하는 것이라는 것을 재빨리 인식하고 조국의 근대적 발전에 장애가 되는 낡은 사고방식에 공격의 화살을 퍼붓고 국민의 근대적 각성을 촉구하였다. 그는 아직도 낡은 사상에 사로잡혀 있는 유자(儒者)들을 통박하였다.

20세기 대한의 땅에 살면서 독일의 혁명과 미국의 독립을 꿈꾸지 않고 중국 삼국시대를 꿈꾸며, 런던 같은 도시와 베를린 같은 장려(壯麗)함을 꿈꾸지 않고 남양의 초가집을 꿈꾸며, 나폴레옹, 워싱톤…… 비스마르크를 꿈꾸지 않고 제갈공명(諸葛孔明)을 꿈꾸고 있다. 아 슬프다. 화살과 돌이 탄환을 당할 수 있겠는가. 나무로 만든 수레가 군함과 전차를 격퇴할 수 있겠는가. 만약 제갈공명을 묘지(墓地)에서 일으켜 『네가 우리 한국(韓國)을 도와달라』고 하면 갑자기 당하는 일이라 반드시 당황하여 머뭇거릴 것이며, 학교에서 학술을 배우고, 신문에서 시대정세를 배우기 적어도 4·5년이 걸린 연후에야 도울 수 있을 것이니 그렇다면 천번 제갈공명을 꿈꾸는 것보다 한번 소학교 학생을 꿈꾸는 것이 낫다. (夢見諸葛亮 序)

그는 또 민중의 근대적 각성을 촉구하기 위하여 그들이 근대적 교육을 받을 것을 호소하였다. 그는 근대적 교육을 받는 데에는 남녀의 구별, 계급의 차별이 있을 수 없다고 하였다.

역사를 배우게 하되 어릴 때부터 배우게 할 것이며 역사를 배우되 늙어

죽을 때까지 배우게 할 것이며 남자뿐만 아니라 여자도 배우게 하며 지배계급뿐만 아니라 피지배계급도 배우게 할 것이다. ……여자라고 역사를 배우지 말게 하면 뱃속의 논개(論介)를 낙태시키는 것이며, 포대기 속의 나란부인(羅蘭夫人)을 요절케 할 뿐만 아니라 오히려 이천만 동포 중에 반이 되는 여자를 암살하여 국민 되는 것을 허락하지 않는 것이요, 피지배계급이라고 역사를 배우지 않게 하면, 이것은 을파소(乙巴素)를 나뭇군으로 늙게 하며, 칼발디로 하여금 어부로서 생애를 마치게 할뿐더러 오히려 이천만 동포 중에 대부분의 사람을 억울하게 묻어 국민 될 것을 허락하지 않는 것이니, 그렇게 하면 우리가 나라를 사랑하려고 한들 누구와 더불어 사랑하겠는가. (역사와 애국심과의 관계)

신채호(申采浩)는 낡아빠진 봉건적 사고방식을 규탄하였을 뿐만 아니라 인민의 신분적(身分的) 차별에도 반대하였다. 그는 신분적 차별에 기생하는 무능력하고 완고한 봉건 지배계급을 격렬하게 비판하였다. 그는 다른 애국계몽사상가들과 마찬가지로 국민은 법률 앞에 평등하다고 생각하였다. 그러나 신채호의 반봉건주의(反封建主義)는 당시의 계몽사상가들의 입장과 마찬가지로 그렇게 철저하지 못하였다. 조국이 제국주의의 침략 앞에서 식민지로 전락될 위기에 처해 있을 뿐만 아니라 민족 부르조아지의 세력이 충분히 성장하지 못한 조건하에서 봉건계급을 철저하게 몰아내고 새로운 사회를 건설한다는 것은 불가능하였던 것이다. 이 때문에 그는 부분적으로 봉건계급과 타협해서라도 제국주의의 침략을 막을 수 있는 부국강병의 입헌군주국가라도 건설하는 것이 급선무라고 생각하였다. 그가 『국민의 권리가 보장되는 국가에 대하여 발휘하는 충성만이 진실한 애국주의(愛國主義)이다』(역사와 애국심과의 관계)라고 말했을 때 이것을 두고 한 말이다.

그러나 1920년대에 들어와서는 신채호의 민족운동의 지향성은 이와는 달랐다. 그것은 이미 1919년 이전과 1919년 이후의 역사적 조건이 달라진 데 기인한다. 이제 나라는 일본 제국주의의 식민지로 되었다. 조국강토에서 일본의 자본주의가 발전함에 따라 한국의 자본주의는 몰락하여가고 따라서 민족운동 주도세력으로서 민족자본가의 의의도 차차 감퇴되어갔다. 그리고 봉건세력은 민족운동을 돕기는커녕 일본 제국주의의 식민지 지배의 부속기관으로 흡수되어갔다. 이제 독립운동의 주도적 역량으로서 새로운 세력이 등장하지 않으면 안되었다.

이러한 시대적 조건하에서 신채호는 민족운동의 주도적 세력은 민중이라는 것을 간취하고 『민중(民衆)은 우리 혁명(革命)의 대본영(大本營)이다』고 선언하면서 독립운동의 목표는 〈민중적 조선(民衆的朝鮮)〉을 건설하는 데 있다고 하였다. 그러면 민중이란 무엇인가. 1920년대 독립운동의 역량으로서, 또 혁명운동의 역량으로서 〈민중〉은 우리나라에 있어서뿐만 아니라 중국에서나 일본에서도 아주 중요시되고 있었다.

민중이란 무엇인가. 민중이기 때문에 관리 기타 특권계급일 수는 없다. 즉 민중의 첫째 특징은 관리가 아닌 것이다. 다음에 민중이기 때문에 소수계급일 수는 없을 것이다. 그러므로 소수인 재산계급은 민중이 아니요, 소수인 지식계급은 민중이 아니요, 소수인 자유업자는 민중이 아니다. ……그것은 다수라야 할 것이니 그런 의미로 보아 조선의 민중은 농민·어민·노동자를 합한 것이라 할 것이다. 그중에 가장 다수를 점령한 것이 전 인구의 10분의 8강(強)이나 되는 농민인즉 조선민중의 중심은 농민에 있을 것이다.(東亞日報 1924.2.6)

위와 같은 〈민중(民衆)〉의 개념에 따르면 그것은 농민·어민·노동자를 합한 것이고 조선 민중의 중심은 농민에 있다. 여기서 우리는 〈민중〉은 프롤레타리아도 포함하고 있으나 프롤레타리아만으로 구성되어 있는 것은 아니기 때문에 프롤레타리아로 이해할 수는 없다. 〈민중〉을 구성하는 요소의 대부분이 농민이므로 〈민중〉은 반(半)프롤레타리아가 대부분이기는 하나 그것만도 또 아니다. 그리고 〈민중〉내에는 소(小)부르조아지도 포함되어 있는 것이다. 그러므로 신채호가 말하는 〈민중〉은 프롤레타리아·반프롤레타리아와 소부르조아지의 연합체인 것 같다. 신채호는 또 예속자본가나 일본 제국주의에 복무하는 봉건계급은 민족혁명의 대상으로 삼았지만 그렇지 않은 자본가나 지주는 민족혁명의 대상으로 삼지 않았다. 그러므로 그가 민족혁명을 통하여 이룩하고자 한 국가형태는 근로계층과 애국적 자본가층의 연합국가일 것으로 추측된다.

4. 民衆과 革命

1920년대에 들어와서 신채호(申采浩)는 민족독립운동의 새로운 주도적 역량으로서 〈민중(民衆)〉을 발견하였다. 〈민중〉이 주도하는 민족혁명의 목표는 식민지 지배체제를 타도하고 민중이 지도하는 새로운 국가를 건설하는 데 있다는 것은 분명하다. 〈민중〉이 주도적 역할을 하는 민족혁명(民族革命)을 통하여 국민 대다수인 민중의 이익을 보장해주지 못하고 그들 스스로가 국가의 지도세력으로 되지 못하는 특수계급의 국가가 수립될 수 있다는 것은 있을 수 없는 일이다. 왜냐하면 〈민중〉이 주도적 역할을 하는 민족혁명에 있어서 민중 속의 소수 특권계급이 장래 새로이 건설될 새로운 국가에 있어서 그 지배권을 독점하는 그릇된 지도노선을 채택한다면 민중을 구성하는 대다수의 국민은 처음부터 그러한 운동에 참여하지 않을 것이기 때문이다.

그러나 〈민중〉은 단일 계급이 아니다. 그것은 두 개 혹은 그 이상의 계급으로 구성되어 있다. 만약 우리가 역사상 복수의 계급이 공동으로 한 국가를 지배하는 실례를 찾아볼 수 없다면 민중 전부가 공동으로 국가를 지도하는 일도 있을 수 없다. 만약 두 개 혹은 이 이상의 계급이 연합하여 한 국가의 지도권을 장악한다 하더라도 그 계급들 간에는 지도권에 있어서 서로 평등한 지위를 가질 수는 없을 것이다. 반드시 그 중의 한 계급이 지도권에 있어 우세한 지위를 차지하게 마련이다. 그런 경우 자본가 계급이 우세한 지위를 차지하느냐 그렇지 않으면 다른 계급이 우세한 지위를 차지하느냐 하는 것은 역사적 조건에 달려 있는 것이다. 신채호가 〈민중〉을 민족혁명의 주도세력이라고 선언하였을 때 그가 〈민중〉 속에서 우세한 지위를 차지하는 계급이 구체적으로 무엇이라고 생각하였는가 하는 것은 중요한 문제이다. 그러나 그는 이 문제에 대하여 깊이 생각한 일이 없다. 오히려 그는 계급적으로 미분리된 〈민중〉, 즉 제국주의와 이에 봉사하는 자들에 반대하여 민족독립을 위하여 투쟁하는 민족세력이면 그것이 자본가 계급인가 그렇지 않으면 노동자 계급인가의 문제는 그렇게 중요하지 않으며 모두가 하나의 단결된 민족진영으로 될 수 있다고 생각하였다. 이 점은 그의 역사해석이 다분히 관념론적이었던 것과 상통하는 측면인지도 모른다.

신채호(申采浩)는 민족독립의 방법으로서 〈민중직접혁명(民衆直接革命)〉을 선언하였다. 그는 당시에 조성된 객관적 정세에 비추어 일본 제국주의의 식민지 지배로부터의 독립은 민중에 의한 혁명의 수단이 아니고서는 도저히 불가능하다는 것을 인식하였다. 그리고 그는 당시에 조성된 객관적 정세에 맞지 않는 민족운동이나 사이비 민족운동에 대해서 통렬(痛烈)하게 비판하였다. 그는 사이비 민족운동으로서 참정권론자(參政權論者)·자치론자(自治論者)·문화운동론자(文化運動論者)를 들었다. 그는 참정권을 주장하는 자와 자치권을 주장하는 자는 아예 독립운동자가 아니라고 못을 박았다. 그는 과거의 역사로 보아 〈강도 일본(强盜日本)〉과는 신의있는 약속이 불가능하며 설령 일본이 정직하게 자치권을 우리에게 준다고 하더라도 경제적으로 일본 제국주의에 완전히 종속되어 있는 상태에서 실질적 독립이란 있을 수 없다고 하였다. 그리고 그는 식민지하에서 문화운동을 주장하는 것도 공상이라고 논박하였다. 그는 『문화는 산업과 문물(文物)이 발달한 총적(總積)을 가리키는 이름이니 약탈경제제도하에서 생존권이 박탈된 민족은 〈그 종족(種族)의 보전(保全)〉도 의문스러운데 하물며 문화발전의 가능성이 있겠는가』(「朝鮮革命宣言」)라고 힐문하고 문화운동이 식민지 지배권에 반대하여 투쟁하지 못하고 식민지 지배세력에 의하여 주어진 한계에 순응하는 운동이기 때문에 이러한 운동은 오히려 식민통치에 봉사하는 것이라고 지적하였다.

그는 또 당시에 조성된 객관적 조건에 맞지 않는 독립노선, 즉 외교론(外交論)과 준비론(準備論)의 결합을 폭로하였다. 외교론은 민족독립의 일차적 수단을 외교에 두고 대국에 대한 외교를 통하여 일본을 억누르고 한국의 독립을 보장받고자 하는 주장이다. 그는 이 외교론의 오류에 대하여 다음과 같이 정당하게 비판하였다. 외교론은 자기 민족의 운명을 다른 나라에 내어맡기는 것이다. 설령 우리나라가 외교에 의하여 독립을 보장받는다고 하더라도 우리는 어디까지나 외교 상대국의 의견을 존중하여야 하며, 또 그 나라가 일본과 같은 침략을 하지 않는다는 보장은 없다. 더구나 외교를 통하여 독립을 보장받을 수 없는 것이 명백한 객관적 사정임에도 불구하고 독립운동의 일차적 수단을 외교에 둔다면 자기 민족의 주체적 독립운동을 약화시키는 결과밖에 가져오지 않는다. 그는 또 준비론에 대하여도 다음과 같이 비판하였다.

외세의 침략이 더 심할수록 우리의 부족한 것이 점점 증가하여 그 준비의 범위가 전쟁(독립전쟁―필자) 이외에까지 확대되어 교육도 진흥해야겠다, 상공업도 발전시켜야겠다, 기타 모든 것이 준비하여야 할 것이 되었다. 경술(庚戌) 이후 각 지사들이 혹 서북간도(西北間島)의 삼림을 더듬으며, 혹 시베리아의 찬 바람에 배부르며, 혹 남북경(南北京)으로 돌아다니며, 혹 미국이나 하와이로 들어가며, 혹 경향(京鄕)에 출몰하여 10여년 내외 각지에서 목이 터지도록 준비! 준비!를 외쳤지만 그 소득은 몇 개의 불완전한 학교와 실력없는 단체뿐이었다. 그러나(이 결과는―필자) 그들의 정성이 부족해서가 아니라 실제로는 그 주장의 착오이다. 강도 일본이 정치ㆍ경제적으로 착취를 자행하여 경제가 날로 쇠퇴하고 생산기관이 전부 박탈되어 입고 먹을 방책도 어렵게 된 때에 무엇으로 어떻게 산업을 발전시키며 교육을 진흥하며 더구나 어디서 얼마나 군인을 양성하며, 양성한들 일본 전투력의 100분의 1이라도 되겠는가. 실로 한바탕의 잠꼬대가 될 뿐이다.(조선혁명선언)

그리고 그는 당시에 객관적으로 조성된 정세에 알맞은 민족 독립운동의 방향을 모색하기 위하여 종래 우리나라 민족독립운동을 일정하게 비판하였다. 『우리의 지난 과거를 살펴보면 갑신정변(甲申政變)은 특수세력이 특수세력과 싸우던 궁중의 일시적 활극일 뿐이며, 경술(庚戌) 전후의 의병(義兵)들은 충군애국(忠君愛國)의 대의로 격렬하게 일어난 독서계급(讀書階級)의 사상이며, 안중근(安重根)ㆍ이재명(李在明) 등 열사의 폭력적 행동이 열렬하였지만 그 배후에 민중적 역량(民衆的力量)의 기초가 없었으며, 3ㆍ1운동의 만세소리에 민중적 일치의 의기(意氣)가 잠깐 나타났지만 또한 폭력적 중심을 가지지 못하였다.』(조선혁명선언) 그러나 3ㆍ1운동 이후 농민운동과 노동운동이 크게 일어났고 전국 각지에 이 운동은 농민 및 노동자의 자각에 의하여 자발적으로 전개되었다. 여기서 신채호는 민족독립운동의 주도세력은 농민ㆍ노동자를 중심으로 하는 〈민중〉이라는 것을 인식하고 그들에게 올바른 투쟁노선을 주며 그들을 지도할 만한 구심점(求心點)이 있어야 한다고 생각하였다. 그래서 그는 〈민중직접혁명〉을 선언한 것이다.

　오늘날의 혁명(革命)으로 말하자면 민중(民衆)이 민중 스스로를 위하여 행하는 혁명이기 때문에 〈민중혁명(民衆革命)〉이라 〈직접혁명(直接革命)〉이라 부르는 것이며, 민중이 스스로를 위하여 행하는 혁명이기 때문에 그 폭발력과 팽창력의 정도가 숫자상의 강약관념(強弱觀念)을 초월하며, 그 결과의 성패(成敗)가 매양 (재래적—필자) 전쟁학상(戰爭學上)의 일반 원리를 벗어나돈없고 무기없는 민중이 백만의 군대와 수억의 부력을 가진 제왕도 타도하며 외래 침략자도 구축한다. 그러므로 우리 혁명의 제1보는 민중을 각오케 하는 것이다. (조선혁명선언)

　신채호(申采浩)는 〈민중직접혁명〉을 위해서는 우선 민중을 자각케 해야 한다고 생각하였다. 민중을 자각케 하는 기본적 전제조건은 민중을 억압·착취하는 〈부자연 불합리한〉제 사회제도를 민중 스스로의 활동을 통하여 제거하고 민중에게 미래에 대한 희망을 갖도록 하는 길이다. 그리하여 그는 당시에 조선민중을 억압·착취하고 있던 식민지적 제기구와 그 앞잡이들을 폭력으로 타도할 것을 주장하였다.

　　이제 폭력(暴力)——암살(暗殺)·파괴(破壞)·폭동(暴動)——의 목적물을 대개 열거하건대
　　1. 조선총독부(朝鮮總督府) 및 각 관공리(官公吏)
　　2. 일본천황 및 각 관공리
　　3. 적의 정보원, 매국노
　　4. 적의 일체 시설물
　　이 외에 각 지방의 신사나 부호가 비록 현저히 혁명적 운동을 방해한 죄가 없을지라도, 만일 말이나 행동으로 우리의 운동을 저해하고 비방하는 자는 우리의 폭력으로써 대할 것이다. (조선혁명선언)

　그리고 그는 민족혁명의 행동강령으로 다음의 5개조를 들었다.
① 일본의 식민통치(植民統治)를 타도(打倒)한다.
② 식민지(植民地)의 특권계급을 타도한다.
③ 식민지적 경제제도를 타도한다.
④ 사회적 불평등을 타파(打破)한다.
⑤ 식민지적 문화·사상을 타파한다.
위에서 보는 바와 같이 그가 민족혁명의 대상으로 삼은 것은 식민

지적 제 제도와 제 세력이었다. 그는 민족적 특권계층에 대해서 어떻게 할 것인가에 대해서는 거의 언급한 바가 없다. 즉 이 땅에서 일본 제국주의를 구축하고 새로이 건설하려는 사회가 〈고유적(固有的) 조선의〉〈자유적 조선민중의〉〈민중적 경제의〉〈민중적 사회의〉〈민중적 문화의〉 조선이라고 하였지만 그 구체적인 내용은 밝혀져 있지 않은 셈이다. 1920년대 신채호의 사상은 시대정세의 변화를 예리하게 반영하고 있기는 하지만 민족주의와 민족혁명의 구체적인 진로를 충분히 제시하지는 못한 것이다.

맺 는 말

과거 한국의 민족주의 사상을 연구한 사람들은 흔히들 한국의 민족주의 사상의 기본적인 결함은, 반제(反帝)의식은 강하지만 반봉건(反封建)의식은 약하다는 점이라고 지적하고 있다. 신채호나 한용운(韓龍雲)의 민족주의 사상에 대해서도 대체로 이러한 지적은 타당한 것으로 보인다. 이 말은 물론 신채호나 한용운의 경우 그 사상체계 내에서 반봉건적(反封建的) 성격이 없었다는 것을 의미하는 것은 결코 아니다. 신채호의 경우나 한용운의 경우나 그 사상체계 내에 반봉건적 성격이 뚜렷하며, 또 노동운동이나 농민운동에 대하여 상당히 동정적인 것이다. 그러므로 그들의 사상적 약점은 그들의 표면적 주장 속에 있는 것이 아니다. 그러면 그들의 약점은 어디에서 노출되는가. 이 약점은 그들의 행동 속에서 노출된다. 신채호나 한용운이나 그들의 전생애는 일본 제국주의와의 투쟁에 바쳐졌고 그들은 이 투쟁에 있어서 누구보다도 단호하고 용감하고 비타협적이었다. 그러나 그들은 그 시대가 해결해야 할 또 하나의 문제 즉 반봉건 투쟁에 있어서는 극히 소극적이었다. 이것은 당시의 한국 자본가가 그 발전의 정도가 낮고 봉건계급인 지주와 이해관계에 있어서 여러가지로 얽혀 있었다는 것을 말해주기도 하는 것이다.

과거 한국 민족주의의 이러한 결함을 지적하는 사람들은 흔히 당시 한국이 처해 있던 문제 중에 가장 중요한 문제는 민족독립이기 때문에 민족 내부의 문제는 돌볼 겨를이 없다는 데서 그러한 결함이 나온

다고 지적하였다. 당시에 한국이 처해 있던 문제 중에서 가장 중요한 문제가 민족 내부의 문제라기보다 대외적 문제, 즉 민족독립이라는 것은 누구나 인정하지 않을 수 없는 것이다. 그러나 한국 민족주의의 이 결함이 위에서 지적한 그러한 사정에 기인한다고는 볼 수 없는 것이다. 왜냐하면 아무리 대외적 문제가 대내적 문제보다 중요하다고 하더라도 대외적 문제는 대내적 문제를 매개로 해서 발생한 것이기 때문에 대외적 문제의 해결에 있어서는 대내적 문제의 해결을 무시할 수 없는 것이다. 대외적 문제해결의 선행조건으로서 대내적 문제를 어떤 방식으로 해결해야 하는가는 전혀 별도의 문제이지만. 그렇다면 위에 지적된 한국 민족주의의 결함이라는 것도 당시 한국에서 민족자본가의 세력이 심히 취약하였을 뿐만 아니라 그들이 아직도 그들을 길러준 봉건적 지주제와 탯줄이 덜 떨어진 데 기인한다는 면에서 좀 더 본격적으로 검토되어야 하지 않을까 생각된다.

한국 민족주의가 어떠한 결함을 갖고 있건 그것과는 상관없이 신채호의 사상이 우리들에게 주는 교훈은 크다. 그는 비록 민족문제 해결에 있어서 정확한 지침은 주지 못하였다고 하더라도 대체적으로 그 해결을 위한 올바른 방안을 준 것이다. 그리고 그는 오늘을 살고 있는 우리들에게 우리가 살고 있는 시대적 성격이 어떤 것인가를 다시금 생각하도록 해준다.

<創作과批評 29호, 1973년 가을>

우리나라 近代 歷史學의 發達

1930·40년대의 民族史學

金　容　燮

1

　20세기의 10년대와 20년대에 걸쳐서 우리나라의 역사학(歷史學)은 그 역사서술면에 있어서나 그 역사의식면에 있어서 근대 역사학으로 성장하고 있었다. 그것은 겸곡(謙谷：白岩) 박은식(朴殷植)과 단재(丹齋) 신채호(申采浩)를 중심으로 이룩되는 것으로서, 그들은 종래의 우리 역사학의 전통 위에서 그것을 비판 계승하고, 서구의 근대 역사학의 방법론을 참작하여 우리 역사의 새로운 체계화를 위한 단서를 연 것이었다. 그 역사서술은 전통적인 역사서술의 형식을 극복하였고, 그 역사의식은 제국주의의 침략에 대한 민족적 저항과 사회적 모순에 대한 개혁적인 이념으로 충만되어 있는 것이었다.[1] 이는 이 시기의 시대성·사상성을 반영하는 우리 역사학의 소중한 성과이었고, 우리나라 근대 역사학 성립기에 있어서의 정신적 지주이었다.

　그러나 이와 같은 우리의 근대 역사학이 1930년대와 40년대에 이르러서는 커다랗게 달라지고 다양화되고 있었다. 이 무렵이 되면 일본의 식민정책하에서 교육받은 역사학도가 배출하고, 급격하게 휘몰아

---

　1) 拙稿, 近代 歷史學의 成立(韓國現代史 6卷, 新丘文化社；知性 4호, 1972.3)

치는 사회사상의 격동 속에서 일정한 역사관(歷史觀)을 지니고 등장하는 역사가를 볼 수 있게 되었다. 역사학계는 전통적 역사학의 계승 위에서 새로운 역사학으로 성장한 바 정통적인 역사학 이외에도 이제 새로운 두 계통의 학풍(學風)을 볼 수 있게 되었다.

이 세 계통의 역사학은 그 역사서술의 방식이 다를 뿐만 아니라, 역사인식의 태도나 역사의식이 또한 다른 바 있었다. 정통적인 역사학의 입장을 계승한 역사가는 역사서술의 기술적인 면에서 소박하였으나, 역사의 밑바닥에 강렬한 민족정신의 흐름을 의식하고, 그러한 정신 위에서 전역사를 체계화하려는 학풍을 이룩하고 있었으며, 식민정책하에서 역사학을 수업한 일부 역사가는 랑케류(流)의 사풍(史風)을 밑바닥에 깔았으나, 개별적인 역사사실에 대한 문헌고증(文獻考證)을 위주로 하는 실증주의(實證主義)의 학풍을 이룩하였다. 그리고 사회사상의 격동 속에서 등장하게 되는 역사학은 주로 사회과학을 전공한 학도에 의해서 제기되었는데, 여기서는 일정한 역사관에 의해서 전역사를 체제적(體制的)으로 계통지으려는 학풍을 취하고 있었다. 이른바 민족사학·실증주의역사학·사회경제사학(社會經濟史學)인 것이다.

2

근대 역사학의 발달과정은 이러한 세 계통의 역사학을 모두 살핌으로써 그 전모를 파악할 수 있는 것이지만, 이곳에서는 우선 그 일부로서 민족사학의 발달과정을 고찰하고자 한다. 그리고 이러한 문제에 관하여는 이미 홍이섭(洪以燮) 교수의 일련의 논저가 있는 바이지만,[2] 이곳에서는 홍교수까지도 포함한 민족사학에 있어서의 역사서술의 발달과정을 계통지어보고자 한다.

(1) 정인보(鄭寅普)

민족사학의 계열에 서는 역사가는 많았지만 그중에서도 중추적인 기능을 한 것은 위당(爲堂) 정인보(鄭寅普, 1893~   )이었다. 위당은

---

2) 洪以燮, 韓國史의 方法, 1968. 植民地的 史觀의 克服——民族意識의 확립과 관련하여(亞細亞 1969. 3)

유가(儒家)의 명문에 태어나서 이난곡(李蘭谷：建芳)의　문하에서 경학(經學)과 양명학(陽明學)을 수학한 한학자(漢學者)이었다.　일제가 우리 나라를 침탈한 후에는 한때 유학의 본고장인 중국으로　망명하여 (1913) 그곳에서 강남학인(江南學人)으로　교환(交驩)하고 유가학풍을 연마하기도 하였다.[3] 그러나 중국으로의 망명은　유학(遊學)이 주목적이　아니었다.　그는 신규식(申圭植)・박은식(朴殷植)・김규식(金奎植)・신채호(申采浩) 등 당시 그곳에 망명중이었던 동지들과 더불어 동제사(同濟社)를 조직하고 광복운동과 교포들을 위한 계몽운동에 진력하였다.[4] 그는 민족운동을 몸소 실천하였던바 애국자로서　박은식이나 신채호와는 생사를 같이하는 동지이었다. 그가 후일 역사가로서 박・신 양인의 학통을 계승하게 되었음은 우연한 일이 아니었다.

위당은 처음부터 역사가로서 입신할 것을 뜻한 것은　아니었다. 그는 중국으로부터 귀국한 후에는 주로 연전(延專)에서 〈조선문학(朝鮮文學)〉과 〈한학(漢學)〉을 강의하였고 그　방면에서의 국학자이고 동양학자이었다.　그러나 그러한 학문은 결국　사적(史的)인 배경　없이는 대성할 수 없는 것이고, 따라서 그는 역사학에의 접근이　불가피하였다. 그리하여 그의 조선문학과 한학은 역사적인 배경이　염두에 두어지면서 연구되고 강의되었다. 그리고 때로는　한학이나 문학이　아닌 우리 역사의 강의가 되기도 하였다. 우리나라와 중국의 사서가　종횡으로 섭렵되고 검토되었음은 말할 것도 없다.

그러면서도 위당은 아직 역사연구에 직접 참여하지는 않고 있었다. 그의 역사학에의 관심은 자료정리의 면으로 나타났고, 조선후기의 실학자(實學者)・양명학자(陽明學者) 그 밖의 학파의 저술을　해제하고 그 학통을 밝혔으며, 또 그 출판에 제하여서는 이를 교열하기도 하였다. 그중에서도 특히 심혈을 기울여 정리한 것은 실학자, 특히　성호(星湖)와 다산(茶山)의 저술이었다.　『성호새설(星湖僿說)』에　대한 교열과 그 서문 및 『곽우록(藿憂錄)』의 해제는 이른바 실학파의 학통을 밝힌 하나의　학술사론(學術史論)이었으며,[5] 『여유당전서(與猶堂

---

3) 薝園文錄 敍, 1967. 閔泳珪, 爲堂 鄭寅普 선생의 行狀에 나타난 몇가지 문제(東方學志 13, 1972)

4) 尹錫五, 鄭寅普(韓國近代人物百人選, 新東亞, 1970년 1월호 부록)

5) 洪以燮, 前揭書 p. 315.

全書)』의 교열 간행은 그러한 실학파의 학문적 결산을 정리해준 것이었다. 이와 같은 활동은 그가 역사학자로서 대성하는 데 있어서 그의 학문을 훌륭한 것으로 성장시켜주는 소지를 이루었다.

이러한 위당이 역사연구에 몰두하게 되는 것은 1930년대의 일이며, 그 직접적인 동기는 일제 관학자들에 의한 우리 역사의 왜곡이었고, 우리 역사학자들이 줏대없이 역사를 연구하여 일제의 식민지 문화정책에 동조하고 있음을 개탄하는 데서이었다. 이때 일제 관학자들의 우리 역사에 대한 연구는 종래의 우리의 고대사 체계를 파괴하여 우리의 역사가 중국이나 일본의 식민지에서 출발하는 것으로 날조하고 있었으며, 그들로부터 역사학을 전수받은 일부 학자들은 〈자기를 너무 모르는〉 데서 〈적의 춤에 마주 장고를 쳐 마음의 영토나마 나날이 말리어들어〉가고 있다는 것이었다. 그래서 그는 그들이 날조한 역사를 〈언제든지 깡그리 없애리라〉 생각하였고, 그 제자들이 서술하고 있는 종종의 역사를 실로 한심하게 여기었으며, 결국은 이를 시정하기 위한 역사연구를 뜻하게 된 것이었다.[6]

그리하여 여기에 그의 본격적인 역사연구는 시작되고 그것은 「오천년간 조선의 얼」이란 표제로 동아일보에 연재되기에 이르렀다. 후에 『조선사연구(朝鮮史硏究)』 상·하(1946~7)로 간행된 것이 바로 그것이었다. 그의 역사학이 단재의 사풍(史風)을 계승하고, 더 올라가서는 실학시대의 학풍을 정당하게 계승하여, 우리 역사의 바른 체계화를 시도하는 것이었음은 말할 것도 없는 일이었다. 그는 다산이나 단재의 학풍을 연구하고 논문을 작성하기도 하였다.[7]

『조선사연구』는 식민정책의 가열로 인해서 처음 계획과는 달리 고조선에서 삼국시대에 이르는 역사과정을 서술하는 것으로 그치었으나, 이 시기의 전역사를 민족사라는 주체적인 입장에서 체계화하였다는 점에서 훌륭한 성과이었다. 그러한 연구 가운데서도 특히 위당의 역사학을 빛나게 해주는 부분은 일제 관학자들이나 그 추종자들이 제기한 한사군론(漢四郡論)을 전면적으로 부정한 점이었다. 그는 한사군이 압록(鴨綠) 이남에 있었던 일이 없다는 것을 여러가지 면에서 증

---

6) 鄭寅普, 朝鮮史硏究 下 p. 361, 朝鮮硏究史.
7) 鄭寅普, 薝園國學散藁 pp. 70~108.

명하였다. 아마도 이 문제는, 그가 역사연구에 종사하게 된 동기가
이에 있었던 만큼, 가장 의욕적으로 연구하고 또 그 성과를 올려준
부분이 아니었던가 생각되는 것이다.[8]

그러나 무엇보다도 위당의 역사학에서 가장 정채를 발하는 부분은
아마도 그 정신사적인 역사관이라고 보는 것이 옳겠다. 이는 곧 그의
역사인식의 태도를 말하는 것으로서 민족사학의 사론의 일각을 형성
시켜주는 것이었다. 위당의 역사연구는 단재사학(丹齋史學)에서 계발
되고 그것을 계승하면서 행하여졌으며, 그 해박한 한학의 지식과 광범
한 사료의 섭렵은 단재사학의 고대사의 전개를 보다 더 완벽하게 체
계화하였던 것이 사실이지만, 그와 아울러서는 단재사학의 사론의 일
부를 또한 보다 더 충실한 이론으로서 완성시키고 있는 것이었다. 그
것은 바로 우리 역사연구에 있어서의 하나의 새로운 방법론의 제시인
것이었으며, 민족사학의 역사인식의 특징을 단적으로 표현해주는 것
이라고도 하겠다. 이른바 〈얼〉의 사관이 그것이었다.

그에게 있어서의 〈얼〉은 민족정신을 말하는 것으로서 그는 역사의
본질을 이 〈얼〉에서 찾고 있었다. 그 요지는 대략 다음과 같은 것이
었다.[9] 인간사회는 복잡다단하나 그 근본은 인간정신으로서의 인심
(人心)인 것이며, 그러기에 백변천환(百變千幻)하는 역사는 결국 인
심의 원연굴절(蜿蜒屈折)함이라는 것인데, 그러한 인심은 진위·허실
·사성(詐誠)·사정(邪正)의 체대(遞代)함이 변화무상한 것이지만,
그러나 그 척추(脊柱)가 되는 것은 〈얼〉인 것으로서, 이 〈얼〉이 있음
으로 해서 비록 역사가 변하고 환(幻)해도, 운리(雲裏) 속의 용신(龍
身)과 같이 역구일관(歷久一貫)의 대선(大線)을 찾을 수가 있다는 것
이었다. 그리고 이러한 〈얼〉은 없어진 듯하다가도 없어지지 아니하고
역사의 밑바닥에 내계(內繼)하고 있는 것이어서, 〈얼〉의 은현(隱顯)
은 곧 역사의 소장성쇠(消長成衰)를 좌우하는 것, 다시 말하면 역사

---

8) 爲堂의 이 문제에 관한 연구는 그의 여러 저서에 모두 수록되어 있다.
  朝鮮史硏究 上 pp. 159~215, 漢四郡役.
  朝鮮史硏究 下 pp. 372~379, 附言 正誣論.
  薝園國學散藁, pp. 109~119, 正誣論.
  薝園文錄, pp. 264~300.
9) 朝鮮史硏究 上 pp. 24~29.

적 사실은 이 역사의 대척주로서의 〈얼〉의 반영이라는 것으로서, 우
리가 사적(事蹟)을 귀하게 여기고 역사를 귀하게 여기는 것도 그것이
천추만대를 일관하는 대척주 즉 〈얼〉의 반영된 산물이기 때문이라는
것이었다.

그러므로 역사학이란 본질적으로 역사의 대척주로서의 〈얼〉의 대서
(大緖)를 추색(推索)하는 학문인 것이며, 그 추색을 위한 하나의 방
법으로서 역사가는 〈얼〉의 반영체인 구체적인 역사적 사실의 간지(幹
枝)를 구명하게 되는 것이라고 그는 말한다. 그러기에 역사가의 작업
은 우선은 개개의 역사적 사실 즉 지(枝)를 연구하여 전역사의 체계
즉 간(幹)의 선상에 위치짓는 것이지만, 궁극적으로는 이러한 연구과
정을 거쳐서 역사의 대척주로서의 〈얼〉의 줄기를 추색하지 않으면 아
니 된다는 것이 그의 생각이었다. 그러므로 만일 역사가가 〈얼〉을 젖
혀놓고서 사적(事蹟)을 구명한다면 그 구명이 구명답지 못한 것은 말
할 것도 없고, 설사 구명으로서는 상당함이 있다 할지라도 이 이른바
무위(無爲)의 구명이라는 것이 그의 주장이었다.

물론 〈얼〉의 사관은 역사를 단지 과거의 일로서만 취급하는 것은
아니었다. 역사는 흔히 현대의 역사이어야 한다고 하지만, 그는 〈얼〉
을 통해서 현재 속에 과거를 느끼고 과거 속에서 현재를 인식해야 할
것을 말하였다. 그는 과거에 역사를 주름잡던 사람들이 타인이 아니
라 바로 우리 자신이라고 생각하였다. 우리를 구각(軀殼)에서 찾으면
고인이 우리가 아니고 우리가 고인이 아니지만, 〈얼〉에 들어가 생각
해보면 우리의 고인이 곧 우리 자신이라는 것이었다.

과거는 영원히 사라진 과거가 아니라 의연히 우리의 〈얼〉 속에 살
아 있는 과거인 것이며, 따라서 우리의 역사학은 과거를 단지 죽은
과거로서 탐색하는 것이 아니라 우리의 혈맥 속에 살아 있는 과거로
서 탐구하지 않으면 아니 된다는 것이었다. 그리하여 그는 인간이
〈얼〉이 아니면 헛것이 되고, 예교(禮敎) 〈얼〉이 아니면 빈 탈이 되고,
문장이 〈얼〉이 아니면 달할 것이 없고, 역사가 〈얼〉이 아니면 박힐 데
가 없다고까지 하였다.

위당의 〈얼〉의 사관은 말하자면 철두철미 민족정신을 기반으로 하
여 우리의 역사연구에 있어서 주체성을 확립하고 우리 역사의 본질을
그 속에서 파악하려는 것이었다. 그리고 1930년대라고 하는 당시의

싯점에서 우리의 역사학이 지향해야 할 방향과 우리의 역사가가 지니고 수행해야 할 역사의식이나 사명감을 진작시켜 주는 것이었다. 그러한 점에서 그의 사론은 철학이 있었고 이 시기를 대표하는 훌륭한 역사이론이 될 수가 있었다.

(2) 안재홍(安在鴻)

위당과 동시기에 위당의 동학(同學)으로서 민족사학의 사풍(史風)의 또 다른 일면을 개척하고 있었던 것은 민세(民世) 안재홍(安在鴻, 1891~1965)이었다. 민세는 일제가 우리나라를 침탈한 후 일본의 와세다대학(早稻田大學)에서 정경과(政經科)를 수업한 사회과학도였으며, 졸업 후에는 중국으로 망명하여 단재나 위당이 참여하고 있었던 동제사(同濟社)에 가입하여 독립운동을 한 투사였다. 귀국한 후에도 교육기관이나 언론기관에서 애국의 문필을 쉬지 않았고, 또 때로는 3·1운동, 신간회(新幹會), 임시정부와의 관계, 조선어학회(朝鮮語學會)를 통한 독립운동 등으로 일제의 감옥에 투옥되기를 거듭하였던 애국자였다. 그는 그러한 공로로 해방후에는 민정장관(民政長官)이 되기도 하고 이어서는 정계의 중심인물이 되기도 하였었다.

독립투사로서의 그는 정치가인 것이지만 그러나 그는 정치가에 그치지 아니하고 학문을 하는 역사가이기도 하였다. 그의 역사연구는 독립투쟁의 한 방법이었다. 그는 훌륭한 정치가였지만 정치가로서 성공하였다기보다는 역사가로서 성공한 점이 더 많은 것 같고, 후대에도 그는 정치가로서보다는 역사가로서 알려지는 바가 더 많지 않을까 생각되기도 한다. 그만큼 그의 역사연구에는 특색이 있고 후학에게 준 영향이 큰 것이었다.

그는 소년시절부터 역사가가 되기를 희망하고 있었으나, 일제의 침략을 당하게 됨에 독립전취(獨立戰取)에 열중하게 되고, 따라서 그는 그의 학문의 방향을 정경과로 바꾸고 실제로도 정치활동을 하였던 것이지만, 1930년대의 암담한 세국(世局) 속에서 거듭되는 투옥으로 정치적 투쟁이 거의 절망적인 상태에까지 이르게 됨에, 『국사를 연찬하야 써 민족정기를 불후에 남겨둠이 지고한 사명임을 자임하였을 새 이에 국사공구(國史攻究)에 전심』하게 된 것이었다. 그리하여 그는 10년간을 두고 우리나라 고대사 연구에 몰두하고 드디어 그 결실을 보게 된 것이 30년대 후반에서 40년대 초에 걸쳐 집필되고 해방후에 간행을 본 『조선상고사감(朝鮮上古史鑑)』상・하(1947~48) 두 권이었다. 그의 우리나라 역사에 대한 연구계획은 상고사에 대한 개별적인 연구와 이를 토대로 한 개설로서의 『조선통사(朝鮮通史)』를 서술하려는 것이었으나 통사는 이루어지지 못하였다.[10]

그의 역사서술의 태도나 사풍(史風)은 그의 애국동지였던 단재나 위당의 그것과 기본적으로 같은 것이었고 연구영역도 그들과 같았다. 고대사 연구는 그만큼 문제가 많았고 일제 관학자들의 식민지사학의 이론을 압도할 만한 정설(定說)의 확립이 필요한 것이었다. 민세는 그러한 가운데서 단재나 위당이 세워놓은 우리나라 고대사의 계통을 그대로 좇아 그것을 좀더 구체적으로 깊이 있게 해명한다는 작업을 하고 있었다. 그의 고대사 연구는 단재나 위당의 발상에서 출발하여 그 고대사의 체계를 한층 더 심화시키고 확고하게 하고 있는 것이었다. 그러기에 그에게 있어서는 그의 동학들의 견해를 토대로 하고, 한걸음 더 나아가서는 그의 동학들이 그러했듯이 그에 앞선 실학(實學)시기의 고대사 이해를 참작 도입하고 있었다. 그가 위당과 더불어 『여유당전서』를 교열 간행하였던 것은 단순한 출판작업이 아니라 학(學)의 계승이란 뜻이 내포되어 있었다. 그는 다산을 학의 대상으로 연구하여 그 사상이 훌륭한 것임을 찬양하기도 하였었다.[11] 그도 그의 동학들과 마찬가지로 우리의 전통적 역사학의 기반 위에서 민족사의 주체적인 인식과 그 체계화를 구상하고 있는 것이었다.[12]

민세의 고대사 연구는 여러가지 점에서 그 탁월성이 지적될 수 있는 것이겠지만, 그중에서도 주목되는 것은 단군조선(檀君朝鮮)에서 삼국시대(三國時代)까지의 우리 역사의 대계(大系)를 고조선사회(古朝鮮社會)의 발전과정이라는 논리로서 정리한 점이라고 생각된다. 특히 그 사이에 있는 이른바 기자조선(箕子朝鮮)의 문제를 단군조선의 그대로의 계승관계로 파악하여, 그것이 중국인 기자에 의하여 세워진

10) 安在鴻, 朝鮮上古史鑑 上, 卷頭言.

11) 安在鴻, 朝鮮史上에 빛나는 茶山先生의 學과 生涯 (新朝鮮 1934년 10월), 現代思想의 先驅者로서의 茶山先生(新朝鮮 1935년 8월)

12) 이 무렵의 民族史學의 동태에 관하여는 千寬宇, 韓國實學思想史, 一의 Ⅶ・Ⅷ(韓國文化史大系 Ⅵ, pp.989~998) 참조.

나라가 아니라, 우리 고조선사회의 발전과정에서 사회발전의 한 단계성을 표시해 주는 표현이었던 것으로 파악하였음은 탁견이 아닐 수 없다. 이는 오늘날의 고대사학에서 아무 단서(但書)나 부주(附註) 없이 이미 상식화되고 있는 고조선사회에 대한 이해에 있어서, 두계(斗溪)의 「삼한문제의 신고찰」과 더불어 길잡이가 된 연구였다고 보아 무방할 것이다.

이와 아울러 민세의 고대사 연구에 있어서의 특징은 또한 그 방법론에 있어서의 일단의 전진에도 있었음을 들 수 있겠다. 즉 그의 연구는 주로 단재나 위당에서와 같이 언어학적인 방법을 통한 고대국가나 고대사회의 제문제를 해명하려는 것이었지만, 그러한 추색(推索)이 다만 삼국 이전의 수천년의 역사를 평면적으로 나열하는 데 목표를 두고 있는 것이 아니라, 사회발전이라는 보다 더 본질적인 문제를 염두에 두고서 그러한 본질파악을 위한 하나의 과정으로서 그러한 작업을 행하고 있었다는 사실이었다. 말하자면 언어학적인 방법을 통해서 고대사회의 발전과정의 대계를 찾는 동시에 그 사회발전의 단계성도 아울러 파악한다는 방식을 취하고 있는 것이었다.

이와 같이 사회발전의 문제가 그의 고대사의 인식체계 속에 도입되고 있음은, 위당의 고대사 연구와는 또 다른 일면을 보여주는 것으로서, 단재의 사론이 제시한 바 사회적 모순의 문제를 확대 발전시킨 것이라 하겠다. 그는 단재를 단순한 동지나 동학으로서만 생각하는 것이 아니라 〈항상 존경하고〉 있었으며, 그런 까닭에 그가 조선일보를 운영할 때는 단재의 〈『조선사(朝鮮史)』와 『조선상고문화사』를 그 학예란에 매일 게재〉하기도 하고, 또 〈신단재(申丹齋)는 구한말에 낳은 천재적 사학자요 또 열렬한 독립운동자이다. 그 천성(天性) 준렬함과 안식의 예리함은 시속의 배(輩) 따를 수 없든 바이었고 사상의 고매함은 스스로 일두지(一頭地)를 벗어나던 바〉였다고 말하여, 단재사학의 탁월함을 격찬하고 해방후에는 단재의 『조선상고사』를 출판 간행하기도 하였던 것이었다.[13] 그가 단재사학을 얼마나 존경하고 그 영향을 얼마나 받았을 것인가 하는 것은 이로써 알 수 있는 일이지만, 그의 고대사 연구를 보면 더욱 잘 알 수 있다. 그는 도처에서 단재를 인용하고 다산을 인용하고 위당을 인용하고 있었다.

13) 申采浩, 朝鮮上古史, 安在鴻의 序文.

그러나 물론 민세의 안목이 기본적으로 단재사론의 일면을 발전시
킨 것이기는 하지만, 민세에게 그럴 만한 준비가 되어 있지 않았거나
또는 당시의 학문적 수준이 그것을 생각할 수 있을 만한 업적을 가지
고 있지 못하였다면 그것은 불가능하였을 것이다. 다행히 민세가 고
대사를 연구할 때는 그러한 준비가 어느 쪽에도 되어 있었다. 민세는
사회과학도로서 폭넓은 공부를 하였고 그러한 공부는 범용한 일반 사
학도가 생각할 수 없는 다양한 역사인식을 가능케 하였다. 더우기 이
때에는 우리 나라의 사회경제사학(社會經濟史學)이 사회과학도에 의해
서 개척되고 있어서 민세의 고대사 연구에도 도움을 주고 있었다. 그
는 사회경제사학의 성과에 충분히 유의하면서 그의 논리를 전개하
였다.

이와 같은 사실은 민족사학(民族史學)의 학문적인 내용을 한층 더
풍부하게 하였을 뿐만 아니라, 앞으로 민족사학이 취해야 할 역사연
구의 방향이나 방법을 더욱 분명하게 제시하여 주는 지침이 되었다.

그러나 이와 같이 민세의 역사학이 사회경제사학의 성과를 섭취하고
는 있었지만, 그의 학문이 그들의 입장이나 방법론까지도 전면적으로
받아들이고 있는 것은 아니었다. 그는 사회경제사학의 한 계열이 계
급사관(階級史觀)을 강조하고 공식론(公式論)으로서 우리의 역사를
처리하고 있음을 비판하고 있었다. 그는 계급사관에서 제기한 문제가
우리 역사의 일부를 형성하는 것임을 인정하기는 하지만, 우리 민족
의 역사는 보다 더 넓은 안목으로 다루어져야 할 것임을 강조하고 있
었다. 그는 그것을 신민족주의(新民族主義)의 이론으로서 전개하였다.
그의 신민족주의 이론은 내적으로는 민주주의를 성취하여 민족을 구
성하는 여러 사회계층 상호간의 대립 반목을 해소하고, 외적으로는
다민족에 대하여 자주적인 입장을 견지하려는 것으로서, 역사학은 이
와 같은 민족 전체의 성장과정이나 발전과정에 관한 학문이 아니면
아니 된다는 것이었다. 이는 민족사학에 있어서의 민족사관의 새로운
논리 구성이었으며 장차 민족사학의 기층논리(基層論理)가 되는 것이
었다. [14]

---

14) 安在鴻, 新民族主義와 新民主主義, 1946. 韓民族의 基本進路, 1949.

(3) 문일평(文一平)

위당이나 민세와 동시기에 이들과 더불어 민족사학의 또 다른 일각을 담당하고 있었던 것은 호암(湖岩) 문일평(文一平, 1888~1939)이었다. 호암은 1905년에 일본 유학을 하고 돌아와 교편을 잡고 있다가 1911년에 다시 도일(渡日)하여 와세다대학(早稻田大學)에서 정치를 전공하였다. 그러나 그는 학업을 마치지 못한 채 중국으로 망명하여 그곳 중국인 신문사에서 일을 하였다. 이럴 즈음 일본에서는 민세가 역시 정치를 공부하고 있어서 가까이 사귈 수가 있었고, 중국에서는 겸곡(謙谷)·단재·위당 등의 역사가나 김규식·조소앙(趙素昻)·신규식(申圭植)·홍명희(洪命憙) 등의 독립운동자들이 있어서 동지가 되었고 벽초(碧初)나 위당과는 동거하기도 하였었다.

그후 귀국하여서는 민족사학의 제인사들과 더욱 깊은 유대를 맺은 가운데 중동(中東)·중앙(中央)·배재(培材)·송도(松都) 등의 민족학교에서 교편을 잡기도 하고, 30년대에는 주로 우리 민족의 또 하나의 대변지이고 민세가 사장으로 있으면서 단재의 글을 연재하였던 조선일보에서 역사연구와 민중계몽에 전념하기도 하였다. 그의 연구물은 대부분 이때 이 지상을 통해서 발표되었고, 그의 사후에는 『호암전집(湖岩全集)』 3책(1939)으로서 집대성되었다. [15]

호암의 역사학은 이와 같이 민족사학의 제인사들과 접촉하는 가운데서 그 방향과 논리가 구상되고 전개되었지만, 그 가운데서도 평소에 늘 접촉하여 그 학문을 더불어 연마한 것은 위당과 민세였다. 이들의 교유는 단순히 자연인으로서의 사교에 머무는 것이 아니라, 민족정신·민족문화의 수호를 위한 동지적인 결합이었음에서, 그들이 연구하고 있는 제문제는 피차 논의되고 충고되는 가운데서 정리되고 있었다. 그들은 1930년대에는 실학자(實學者) 특히 다산을 통해서 자기(民族)를 발견하고 〈조선학〉 또는 〈조선정신〉의 확립문제를 모색하고 있었는데, 호암이 그들과 더불어 작업을 하였음은 말할 것도 없는 일이었다. [16] 그의 역사연구는 말하자면 민족사학의 역사인식의 입장에서 행

---

15) 文一平, 湖岩全集 제3권, pp. 489~501, 나의 半生. 洪以燮, 前揭書 pp. 326
    ~339. 李基白, 文一平(韓國近代人物百人選, 新東亞, 1970. 1월호 부록)
16) 千寬宇, 前揭論文 참조.

하여진 것이었으며, 민족사학의 우리 역사 체계화를 위한 사업의 일환으로서 수행되고 있는 것이었다.

　민족사학의 제인사들과 호암의 역사학과는 이와 같이 밀접한 관계에 있는 것이지만, 그러한 가운데서도 그가 역사학자로서 성장하는 데 학적으로 깊은 영향을 미쳐준 것은 다른 민족사학자의 경우와 마찬가지로 단재의 역사학이었다. 이에 관해서는 그 스스로가 분명하게 그러한 말을 한 것을 볼 수는 없지만, 아무에게도 지도받았다는 것을 말하지 않은 가운데서, 중국 망명시절에는 단재에게 불경(佛經)을 배워줄 것을 졸랐다는 한 구절을 그의 자서전(自敍傳)에다 기록하고 있는 것이다. 더우기 그는 같은 곳에서 일본 유학시절에는 얻은 것은 하나도 없고 잃어버린 것뿐이라고 말하면서 그와 같은 기술을 남기고 있는 것이다. [17] 이는 지극히 암시적인 표현이라고 생각된다. 식민지 당국의 검열에도 불구하고 자기의 학적 계보를 밝히지 않을 수 없었던 그의 자서전은 이러한 암시적인 표현으로서나마 말할 수 없는 말을 표현하였던 것이 아닌가 생각되는 것이다.

　이러한 사실은 그의 역사서술을 검토하여 보면 더욱 분명하게 알 수가 있다. 이미 홍이섭 교수에 의해서 지적된 바이지만, [18] 그의 역사의식이나 역사학은 단재의 그것에서 출발하고 단재사학이 제시한 바 제문제의 일단을 구체적인 작업으로서 개척해나간 것이었다. 그뿐만 아니라 민족사가들 가운데서도 단재가 제기한 문제를 가장 광범하게 취급하고 이를 해결한 것은 바로 호암이 아니었던가 생각된다. 이를테면 호암의 사학이 국제간의 아(我)와 비아(非我)의 논리로서의 대외관계를 깊이 연구하여 냉혹한 국제현실 속에서의 우리의 처지를 정확하게 인식하려 한 것, 사회내부에 있어서의 아와 비아의 논리로서의 사회적 모순관계를 반역아(叛逆兒)를 통해서 찾아봄으로써 〈조선사를 창조한 일대동력이 된 것〉, 즉 사회발전의 계기를 찾으려 한 것이 그것이며, 또 아의 생장 발달의 상태를 사상·문화·예술·풍속 속에서 찾고 그 가운데서 민족문화 또는 민족정신을 소생시키려 한 것 등은 그러한 예가 되는 것이라고 하겠다. 호암의 역사학은 아마도 이 세 가지 점에 그 기본목표가 있고 그의 연구업적은 이러한 세 가

---

17) 文一平, 湖岩全集 제3권, 나의 半生.
18) 洪以燮, 前揭書, 湖岩 文一平.

지 점에서 그 특징이 파악될 수 있는 것이겠다. [19]

그렇지만 그의 역사학에서의 특징은 이와 같이 그 학문의 내용에만 있는 것이 아니었다. 그의 사풍(史風)에는 다른 민족사가나 실증주의 사학 또는 사회경제사학에서는 볼 수 없는 특이함이 있었다. 그것은 그 역사서술의 민중계몽을 위한 점에서의 탁월함이었다. 그는 그 자신의 역사학을 완전히 소화하여 간이한 문체로 서술할 수가 있었고, 높은 수준의 문제의식을 잃지 않으면서도 이를 이해하기 쉬운 역사로 기술하고 있었다. 그는 그의 학문을 대중화하고 대중으로 하여금 그가 서술하고 있는 역사 속에서 더불어 호흡할 수 있도록 노력하고 있는 것이었다.

그의 이와 같은 역사서술은 이 시기에 있어서는 대단히 중요한 의미를 지니는 것이었다. 이 시기에는 일제 관학자들에 의한 우리 역사의 개설서가 판을 치고 우리말로 된 개설로는 육당(六堂)의 뼈 없는 『조선역사(朝鮮歷史)』(故事通)가 있을 뿐이어서, 근로대중은 고사하고 지식인들도 민족사에 대한 바른 이해를 지닐 수가 없는 까닭이었다. 그런 점에서는 호암의 역사학은 실로 대중에게 민족문화를 바르게 이해시키고 민족정신을 암암리에 고취시켜 줄 수 있는 유일한 길잡이가 되고 있었다. 호암의 역사학은 민중의 계몽이라는 점, 역사의 대중화라는 점에서 크게 성공하고 있는 것이었다. 그는 일반적으로 그 난해한 문체로 편잔을 받고 있었던 민족사학의 역사서술에 있어서, 민중과의 관계에 있어서 민족사가들이 그들의 최전면에 내세울 수 있는 유일한 역사가였던 셈이었다.

3

1930년대의 민족사학에는 전술해온 바와 같이 위당·민세·호암 등이 있어서 크게 활동하였다. 그들의 역사서술은 각각 개별성을 보이고는 있었지만 철저한 민족의식의 바탕 위에 세워지고 있다는 점에서 공통되는 것이었다. 이들은 이 시기의 민족사학을 발전시킨 세 지주이었다.

---

19) 湖岩의 歷史學의 특징에 관해서는 洪以燮·李基白 兩敎授의 前揭論文 참조.

민족사학은 이와 같이 훌륭한 역사가를 가졌지만, 그러나 그들의 이 무렵의 활동이 단재가 제시하고 그들 각자가 구상하였던 이른바 민족사학의 학적인 성과를 망라한 우리 역사의 대계(大系)를 체계화할 수 있는 데까지 이르른 것은 아니었다. 그들은 개별연구는 많이 하였으나 통사(通史)의 체계화에 있어서는 아직 아무도 이를 성취하지 못하고 있었다. 그러한 점에 있어서는 민족사학에는 아직도 많은 인재가 필요하였고 허다한 과제를 그대로 지니고 있는 셈이었다. 민족사학에서는 그들의 종래의 역사의식을 그대로 지닌 채 당시까지의 각 학파의 학문적인 성과를 광범하게 흡수하면서 일제의 식민사학에 대결할 수 있는 새로운 학적인 체계를 세우는 일을 수행하지 않으면 아니 되었다.

이러한 작업은 일조일석에 될 일이 아니었지만 선구자들의 노력은 이러한 작업을 담당할 후계자를 배출하고 있었다. 40년대에 활약하게 되는 홍이섭(1914~1974), 남창(南滄) 손진태(孫晋泰, 1900~), 학산 (鶴山) 이인영(李仁榮, 1911~) 등은 바로 그러한 인물들이었다.

(1) 홍이섭(洪以燮)

홍은 민족학교 배재(培材)에서 호암의 역사교육을 받았고 민족사학의 명문 연전 문과(延專文科)에서는 위당의 제자로서 그 학문을 전수받았다.

연전은 당시의 우리나라에서는 문과를 가진 유일한 민족학교의 최고학부이었다. 우리나라의 유능한 교수들, 그중에서도 국학에 관련되는 역사학과 국문학 관계 교수들은 여기에 모여 있어서 이 학교는 특이한 학풍을 이루고 있었다. 정인보·백낙준(白樂濬)·백남운(白南雲)·최현배(崔鉉培)·손진태(孫晋泰)·이인영(李仁榮) 이런 분들이 이 학교를 거쳐갔고, 그러한 가운데서 민족적인 또는 사회경제적인 학풍은 형성되고 있었다. 그리하여 이 학교의 학풍이 경성제대의 식민사학에 대결할 수가 있었음은 사학사(史學史)에서 특기할 수 있는 일이겠다. 다만 한가지 이 학교는 대학이 아니었음에서 사학과를 갖지 못하였고, 따라서 많은 역사학자를 양성할 수 없었던 것이 하나의 결함이었지만, 그러나 그러한 가운데서나마 문과 학생들을 국학연구의 방향으로 이끌어갔고, 민족적인 입장에서의 국학관계 학자로 적지 않이 성장시킬 수 있었음은 다행한 일이었다.

6·25 이후에 민족사학 내지 우리 역사학의 재건을 위하여 고군분투하였던 홍이섭은 그러한 민족사학의 명문에서 양성된 학자로서, 1940년대에 등장하여 민족사학의 선구자들이 다하지 못한 통사의 체계화라고 하는 과제를 일부분이나마 해결한 역사가였다. 그의 『조선과학사(朝鮮科學史)』(1944·46)는 바로 그러한 작업으로서 행하여진 산물이었다.

이 저서는 서명은 비록 과학사이지만 그 내용은 단순한 기술사로서의 과학사의 범위를 넘어서서 과학을 중심한 문화일반을 포괄적으로 체계화한 문화사이었다. 여기서 취급하고 있는 문제는 각 시대의 국가의 교육제도, 사회제도, 과학문화의 편제(編制), 외국문화 특히 과학문화의 수입과 그 기능, 국내의 구체적인 과학기술로서의 천문학(天文學)과 역학(曆學), 수학과 건축·의학·지리학, 농업 기술과 수리사업, 방직(紡織), 화학공예(化學工藝), 선박(船舶) 및 교통기술(交通技術), 그리고 각 시대의 과학문화의 역사적인 성격 등 아주 광범한 것이었다. 이 저서는 훌륭한 분류사(分類史)로서의 과학문화사였으며, 과학문화의 발달이라는 각도에서 우리 나라 역사의 고금을 체계화한 통사였다. 우리는 여기에 민족사학에서 구상해오던 우리 역사의 대계를 극히 한정된 분야에서나마 그 대강을 통관할 수 있게 된 셈이었다.

민족사학에서 민족사를 체계화하는 데 있어서는 민족정신을 바탕으로 하면서도 민족문화의 발전과정을 여하히 세계사의 발전과정 속에 관련시키고 이해하느냐 하는 것이 문제가 아닐 수 없었다. 민족이 강렬하게 내세워지고 타민족에 대하여 지나치게 배타적이 되면 그 역사학은 편협하여짐을 면할 수 없을 것이기 때문이었다. 그래서 30년대의 이 사학(史學)의 선구자들은 민족사학의 진로를 사회발전이라든가 세계사와의 관련성에서 모색하는 데 게으르지 않았었다. 홍이섭이 그의 과학사 서술에 있어서 민족사학의 그와 같은 학적인 전통을 계승하고 이를 그의 저술 속에서 처리하였음은 말할 것도 없는 일이었다.

그는 이러한 문제에 관하여 그의 과학사가 연구되고 서술되어야 할 방법과 의의를, 『세계사적인 관점, 그것이 지니는 방법론적인 문제는 여러가지로 되풀이되고 혹은 정체반동을 재래(齎來)하였지만, 진보적이거나 반동적이거나의 여하를 막론하고, 현대 인류사의 하나의 과제는 인간이 정복해야 할 자연에 대한 새로운 해석과 분석의 역사를 의미하게 되었다. 정치사가 지니는 개별적인 특수사관이 아니고 새로운 일반사로서의 보편사 즉 세계사의 현단계는, 확실히 명일의 인류 전체의 문제로서, 과학사의 임무를 중시하게 되었다」고 하고 있었다. [20] 이는 우리 문화 우리 역사 인식에 있어서의 세계사에의 관련성의 긴절함을 강조하는 것이었고, 그러한 한 방법으로서의 과학문화사의 필요성을 주장함이었다.

세계사에의 관련성이라는 것은 사회의 발전단계에 대한 이해에 첨예하게 관련되는 것이므로, 그는 이 문제에 관해서도 일정한 견해를 세우고 있었다.

가령 『과학사는 사회사의 변천과 더불어 진전하여온 인류생활사의 근저이므로, 인류의 자연해석의 제단계는 사회사의 시대구분과 서로 대응되도록 하는 데서 그 본질적 성격이 규정되어야 할 것』이라든가, [21] 또는 『여기서 인류사의 보편적인 방법을 요구한다면 그것의 정당한 파악의 이론은 과학의 역사적 사회적 발전의 변천과정을 구명함에 욕구된다. 그러나 과학사에 있어서도 단순한 사실의 병렬적인 진열만으로는 그 구체적 현실성을 상실케 되므로 과학의 발전과 변천에 기축이 되는 민중의 생활과 사회구성의 발전과정을 주시하여야 한다』고 한 것이 그것이었다. [22] 그는 사회체제의 발전과정을 과학의 발전과정과 관련시키고, 이를 통해서 우리의 과학사나 우리의 문화사를 세계사적인 이해에까지 연결시키려는 것이었다.

그리하여 그는 사회체제의 발전과정을, 민세가 그러했듯이, 이 시기의 우리의 사회경제사학이 도달한 성과에서 참작하여, 이로써 그의 과학문화사의 사회적 또는 경제적 배경으로 삼고, 그러한 각각의 사회구성 체하에서의 과학문화의 성격을 파악하려 하였다. 원시조선의 기술과 과학, 고대사회에의 추이(三國時代의 과학과 기술), 고려 봉건국가의 과학과 기술, 이조 봉건국가의 과학과 기술, 서구적 과학의 수

20) 洪以燮, 朝鮮科學史, 1944年版 p.3.

21) 同上 p.5.

22) 同上 1946年版, p.9.

용(受容)과 이조 봉건과학의 지양 등의 편제에서 볼 수 있듯이, 사회의 발전과정이 전제되고 그 안에서의 과학문화의 기능을 전개하고 있는 것이 그것이었다. 그리고 이때 그러한 사회의 발전이 과학문화의 발달과 밀착되는 것으로 파악하였음은 말할 것도 없는 일이었다. 그는 도처에서 과학의 발달이 사회발전에 기여하였음을 강조하고 있었다.

(2) 손진태(孫晋泰)

홍파는 또 다른 계열에서 공부하였으나 그 역사연구의 동기나 그 전공학문의 성격으로 인해서 결국 민족사학의 일원으로 된 것은 남창(南滄)이었다. 그는 일본의 와세다대학(早稻田大學)에서 사학과 사회학을 전공하고 민속학을 연구하게 된 우리나라 초기 민속학 연구의 한 개척자이었다. 대학을 졸업한 후에는 민족사학의 명문 연전 문과에서 교편을 잡았고, 중・일 전쟁이 발발한 후에는 보전(普專)의 초대 도서관장으로 자리를 옮기고, 연전에는 제 2 차대전시까지 강사로 있으면서 우리 민속의 문화사적인 연구에 몰두하였다. 이러한 시절에 위당・민세・호암 등 민족사학의 여러 학자들이나 백남운 등 사회경제사학의 인사들과 밀접한 관련을 맺었음은 말할 것도 없는 일이었다. 특히 그는 민세의 역사학에 대하여는 각별한 관심을 가지고 있었다.[23]

그는 정규대학에서 역사학과 사회학을 전공하였음에서 이 시기의 이른바 실증주의 역사학의 인사들과도 긴밀한 관계에 있었지만, 그의 민족주의적인 입장과 그 학문(民俗學)의 성격은 그로 하여금 연전이나 보전의 민족적인 학풍에 흠뻑 젖게 하였고 또 그 스스로도 그러한 학풍을 조성해 나가는 데 전심케 하였다. 그리하여 그가 후일 민속학에서 역사학으로 그 학문의 영역을 넓히게 되었을 때, 민족사학의 역사이론, 즉 민족사관에 의거하여 그 역사학을 새로운 각도에서 종합 정리하여 하나의 새로운 체계로서 그 대계(大系)를 세우게 되었음은 오히려 당연한 일이 아닐 수 없었다. 그의 이른바 신민족주의 이론에

---

23) 解放前서부터 南滄에게서 우리 역사연구를 위하여 지도를 받았던 孫寶基敎授의 교시에 의하면, 南滄이 우리 문화, 우리 역사를 논할 때는 으례껏 민세의 견해에 감탄하고 이를 흥미있게 받아들이는 일이 자주 있었다고 한다.

의한 우리 역사의 체계화인 것으로서 『조선민족사개론(朝鮮民族史槪論)』(1948)이나『국사대요(國史大要)』(1949)가 그것이었다.

그의 신민족주의 이론은 흔히 볼 수 있고 또 말하여지는 이른바 종래의 민족주의와는 다른 것이었으며, 민세의 신민족주의 이론과 기본적으로 같은 것이었다. 같은 민족사학의 입장에 있었기에 그들의 민족주의에 대한 이해는 같을 수밖에 없었다. 그는 종래의 민족주의는 장차는 청산되어야 할 것으로 보고 있었다. 즉 전통사회에 있어서의 민족주의의 본질은 민족 내부에 계급적 차별을 내포하고, 자본주의 사회에 있어서의 그것은 자본가의 권익을 옹호하는 것이었음에서 쇄국적(鎖國的)·배타적·독선적임을 벗어나기가 어려운데, 이러한 민족주의는 민족사가 세계사의 일환으로 편입되고 민족이 세계 속에서 호흡하게 된 오늘날의 국제사회에서는 존속 유지될 수 없으며 국내적으로도 민족 전체의 공동의 이익이 추구되어야 할 오늘날에 있어서는 그대로 유지될 수 없는 것이라고 생각하는 것이었다. 그리하여 그는 오늘날에 있어서의 민족주의는 현대사회에 적합한 신민족주의가 아니면 아니 된다고 하였다.

다음에 제시하는 것은 그 요점이다.

왕자(王者) 1인만이 국가의 주권을 전유(專有)하였던 귀족정치기에 있어서도 민족사상이 없었던 것은 아니요, 자본주의 사회에도 또한 민족주의란 것이 있다. 그러나 그러한 민족사상은 모두 진정한 의의의 민족주의는 아니었다. 그것은 민족의 미명하에 그들 지배계급만의 권력과 부력(富力)을 획득 유지하려는 극히 불순한 가면적이요 무마적(撫摩的)인 것이었다. 진정한 민족주의는 민족 전체의 균등한 행복을 위하는 것이 아니면 안될 것이다. 민족 전체가 정치적으로 경제적으로 사회적으로 문화적으로 균등한 의무와 권리와 지위와 생활의 행복을 가질 수 있을 때에, 비로소 완전한 민족국가의 이상이 실현될 것이요, 민족의 친화(親和)와 단결이 비로소 완성될 것이다. 가장적인 민족주의하에서 민족의 친화단결이 불가능한 것은 과거의 역사와 및 금일의 현실이 명백하게 이것을 증명하고 있다. 민족의 단합이 없이 민족의 완전한 자주독립은 있을 수 없고, 따라서 민족문화의 세계적 발전 기여도 있을 수 없는 일이다. 그리고 민족의 단합은 오직 진정한 신민족주의(新民族主義)에서만 얻을 수 있을 것이다…… 진정한 민족의 번영은 민족 내부의 반목과 투쟁에 있지 않고, 민족의 전체적 친화와 단결에 있는 것이다. 이 세계적 기운(機運)과 민족적 요청에서 민족사관은 출발하는 것이며, 민족사는 그 향로(向路)와 방법을 명백하게 과학적으로 지시하여야 할 것이다. 24)

그의 신민족주의는 말하자면 세계 제민족에 대하여는 개방적이요 세계적이며, 국내의 제사회계층에 대하여는 정치·경제·사회·문화에 있어서 평등적이고 친화적일 것을 전제로 하는 것으로서, 그는 이것을 〈민주주의적 민족주의 곧 신민족주의〉라는 말로 표현하기도 하였다. 그리하여 현대 한국이 지향해야 할 진로는 곧 이 신민족주의에 있을 것으로 규정하고, 민족사의 향로와 방법을 과학적으로 지시할 수 있는 것은 그러한 신민족주의적인 입장에서의 역사서술 즉 현대적 의미에 있어서의 민족사관이라고 파악하는 것이었으며, 여기에 그 스스로도 그의 민족사의 체계를 구상하게 되었던 것이었다. 그가 그의 저서의 개권벽두(開卷劈頭)에 『나는 신민족주의의 입지에서 이 민족사를 썼다』고 한 것이라든가, 25) 또는 『상술한 민주주의적 민족주의 곧 신민족주의의 입지에서, 나는 이 책에서 우리 민족사의 대강령을 논술한 것이다』라고 한 것은26) 그의 그러한 역사관을 천명함이었다.

남창의 이와 같은 신민족주의 이론 및 우리 역사의 체계화는, 그 스스로가 『내가 신민족주의 조선사의 저술을 기도한 것은 소위 태평양전쟁이 발발하던 때부터이었다. 동학 수우(數友)로 더불어 때때로 밀회하여 이에 대한 이론을 토의하고 체계를 구상하였다』고27) 한 데서 알 수 있듯이 1941년경부터이었다. 연전에서 아직 강의를 하고 있었던 그는 일본사 교육을 담당해야 할 것을 거부하고 보전으로 완전히 직을 옮겼는데, 그후 그는 이인영(李仁榮)·조윤제(趙潤濟) 등 제씨와 돈암동 자택이나 보전 도서관에서 민족사관에 의거한 민족사의 체계화에 전념하였으며, 후진들에 대한 지도에도 힘썼다. 28) 그리고

---

24) 孫晋泰, 朝鮮民族史槪說 自序.
25) 同上.
26) 孫晋泰, 國史大要 自序.
27) 孫晋泰, 朝鮮民族史槪說, 自序.
28) 孫寶基 교수의 교시에 의함. 孫교수는 그중의 한 사람이었다. 그리고 李佑成 교수에 의하면 이들은 이때 그들 스스로를 〈東山學派〉로 칭하는 일이 있었다고도 한다.

그러한 노력의 결과로서 해방후에 그 결실을 보게 된 것이 전기의 두 저서이었다.

그렇지만 이것은 어디까지나 우리 역사의 체계화를 위한 구상의 시기가 그렇다는 것에 불과한 것이며, 그가 이와 같이 폭넓은 민족과 민족주의를 발견할 수 있었던 것은 그에 앞서 오랜 시일에 걸친 학적 연구의 결과이었다. 그는 대학시절에 벌써 우리나라의 고가요(古歌謠)를 공부하고 이를 일문(日文)으로 번역 간행하였는데, [29] 이를 통해서 그는 역사를 움직이는 주체가 귀족만이 아니라 그 밑바닥에 광범한 민중이 있음을 인식하고 또 우리나라에도 국민문학이 있었다는 민족적 긍지를 가질 수가 있었으며, 그후에는 계속 민속학에 전념하여 그것을 문화사적으로 연구함으로써, 우리 민족사의 주체로 간주되어 오는 귀족 지배층이나 그 문화 이외에도 피지배층으로서의 민중과 그 문화가 있다는 것과 그 중요성을 인식하였고, [30] 또 우리의 민족문화는 우리 문화로서의 특색이 있는 것이지만 그러나 그것은 요원한 고석(古昔)으로부터 결코 고립한 문화가 아니요 실로 세계문화의 일환으로서 존재하였다는 것을 인식하였던 것이었다. [31]

이는 국내문제로서의 지배층과 피지배층의 문화의 문제, 대외문제로서의 타민족과의 문화접촉의 문제인 것으로서, 그는 이것을 종합적으로 파악함으로써 비로소 우리 문화가 정당하게 이해될 것임을 표현하는 것이었지만, 이러한 학적인 태도는 민속학의 방법으로서만 그칠 것이 아니라 역사학 일반에도 확대 적용될 수 있는 것이었다. 그리하여 그가 그의 연구영역을 역사학 전반으로 확대할 때, 그의 민속학에서의 우리 문화에 대한 인식태도는 민족사 전체의 인식을 위한 방법론이 될 수가 있었던 것이며, 그것은 결국 신민족주의 이론으로서의 민족사관으로 집약될 수가 있었다.

그러기에 그는 민족사의 체계화나 민족문화의 발전을 인식함에 있어서는 민족문화 전체에 관련된 제문제가 종합적으로 구성적으로 이해되어야 할 것이며, 어떠한 특정한 문제나 그것을 파악하기 위한 특정(狹隘)한 방법론이 우리 역사, 우리 문화 이해를 위한 전체로서 대치

29) 孫晋泰編, 朝鮮古歌謠集, 1929.
30) 孫晋泰, 朝鮮民族文化의 研究, 1948 自序.
31) 孫晋泰, 朝鮮民族説話의 研究, 1947 序説.

되어서는 아니될 것으로 생각하였다. 그는 그러한 사관의 예로서는 자본주의의 극성과 병행하여 등장하는 계급사관을 들고 있었는데, 이러한 사관은 현시점에서는 우리 역사를 인식하기 위한 최선의 방법론이 될 수 없는 것임을 말하였다.

그는 그것을 『계급의 생명은 짧고 민족의 생명은 긴 것을 인식할 때 우리는 민족사의 나아갈 길이 오직 신민족주의에 있을 것을 스스로 알게 될』것이라고 하였으며, 귀족중심 왕실중심의 역사서술을 타도하는 데 공이 컸던 백남운의 업적에 경의를 표하기는 하였지만, 『그러나 나의 견지로 보면 씨는 〈우리 자신〉의 일부만을 발견하였고 〈우리 자신〉의 전체를 발견하지는 못했다. 씨는 피지배계급을 발견하기에 너무나 열중한 나머지 〈민족의 발견〉에 극히 소홀하였다』고 표현하고 있었다.[32] 그는 하나의 사회계급은 민족이라고 하는 전체 속의 일부에 지나지 않는 것이며, 따라서 그러한 사회계급간의 대립과 알력과 항쟁의 문제는 민족사 내부에 있어서의 한 문제, 이를테면 사회발전의 문제로서 취급하면 될 것으로 보는 것이었다.

그리하여 남창이 도달한 민족사의 이론은, 대내적으로는 민족을 구성하는 전사회계급의 모순관계와 의식의 문제를 사회발전의 체계 속에서 인식하고, 대외적으로는 우리 민족의 타민족에 대한 투쟁과 문화교류를 통한 민족문화의 성장을, 대내 문제로서의 사회발전의 논리와 연결시켜 이를 전 민족의 성장 발전이란 체계 속에서 전개하려는 것이었다. 다시 말하면 민족성장의 논리와 사회발전의 논리를 하나의 논리로서 종합함으로써 우리의 역사를 보다 더 폭넓은 민족사로서 파악하려는 것이었다. 그의 두 개설이 역사의 발전을 민족의 성장과정으로서 시대구분하였으나, 그것이 동시에 사회구성의 발전과정을 의미하는 것이었음은 그의 그러한 역사이론의 결과이었다.

민족사학이 오랜 기간에 걸쳐서 구상해온 민족사관에 의한 우리 역사의 체계화나, 민세가 제기하였던 바 신민족주의 이론에 입각한 민족사의 구체적인 체계화가, 남창의 이와 같은 체계와 같은 것이었겠는지는 의문이지만, 그러나 남창의 이와 같은 역사인식으로서 민족사학의 학적인 수준이 한층 더 높아지고 그 내용이 더욱 풍요하여졌음

---

32) 孫晋泰, 朝鮮民族史槪說, 自序·緖說.

은 말할 필요조차 없는 일이라고 하겠다.

이와 같은 남창이 해방후에는 학산·두계 등과 더불어 경성대학의 사학과를 재건하여 우리 역사연구의 방향을 주도하고 있었다. 그의 밑에서는 많은 제자들이 그의 학적인 영향을 받게 되고 국사학자로서 성장하였다. 해방 직후에 서울대학을 졸업한 이들이 이에 해당하지만, 그중에서도 특히 남창과 가까이 지내던 사람들은 남창을 위해서 작업을 하기도 하였다. 『조선민족문화의 연구』는 이와 같은 제자들의 노력으로서 번역 편집되고 교정 간행되기에 이른 것이었다. 남창이 그의 서문에서 밝히고 감사의 뜻을 표하고 있는 것을 보면 그러한 제자들은 조풍연(趙豊衍)·백남형(白南瑩)·한우근(韓佑劤)·이순복(李洵馥)·손보기(孫寶基)·김철준(金哲埈)·연상현(連相炫) 등의 제씨이었다. 오늘날의 우리의 국사학계를 지도하는 인사들이 적지않이 있음을 볼 수 있다. 6·25는 남창을 우리의 학계에서 빼앗아갔지만, 그러나 그는 많은 제자들을 우리의 학계에 남겨주고 그 학풍을 계승시켜 준 것이라고 하겠다.

(3) 이인영(李仁榮)

학산도 본래 민족사학 계열의 출신이 아니었으나 그 민족의식의 강렬함과 그 연구분야의 특성으로 인하여 그리고 민족사학의 명문에 직을 가지게 됨으로 인하여 민족사학의 일원이 된 인물이었다. 그는 경성제대의 조선사학과(朝鮮史學科)에서 우리 역사를 전공하였고, 이어서는 동대학의 촉탁이 되기도 하였던 데서 실증주의 역사학의 일원이기도 하였으나, 남창이 연전에서 보전으로 옮길 무렵 남창의 주선으로 연전에 직을 가지게 되고, 이어서 남창과 더불어 민족사관에 입각한 우리 역사의 체계화를 구상하기도 하고, 그러한 입장에서 그 자신의 연구도 진행시키게 된 역사가였다. 『한국만주관계사(韓國滿洲關係史)의 연구』(1948 編輯, 1954刊)와 『국사요론(國史要論)』(1950)은 그러한 연구과정에서의 소산이었다. 전자는 민족사학의 대외관계 연구의 또 하나의 표본일 것이며, 후자는 남창의 『민족사개론』과 더불어 민족 또는 민족정신을 기층(基層)에 깔고 전개한 우리 역사의 개설서였다.

그의 대외관계 연구는 흔히 볼 수 있는 외교사나 교섭사가 아니라, 국내의 정치적 또는 사회경제적인 정세를 배경으로 한 대외정책을,

타민족이나 타국가의 내적 정세의 배경 위에서 전개되는 국제정세의 변동과 관련시켜서 파악하려는 데 특징이 있었다. 그는 이러한 연구를 통해서 우리 민족의 역사가 우리 민족만으로서 성장해온 것이 아니라, 동양 속에서 그리고 나아가서는 세계 속에서 호흡하고 작용하면서 성장해온 것임을 인식하기에 이르렀다. 그리하여 이와 같은 연구과정을 거치면서 통사(通史)의 체계화를 구상하게 된 그는, 무엇보다도 세계사와 한국사 즉 보편성과 개별성의 조화의 문제를 깊이 생각하게 되었으며, 그러한 가운데서 민족사의 발전과정을 체계화하여야 한다는 논리를 세우게 되었다.

그가 『우리는 민족적 세계관, 세계사적 국사관을 확립함으로써 진정한 민족문화와 세계문화와의 관계를 파악하여야 할 것』이라고 한 것은 그러한 사정을 말함이었다. 33) 민족적 세계관, 즉 세계사적 국사관은 이른바 신민족주의 이론에 입각한 민족사관인 것이었다. 그의 현실파악이나 그 역사의식은 철저하여서 그는 『우리 민족의 현실은 무엇보다도 민족적 자유와 평등에 가장 큰 관심을 갖고 있다』는34) 전제 위에서 작업을 하고 있었다. 남창은 그와 같은 그의 역사학자로서의 입장을 평하여 〈신민족주의 국사학계의 중진〉이라고 말한 바 있었다. 35) 그의 『국사요론』은 말하자면 민족사관이란 입지에서 우리 역사와 세계사와의 조화를 찾으려고 노력한 역사서술이었다.

민족사관이라는 그의 역사학의 입장에서 우리는 그의 역사의식이 어떠하였겠는가를 쉽사리 추측할 수 있는 일이지만, 그는 민족을 중심으로 한 〈확고한 현대의식이 없이는 역사학이 성립될 수 없는〉 것이라고까지 하였다. 36) 민족 또는 민족정신이 기층에 깔려 있는 현대의식이 결여하였거나 그것을 외면한다면, 우리의 역사학은 존재할 수 없는 것이며, 따라서 그러한 역사학이라면 아무리 훌륭한 역사서술이라도 참다운 역사학으로서 인정하기가 어렵다는 것이었다. 그는 그와 같은 역사서술이 현실적으로 존재하고 있음을 지적하고 이를 비판하고 있었다. 그러한 예로서는 두 종류를 들고 있었는데, 하나는 문헌

---

33) 李仁榮, 國史要論, 自序.
34) 李仁榮, 韓國滿洲關係史의 硏究, 跋.
35) 同上 孫晋泰의 序.
36) 同上 跋.

고증 위주의 역사학이나 백과사전적 나열 위주의 역사학이고, 다른 하나는 공식사관에 의한 역사학임을 말하였다. 그래서 그는 그러한 역사학을 다음과 같이 비판하고 참다운 역사학의 수립을 제언하였다.

> 과거의 공적과 권위를 지금에도 보수(保守)하고자 하거나 과거 없는 미래의 이상을 맹신한다면 더불어 역사를 논의할 수 없을 것이다. 전자는 내심에 있어 현학(衒學)을 주로 하기 때문에 때때로 사관(史觀) 없는 사료(史料)의 나열이나 불필요한 정도의 복잡기괴한 사료고증이나 또는 백과사전적 박학(博學)을 과시하는 경향을 갖게 되며, 후자는 홀로 자기만이 가장 과학적 사관을 파악한 듯이 세계사의 필연성을 주장하여 미래를 예언하며 융통성 없는 공식에 사로잡혀 자기와 관점을 달리하면 그 누구를 막론하고 배격한다. 어떠한 주의든 간에 그것은 그 시대의 소산이라 하겠다. 현대는 전자의 보수성과 후자의 반역사성을 비판함으로써 진정한 역사의 수립을 고대하고 있다.[37]

학산이 생각하는 참다운 역사학 그것은 역사의식에 있어서 투철하고 역사서술이라고 하는 기술적인 면에서도 과학적이고 실증적일 수 있는 그러한 역사학이었다. 그는 그것을 『현대의식의 사관이 사료를 통하여 과거로 소급할 때 비로소 참다운 역사가 생겨난다』고 표현하고 있었다.[38] 여기서 그가 말하는 현대의식은 앞에서도 지적한 바 〈민족적 자유와 평등〉을 성취해야 한다는 이른바 신민족주의의 입장에서의 현대의식이었으며, 사료를 통해서 과거로 소급한다는 것은 역사학이 충실하게 사실(史實)의 실증과정을 거치되 그것이 민족사의 고금을 꿰뚫는 본줄기의 체계화에 긴절하게 관련되는 것이어야 한다는 것이었다. 그의 참다운 역사학은 말하자면 민족사관에 의한 역사인식과 역사서술 그것이었으며, 민족사의 계통을 거시적으로 추구하고 체계화하려는 그러한 역사학이었다.

그의 역사인식이나 역사서술은 그 자신의 저서를 통해서만 이해될 것이 아니라 그가 지도한 편찬물에서도 이를 찾아볼 수가 있다. 그는 해방 직후에 재건된 경성대학의 국사연구실에서 남창과의 상의하에

---

37) 同上 跋.
38) 同上 跋.

젊은 연구자들과 더불어 우리 역사의 새로운 체계화를 시도하고, 그 자신의 저서에 앞서, 이미 우리 역사의 개설서를 편찬 간행하고 있었다. 『조선사개설(朝鮮史槪說)』(1946 編纂, 1949 刊)이 그것으로서, 이 사업에는 이순복(李洵馥)·임건상(林建相)·김사억(金思億)·손보기·한우근·이명구(李明九) 등 많은 젊은 연구자들이 참여하여 집필하였는데, 이 저서에서의 우리 역사에 대한 이해는 역사의 발전과정을 사회구성의 발전과정이라는 각도에서 체계화하려는 것이었다. 이러한 학적인 태도는 종래의 민족사학이 지향해온 방향이었으므로, 학산 지도하에 서술되는 본서가 또한 그러한 사풍(史風)을 따르게 되었음은 당연한 논리가 아닐 수 없었다. 그리고 이는 바로 학산 그 자신의 역사서술의 태도를 말해주는 것임이 아닐 수 없는 것이겠다. 학산의 민족사 체계화를 위한 구상은 말하자면 전술한 바 그의 역사이론 내부에 사회발전의 논리를 또한 내포하고 있는 것이었다고 하겠다.

4

민족사학에 속하는 학자는 많은 것이 아니었다. 그러나 그러한 인원으로서도 짧은 기간에 이룬 성과는 결코 적은 것이 아니었다. 이들은 민족을 지키고 민족정신을 수호하는 데 큰 업적을 올렸고, 일제의 식민사학에 대결할 수 있는 역사관을 확립하고 그에 입각한 우리 역사를 체계화하는 데 또한 큰 공적을 남기었다. 그들의 역사의식은 일제의 침략기를 살고 있는 역사가가 지닐 수 있는 최선의 역사의식일 수 있었고, 그들의 역사서술은 이른바 서구의 근대 역사학이 보여준 과학적인 역사서술 그것이었다.

흔히 민족사학의 역사서술은 〈비과학적〉이라든가 〈편협(偏狹)〉하다든가 또는 〈치졸(稚拙)〉하다는 표현으로서 평가되기도 하지만, 그것은 민족사학 전체에 대한 평가일 수는 없고 또 민족사학의 본질을 잘 이해한 정당한 판단일 수도 없겠다. 이들의 역사서술은 민족과 민족정신을 바탕에 깔고 있었으나 역사를 국제관계에서 이해하려는 넓은 안목이 있었고, 우리적(的)인 것을 강조하는 경향이 강렬하기는 하지만, 근거없는 주장을 함이 아니라 그들의 훌륭한 역사안(歷史眼)이 과거에 도외시되었던 면을 새로이 발굴하여 내세우는 데 불과한 것이

며, 그것도 사회과학이나 민속학의 성과까지도 흡수하여 역사를 구성
적으로 종합적으로 이해한다는 견실한 태도를 취하고 있는 것이었다.

혹 오늘날의 수준에서 본다면 20년대 30년대의 이 학파의 사술(史
述)은 소박하였던 것이 사실이지만, 그러나 그러한 상황은 비단 이
학파에만 해당하는 것은 아닐 것이다. 40년대에 이르면 이 학파의 역
사서술은 세련되고 그 수준은 높아지고 있어서, 오늘날의 우리의 역
사서술도 기본적으로는 아직 이를 크게 넘어서지 못하고 있음에 주목
해야 할 것이다.

이들이 40년대까지에 도달한 역사서술이나 한국사 인식의 수준은
높았고 그들이 지향하고 있었던 역사연구의 방향은 오늘날에 있어서
도 지침이 되는 것이다. 그들은 우리 역사의 연구에 있어서 세계사와
의 관련성에 깊은 관심을 가졌고, 세계사적인 역사발전의 제단계를
염두에 두고서 작업을 하거나 또는 그것을 직접 우리의 역사에 도입
하여 적용시키고 있었다. 그중에서도 그들이 크게 유의하고 받아들여
그들의 한국사 인식의 수준을 한층 더 높여주고 그 내용을 더욱 풍부
하게 해준 것은 사회발전의 이론을 우리 역사의 체계 속에서 처리하
고 있는 일이었다. 민족사학의 우리 역사인식에 대한 기본태도는 말
하자면 민족과 민족정신을 기층(基層)에 깔되 그것을 세계사적인 사
회발전의 논리로서 전개하고 체계화하려는 것으로서, 이는 요컨대 우
리 역사인식에 있어서의 주체성의 확립 문제이고 세계사와 관련된 이
른바 보편성과 개별성의 조화의 문제이었다.

그렇지만 이와 같은 민족사학의 역사연구에도 일정한 한계는 있었
다. 그것은 일제의 식민사학이 이를 그들의 식민정책에 이용하였던
정체성 이론이나 타율성 이론의 압력을 배제할 수가 없었다는 점과,
식민사학의 타율성 이론의 거점을 분쇄하기 위해서 초기 민족사학에
서 제기하였던 한사군(漢四郡)의 압록(鴨綠) 이북설을 제대로 발전시
킬 수가 없었다는 점이었다. 민족사학의 여러 연구자들은 사회발전의
개념을 우리 역사에 도입하기는 하였으나 그 이론이 지니는 동양적이
란 단서를 깨지는 못했던 것이며,[39] 한사군의 위치 문제는 식민사학
이나 실증주의 역사학의 고증에 밀려 그들의 주장을 완벽하게 전개할

---

39) 예컨대 李仁榮, 國史要論, pp. 238~239. 우리 民族史의 性格.

수가 없었으며, 여기에 민족사학에서는 저들의 한사군론을 그대로 받아들이거나 또는 절충적인 연구가 되기도 하였다. [40]

그러나 너무나 많은 문제를 그들에게 기대한다는 것은 오히려 잘못일 것이다. 민족사학의 제 인사는 1930년대 40년대라고 하는 시점에서 그들에게 부과된 사명을 훌륭하게 완수하였으며, 그들이 다하지 못한 제 문제는 후학들에게 위임된 것이니, 이러한 문제는 오늘날의 민족사학의 후계자들이나 우리의 역사학 전체가 해결해야 할 과제인 것이다.

<文學과 知性 4호, 1971. 여름>

---

40) 李仁榮의 경우는 압록 이남설을 그대로 받아들였고(國史要論), 孫晉泰의 경우는 압록 이북설과 이남설을 절충하는 견해를 세웠다. (朝鮮民族史槪論 pp. 90~99). 南滄의 이 折衝說은 원래의 韓族國家인 樂浪國과 漢四郡의 하나인 樂浪郡을 구별하고, 漢의 樂浪郡은 遼東半島 이내에 있었다는 丹齋의 견해를 (朝鮮上古史 p. 121) 원칙적으로 따른 것이지만, 다만 樂浪郡의 위치를 植民史學이나 實證主義史學에서 주장하는 在平壤說과 절충하여 平壤에 있었던 것으로 보되, 그것이 중국의 우리 민족에 대한 <民族支配機構>가 아니라 <中國과 樂浪國 사이의 協力·親善機關이었던 것>으로 보는 것이 있다. (孫晉泰, 同上書 p. 99)

日帝官學者들의 植民史觀

李　萬　烈

머 리 말

　최근 몇년간에 걸쳐 우리들에게 심심찮게 들려지는 용어가 있다면, 그것은 식민사관(植民史觀)이라는 말일 것이다　이 말은 한국의 역사학계 안에서만 말해지는 것이 아니고, 심지어는 의정단상에서조차 설왕설래할 정도로 보편화되었다. 그러나 이 용어는 보편화되어가는 그 정도로 정확하게 이해되고 있는 것 같지는 않다.　몇년 전 신문지상을 어지럽혔던 식민사관 논의도 사실은 식민사관을 구조적으로 이해하지 못한 데서 빚어진 것이 아닌가 생각된다. 식민사관은 그 조직과 체계가 대단히 넓고 산만한 듯하면서도, 그 목적하는 바는 하나에 귀일된다. 즉 한국침략과 지배를 역사적으로 정당화하자는 것이다.

　우리는 이 글을 대하기 전에 한두 가지 양해를 구하고자 한다. 첫째 이 글은 식민사관에 대한 폭넓은 이해를 위해서 선학(先學)들의 연구에 힘입어 씌어졌다는 점이다. [1] 또 하나 일본의 한국사 연구자들이 모두 식민사관을 주장한 것이 아니라는 점이다.　양심적인 일본 학자

---

1) 洪以燮, 植民地史觀의 克服, 亞細亞 1969년 3월호. 李基白, 事大主義論의 問題點, 亞細亞 1969년 3월호. 金泳鎬, 韓國史 停滯性論의 克服의 方向, 亞細亞 1969년 3월호. 金容燮, 日帝官學者들의 韓國史觀(韓國史의 反省)·日本·韓國에 있어서의 韓國史敍述(歷史學報 31, 1966). 旗田巍, 日本人의 朝鮮觀(1969, 東京)

들의 격조 높은 연구는 오늘도 이 방면 연구자들에게 많은 교시(敎示)를 주고 있다. 그러나 이 글의 성질상 그분들의 연구내용이 소개되지는 않는다.

이 글에서는 일본의 한국사 연구과정을 먼저 살펴보고 나아가 식민사관의 성립과정과 그 내용을 검토해보려고 한다. 사관 자체를 이해하려고 하는 분들은 3. 한국사의 타율성론(他律性論)과 4. 한국사의 정체성론(停滯性論)만 읽어도 무방할 것이다.

1. 日本의 韓國史硏究

(1) 에도(江戶)시대에서 19세기말까지

일본의 한국연구는 이미 에도(江戶)시대(1603~1867)부터 본격적으로 나타났다. 하따다(旗田巍)에 의하면[2] 에도시대에 이미 세 가지 형태로 보여진다고 한다. 첫째는 주자학자(朱子學者)들이 조선의 주자학, 특히 이퇴계(李退溪)의 학문을 존경·연구하는 입장에서 한국연구를 계속하였는데, 여기에는 하야시(林羅山)·후지와라(藤原惺窩)·야마자끼(山崎闇齋) 등의 일본 주자학의 개조(開祖)들이 있었다. 둘째는 『고사기(古事記)』『일본서기(日本書紀)』 및 그 밖의 일본 고전을 연구하는, 소위 국학자들의 한국연구인바, 이들은 일본의 고전연구를 통해서 태고시로부터의 일본의 조선지배를 주장하게 되었다. 이들에게서부터 형성된 조선사상(朝鮮史像) 및 조선관은 막부(幕府) 말기의 〈정한론(征韓論)〉, 메이지(明治) 이후의 조선침략·병탄(倂呑)·지배의 유력한 관념적 지주가 되었을 뿐 아니라 소위 〈일선동조론(日鮮同祖論)〉〈일한일역론(日韓一域論)〉으로 불려지는 의식형태도 그들의 국학적 전통에 근거하였다고 지적된다. 세째로, 에도시대에 있어서 일본의 국방상 필요에 의해 조선 인식이 대두되는, 소위 해방론자(海防論者)들의 조선연구가 있으며, 이들의 아시아 및 조선인식은 후일 메이지(明治)시대에 자유민권론자들의 아시아관에 연결된다고 한다.

메이지초기에는 조선연구에 관한 별다른 연구가 없었으나, 20년대에

---

2) 旗田巍, 日本에 있어서 朝鮮史硏究의 傳統, 日本人의 朝鮮觀.

이르면 제국대학의 교수로 있던 시게노(重野安繹)·구메(久米邦武)·
호시노(星野恒)의 3인이 『국사안(國史眼)』을 저술하여 신대(神代)의
옛날로부터 근대에 이르기까지의 한일관계를 다루었다. 이 저술에서
주목되는 것은 저 에도시대의 국학의 전통을 계승,〈일선동조론(日鮮
同祖論)〉의 입장에서 일본과 조선과의 관계를 연구하고 있다는 점이
라고 지적된다. 여기에는 출운신화(出雲神話)에 나오는 스사노오노미
꼬또(素盞嗚尊)가 조선의 지배자가 되고, 이나히노미꼬또(稻氷命)가
신라의 왕이 되며, 그의 아들 아메노히보꼬(天日槍)가 일본에 귀복(歸
服)하고, 신공(神功)황후가 신라를 쳐서 신라왕을 항복시키는 등, 한
일관계의 해석을 에도시대의 저 국학자의 견해에 전적으로 밀착시키
고 있다는 것이다. 이 점에 대하여 하따다(旗田)씨는 다음과 같이 지
적하고 있다.

이러한 역사해석으로부터 당연히 조선사에 대한 하나의 역사상(歷史像)이
만들어졌다. 그것은 조선은 신대(神代)의 옛적부터 일본의 지배하에 있었다
고 하는 역사상이다. 이 역사상은 곧 역사 교과서를 통하여 광범하게 일본
국민의 마음에 심어지게 되었다. 거기서부터 조선인에 대한 우월감이 생겨
나게 되었다. 그러나 이 역사상은 조선사 연구에서부터 생겨난 것은 아니다.
조선사 연구가 전혀 없었 시기에 일본의 역사학이 아직 전체적으로 뚜렷
이 미발달된 단계에 있어서 국사편수의 과정에서 생겨났던 것이다. 엄밀한
학문적 검토를 거치지 않고 국학적 전통을 받아 만들어진 것이다. 그러나
이렇게 생겨진 역사상은 그후 오랫동안 학계·교육계에 살아 계속되었다.
더구나 역사교육의 면에서는 패전에 이르기까지, 기본적으로는 고쳐지지 않
고 존속하였다.[3]

(2) 韓國史硏究의 本格化

일본에서는 1885년 제국대학에 사학과가, 그 2년 후에 국사과가 설
치되면서 근대 역사학이 출발하게 되었고, 한국사 연구가 본격화된
다. 이때 요시다(吉田東伍)(日韓古史斷), 하야시(林泰輔)(朝鮮史), 스
가(菅政友)(高麗好太王碑銘考), 나까(那珂通世)(高句麗古碑考·朝鮮古史

3) 旗田巍, 前揭論文 p.233.

考), 시라또리(白鳥庫吉)(朝鮮古傳說考・朝鮮古代諸國名稱考・朝鮮古代地
名考・朝鮮古代王號考・朝鮮古代官名考) 및 쓰보이(坪井九馬三)・시데하라
(幣原坦) 등이 한국사 관계 저서・논문을 발표하고 있었다. 이들의
중심과제는 주로 한국 고대사에 관한 것으로서, 에도시대 이래의 〈국
학(國學)〉이 환기시켜 놓은 문제가 이들에게도 큰 관심사였기 때문이
다. 비록 이들의 연구대상이 〈국학〉의 연구자들과 비슷하다 하더라
도, 이들의 한국사 연구는 서양사학이 가졌던 실증적・합리주의를 기
초로 해서 형성되고 있었다.

  그러다가 20세기에 들어와 일제의 한국병탄이 본격화되면서, 일제
의 한국사 연구는 그들의 침략행위를 합리화하고 정당화하는 방향으
로 다음 세 가지 면에서 서서히 틀을 잡게 된다.

  첫째는 만선사(滿鮮史)의 성립이다. 만선사 또는 만한사(滿韓史)라
는 용어가 언제부터 누구에 의해서 사용되었는지는 분명치 않지만
1910년대에 이미 일컬어지기 시작하였고, 이것은 그 이전에 동양사
연구가 본격화되면서 그 결과로 주어졌을 것으로 추정된다. 앞서 말
한 시라또리(白鳥庫吉)는 한국사 연구에서 출발하여 1890년대 후반부
터는 만주사・몽고사・서역사(西域史)・중국사 등에 연구의 대상을
옮겼고, 하야시(林泰輔) 역시 갑골문자(甲骨文字)의 연구로 중국학에
관심을 돌리고 있었다.

  만선사의 성립배경과 관련하여 만철(滿鐵) 내에 설치한 만선지리역
사조사실(滿鮮地理歷史調査室)의 활약을 주목하지 않을 수 없다. 이
는 시라또리가 만철 총재 고또오(後藤新平)를 설득하여 1908년 만철
동경지사 내에 설치한 것으로, 여기서 한국과 만주 등의 경영에 필요
한 많은 학문적 자료를 제시하고 있었다. 시라또리의 주재하에 당시
동양사 연구에 종사하던 센나이(箭內亘)・마쓰이(松井等)・이나바(稻
葉岩吉)・이께우찌(池內宏)・쓰다(津田左右吉) 등이 여기에 참여하고
있었다. 여기서 『만선지리역사연구(滿鮮地理歷史硏究)』(16冊)를 비롯
하여 『만주역사지리(滿洲歷史地理)』『조선역사지리(朝鮮歷史地理)』
『문록(文祿)・경장(慶長)의 역(役)』등이 간행되었다.

  만선사(滿鮮史)의 내용에 대하여는 후술하겠지만, 이나바 등 주로
동양사 연구에 종사했던 이들이 특히 만선사를 주장한 것이 주목된
다. 만선사라는 것은 한국사의 주체적 발전을 부정하고 한국사를 대

록사에 부용(附庸)시킴으로써 소위 〈한국사의 타율성〉을 강조하는 역사상을 만들었던 것이다.

둘째는 〈일선동조론〉이 강하게 나타난다는 점이다. 에도시대의 〈국학〉의 전통을 이어받아 발전하고 있던 이 주장은, 일제가 한국병탄을 합리화하는 이념으로서 내세우게 되었다. 『국사안(國史眼)』의 저자였던 호시노(星野恒)는 1890년에 이미 강하게 주장하였고, 1910년 병탄 직후 『역사지리(歷史地理)』의 임시증간호로서의 조선호(朝鮮號)에 당시 유력한 일제의 역사가들이 총동원되어 같은 논조를 폈던 것이다. 여기서도 호시노는 그의 논문에서 일제의 병탄행위를 일한동역(日韓同域)의 복고(復古)로 보았다.

〈일선동조론〉은 그 뒤 3·1운동의 발발과 함께 이를 무마하는 이론으로서 다시 강렬하게 고조되었다. 이때 기다(喜田貞吉)는 『일한양민족동원론(日韓兩民族同源論)』을 써서 일제의 조선지배의 정당성과 한민족의 독립운동의 부당성을 역설하였던 것이다.[4]

세째로 20세기에 들어서면서 식민지사관의 근간을 이루는 소위 정체성 이론(停滯性理論)이 등장하고 있음을 지적하지 않을 수 없다. 정체성론은 후꾸다(福田德三)·가와이(河合弘民)·구로따(黑田巖)·야마지(山路愛人)·기다(喜田正吉)·이나바 등과 일제 말기의 모리야(森谷克己)·시까따(四方博) 등이 주장했던 것으로 지적되고 있다. 이에 관하여는 뒤에서 다시 언급하고자 한다.

2. 朝鮮總督府下의 韓國史敍述

(1) 韓國史 政策

한말·일제하의 일본인에 의한 한국사 연구는, 앞에서 본 바에 따라 다음 세 가지 면에서 이뤄졌다고 할 수 있을 것이다.

하나는 그들의 국수주의적 〈국학(國學)〉의 전통을 밑바탕에 강렬하게 깔고서 한국사 연구를 진행하였으며, 이는 〈일선동조론〉으로 연결

---

4) 日鮮同祖論에 대한 자세한 내용과 그 비판에 대하여는 『文學과 知性』 16호에 실린 필자의 「古代韓日關係論의 檢討」라는 글을 참조하기 바란다.

되었다. 둘째는 그들의 한국사 연구는 서양의 소위 근대사학에 바탕을 둔 문헌고증(文獻考證)적 방법을 원용하고 있었다. 여기에서 과거의 한국인에 의한 역사서술을 전근대적인 것으로 몰아버리는 저의마저 갖고 있었던 것이다 또 하나는 한국사 연구가 그들의 제국주의적 침략에 발맞춰 진행된다는 점이다.

일제는 정치·경제·군사적 침략과 함께 그 침략을 용이하도록 하기 위하여 한국의 역사·지리·법제·풍속 등도 연구하였다. 저들이 발견한 것은 한국문화의 저력과 역사인식의 폭과 깊이였다.

이것은 그들이 『조선인은 다른 식민지에 있어서의 야만반개(野蠻半開)의 민족과 달라 독서속문(讀書屬文)에 있어서 문명인에 떨어지는 바가 없다』[5]고 한 바와 같다.

그리하여 한국민이 그들 역사에 애착을 갖고 있는 한 일제의 한국지배가 용이하지 않음을 알고 있었다. 그리하여 그들은 먼저 한국인에게 민족의식을 고취시킬 수 있는 한국사의 독서를 금지시켰다. 1910년 그들의 한국 강점(强占)과 더불어 한국사에 관한 서적들을 불살라버렸다든가, 한국사를 읽는 자에게 신체적 고통을 가했다는 사실이[6] 이를 입증한다.

한편 일제의 식민정책은 단순한 금압에서 머물지 않고 그들의 착상에 따라 한국사를 재구(再構)하려는 데로 나아갔다. 그들은 당시 한창 주장되던 〈일선동조론〉이나 강압만으로는 한민족의 복종을 기대하기 어려움을 알게 되었고, 한국인들이 역사서를 통해서 민족의식 및 독립운동을 고취하고 있는 상황에 비추어 새로운 한국사 정책이 절실히 요청되어졌던 것이다.

더구나 때마침 민족주의 사가(史家)의 한 사람인 박은식(朴殷植)이 중국에서 발간한 『한국통사(韓國痛史)』와 『한국독립운동지혈사(韓國獨立運動之血史)』가 국내에 유입되자, 이에 당황한 일제는 조선사편수회를 설치하여, 『조선사(朝鮮史)』(37권) 편찬에 갑자기 열을 올리게 되었다고 한다. 이것은 그들이 〈한국사서(韓國史書)〉의 절멸책을 강구하는 것은 『노다공소(勞多功小)』일 뿐만 아니라, 혹은 전파를 격려하는지도 모른다. 차라리 구사(舊史)의 금압(禁壓)을 대(代)하기를

---

5) 朝鮮史編修會, 朝鮮半島史編纂要旨.
6) 朴殷植, 韓國獨立運動之血史 附錄(朴殷植全集 上) pp. 228〜229.

공명적확한 사서로써 함이 첩경이고 또 효과는 더욱 현저함과 같지 못할 것』이라고 생각한 데서도 엿보인다.

이러한 배경과 성격을 가지고 일제 정책당국자에 의해 기획되고, 관인학자(어용학자)들에 의해 서술되어진, 일제의 침략을 정당화하려 했던 한국사를 식민사학(植民史學)이라 부른다. 때문에 식민사학은 한국인에 의하여 서술되어진 것도 아니고, 그 역사에서는 한국인이 주체적인 참여자도 되지 못한 반신불수의 역사가 되었던 것이다. 한국인은 이러한 역사에서 긍지와 주체성도, 자기 역사에 대한 애정이나 민족정신도 발견할 수 없었다. 그 반대로 자기 역사의 어두운 면, 숙명적이고 체념적인 것, 수치심, 자포자기만 발견토록 되었던 것이다. 한국인 가운데는 일제하의 식민지적 상황으로 하여 이러한 식민사학을 운명론적으로, 체념적으로 받아들인 경우도 허다하였다고 한다.

이제 우리는 그들이 서술한 한국사의 내용을 검토할 차례다.

하야시(林泰輔)의 『조선사(朝鮮史)』(1892)로부터 미지나(三品彰英)의 『조선사개설(朝鮮史槪說)』(1940)에 이르기까지 살펴봐야 할 것들은 일일이 매거(枚擧)할 수 없을 정도이다. 이들의 개별적인 검토는 다른 기회로 미루고, 우리는 조선총독부가 직접 관여한 두 종류의 책에 대해서만 간단히 언급할까 한다.

(2) 朝鮮史

조선총독부가 부설한 조선사편수회에서 간행된 것이며, 따라서 조선총독부의 정책결정에 의한 것이다. 일제는 3·1운동 후 한국인의 독립정신을 무마하고 이들을 회유·동화시킬 고차원의 식민지 문화정책을 필요로 하고 있었다. 결국 『조선사』는 그들의 소위 문화정책의 명분을 살리는 한편, 이로써 한국인의 역사의식을 흐리게 하여 장기적인 식민지화에 포석(布石)을 굳히는 데 이용되었다.

그러면 그들의 『조선사』편찬의 의도가 어떠한 것이었는가. 이는 『조선반도사』편찬요지에 잘 나타나 있는바, 그 요지는 다음과 같다.

조선인은 다른 식민지에 있어서의 야만반개(野蠻半開)의 민족과 달라 독서속문(讀書屬文)에 있어서 문명인에 떨어지는 바가 없다. 고래로 사서(史

書)의 존재하는 바 많고, 또 새로이 저작되는 바도 적지 않다. 그러나 전자는 독립시대의 저술로서 현대와의 관계를 결하여 다만 독립국의 구몽(舊夢)을 추상(追想)시키는 폐가 있으며, 후자는 근대조선에 있어서의 일청(日淸)·일로(日露)의 새력경쟁을 서술하여 조선의 향배(向背)를 말하고, 혹은 『한국통사(韓國痛史)』(朴殷植)라고 하는 재의 조선인의 저서와 같은 것은 일의 진상을 살피지 아니하고 망설(妄說)을 함부로 한다. 이들의 서적이 인심을 고혹(蠱惑)하는 해독은 참으로 말할 수 없는 바 있다. 그러나 이의 절멸의 책을 강구하는 것은 노다공소(勞多功少)일 뿐만 아니라, 혹은 그 전파를 격려할는지도 모른다. 차라리 구사(舊史)의 금압을 대(代)하기를 공명적확한 사서(史書)로서 함이 첩경이고, 또 효과는 더욱 현저함과 갖지 못할 것이다. 이것이 조선반도사의 편찬을 필요로 하는 주된 이유이다.[7]

  그들은, 만일 이 책의 편찬이 없으면 조선인이 병합과 연락 없는 고사(古史)나 〈병합〉을 저주하는 서적을 읽는 데 그칠 것으로 보았다. 그렇게 되어 세월이 지나면 조선인은 당면한 현상에 익숙하게 되어 총독부하의 〈금일의 명세(明世)〉가 오로지 〈병합의 은혜〉에 연유하였다는 것을 망각하게 될 것이고, 『이렇게 되면 어찌 조선인 동화(同化)의 목적을 달할 수 있겠는가』라고 주장하였다.[8] 이렇게 보면 『조선사』 편찬의 목적은 조선의 장기적인 식민지화에 있었던 것이다.
  한편 『조선사』 간행의 장기적인 의도는 어떠한 것이었는가, 여기에 대하여 김용섭(金容燮) 교수는 다음과 같이 지적한다.

  『조선사』는 단순한 통사(通史)가 아니고 하나의 사료집(史料集)이었다. 일제시대에는 논문이나 단행본을 저술하는 데 왕왕 이 책을 자료로서 인용하였고, 기본사료에 애로를 느끼는 사람은 지금도 이것을 사료로서 사용한다. 많은 사람이 사료를 볼 수 없는 입장에서 이것만이 보급되어 있다면 이것은 유일한 자료가 될 것이다. 식민지 당국이나 조선사편수회의 일본인 고문·위원들은 이런 점에 착안하였다. 그리하여 외관상으로는 모든 사료를 망라하여 서술한 것으로 되었지만, 실제에 있어서는 많은 취사선택이 행하여졌다. 그들에게 유리하고 필요한 것은 되도록 많이 채록하고 한국사의 본질적인 문제나 민족문제 그리고 그들에게 불리한 것은 수록하지 않았다. 『조선사가 그들의 식민지 통제에 기여하는 바는 실로 크고 원대한 것이었다.

---

7) 朝鮮史編修會, 朝鮮半島史編纂要旨

이러한 자료를 통해서 한국사를 서술한다면 그것은 한국사의 주체성을 살리는 역사가 될 수는 없을 것이다.[8]

김교수의 지적대로 지금도 『조선사』를 기본자료로 이용하는, 그리하여 식민정책이 의도했던 그 한계를 벗어나지 못하는 한국사 연구가 있음을 부언해 둔다.

(3) 朝鮮史의 길잡이

이 『조선사의 길잡이(朝鮮史のしるべ)』라는 책은 아직도 학계에 널리 알려진 것은 아니지만 이것은 1936년(昭和 11) 조선총독부가 간행한 것으로 총독부에서 발행했다는 사실 자체가 중시된다. 서문에는 당시 조선총독부 관방(官房) 문서과장인 시오따(鹽田正洪)가 쓴

> 작(昨) 소화 10년 10월 1일, 우리 조선總督府는 시정(施政) 25년을 맞았다. 이 소책자(小册字)는 그것을 계기로 해서 조선 고금의 역사를 간단히 알아보려고 하는 사람들을 위하여 특히 그 수(총독부시정 25주년—필자)에 인연해서 25장을 설하고 기술했던 것이다.

라는 내용이 있다. 이를 보면, 이 책은 조선총독부가 시정 25주년을 기념하기 위하여 만든 것이며, 따라서 25장으로 짰던 것임을 쉽게 알 수 있다.

이 책의 저자(末松保和라는 설이 있음)가 누구인지 분명치 않지만, 꽤 널리 알려졌던 모양이다. 소문에 의하면, 해방후 유네스코에서 한국사를 소개하는 자료로서 이 책을 번역하여 배포했다고 하니, 이 책이 어느 정도로 성가를 가졌는지 짐작할 수 있다. 유네스코에서의 번역이 일본인들의 농간에 의한 것인지는 모르지만, 이런 여러 점으로 보아서 한번 주목해볼 필요가 있다고 생각한다.

25장으로 된 이 책의 목차는 이렇다.

① 시대구분 ② 반도의 서광 ③ 낙랑군의 소장(消長) ④ 한(韓)·예(濊)의 민(民) ⑤ 고구려의 강성 ⑥ 백제·신라와 임나(任那) ⑦ 남북대립의 형

---

8) 金容燮, 日本·韓國에 있어서의 韓國史敍述, 歷史學報 31, p. 135.

세 ⑧ 신라의 강성 ⑨ 수·당의 내정(來征) ⑩ 신라의 통일 ⑪ 하대(下代)의
신라 ⑫ 고려의 국기(國基) ⑬ 외난과 이(李)·최(崔) 2씨의 전권(專權) ⑭
강화천도(江華遷都) ⑮ 원구(元寇)와 고려 ⑯ 고려로부터 이조에 ⑰ 남북의
2 문제 ⑱ 문헌정비 ⑲ 불교와 유교 ⑳ 붕당의 화(禍) ㉑ 문록(文祿)·경장
(慶長)의 역(役) ㉒ 명·청의 제(祭) ㉓ 학문의 신경향 ㉔ 동양의 개항과 조
선 ㉕ 통감과 총독정치

우리는 우선 이 책의 서술이 어떤 입장에서 이루어졌는가를 살피지
않을 수 없다. 먼저 〈시정 25년〉과 이 책의 25장을 맞춘 점이다. 이
를 두고 그들의 얄팍한 의식수준을 논한다는 것은 논하는 쪽이 오히
려 어리석을지 모른다. 또 하나 이 책에는 서술의 주체가 분명히 나
타나 있다. 한국사를 서술하면서 〈우리나라〉(我ガ國, 일본을 가리킴) 운
운의 기술이 종종 보이는 것으로 보아, 한국인의 입장에서가 아니라
일본인의 입장에서 이 책을 서술한다고 해야 할 것이다.

이러한 입장에 서고 보니 한국사의 진실을 서술한다기보다는 저들
의 편리에 따라 한국사를 가감 개작하지 않을 수 없었다. 이 점은 특
히 정치적 문화적 대외관계에서 많이 보이는데 몇 개만 지적해보자.

① 시대구분에 있어 고조선시대·낙랑군시대·삼국시대 등으로 나
타내어 400여년 간에 걸친 소위 낙랑군시대가 한족의 피지배시대임을
강조했다. (ppp. 1～2)

② 단군(檀君)에 관한 사실은 보이지 않고 의식적으로 기자(箕子)
를 먼저 내세워 한국사의 주체성을 부정하고 있다. (p. 6)

③ 한국사의 파행성(跛行性)을 강조하려는 듯이 궐사시대(闕史時
代)(pp. 21, 29) 운운함이 보인다.

④ 신라·백제의 실제 건국을 4세기 후로 미루어 은근히 역사의
후진성을 강조하고 있다. (p. 28) 이 점과 관련, 저들은 중국측 기록은
신빙하고 『삼국사기(三國史記)』『삼국유사(三國遺事)』의 것은 의식
적으로 외면하려 한다. 이러한 경향은 현재까지 한국사학계에 잔존해
있다.

⑤ 제 6 장 제목을 「백제·신라와 임나(任那)」라 하였을 뿐 아니라
『임나는 우리나라(日本)의 직할영역이고 신라·백제 어느 나라도 우
리나라(日本)에 신속(臣屬)의 관계를 맺고 있었다』고 주장한다. (p. 29)
또 저들은 백제·신라가 강성한 후에도 옛 삼한지역에서 주도권을 쥐

고 있던 나라는 일본이었다고 주장한다.

⑥ 제 7 장은「남북대립의 형세」인바, 여기의 북은 고구려, 남은 일본을 의미한다. 이 남북대립의 시기는 삼국정립기 전에 있었는데 이것은 광개토왕비(廣開土王碑)에 의하여 입증된다고 한다.(pp.30~32)

⑦ 외세의 한족지배를 강조하는 만큼 한민족의 대외전쟁 승리는 과소평가하거나 그 사실을 숨기고 있다. 고구려의 대수(對隋)전쟁 승리는『고구려는 잘 이것을 막았고』라는 한마디 외에는 없고, 대당(對唐)전쟁은『정관(貞觀) 19년 봄 당(唐)군은 고구려의 땅에 들어왔고 10월에는 진격하여 압록강(요하의 착오인 듯함—필자)반(畔)의 안시성을 공격하였지만 결국 이기지 못하고 군대를 돌렸다』(p.47)라고만 서술하고 있다. 이에 비하여 백제 멸망 후 왜(倭)의 구원군 파견과 그 실패는 장황하게 설명하였다. 구원병의 실패가 문제가 아니라 그 정신이 어디에 있는가가 중요하다면서 그들의 파병을『공명한 무사정신에 기초했다』고 자화자찬하고 있다.(p.49)

⑧ 임진왜란을 왜구(倭寇)로 쓰지 않고〈문록(文祿)·경장(慶長)의 역(役)〉이라 하며(이것은 저들 역사가들 대부분이 이렇게 쓰고 있는 듯하다), 이 부분 서술 9페이지 중 이순신(李舜臣)에 관한 부분이 2행 반이고(p.124) 의병활동에 대하여는 전혀 언급이 없다.

⑨ 이 책에는 곳곳에 중국·몽고·만주·일본 등지에 대한 입조(入朝)·입공(入貢 : 歲幣)을 서술하여 한국사의 비주체성(타율성)을 강조하고 있다.(pp.51, 53, 54, 56, 71, 136 등)

⑩ 문화모방·문화유입설을 강조하여 한국이 독자적인 문화를 갖지 못했음을 증명하려는 듯하다.(pp.8, 66 등) 가령 훈민정음 창제만 하더라도 몽고로부터의 전파설을 강력히 내세우고 있다. (pp.107~108)

우리는 위에서 조선총독부가 발행한 두 책을 간략히 보았다. 이들 책에서 나타난 문제점들은 차이는 약간 있을망정 일반 개인 저서들에도 나타나는 현상이다. 이것들을 집약하면, 첫째 국초(國初)가 단군에서 시작되는 것이 아니고 중국의 식민지에서 시작된다는 것을 강조하며, (이 점을 특히 강조하는 사람이 稻葉岩吉이다. 그는 그의 저서마다 한국사는 중국의 コロに(콜로니 : 식민지라는 뜻—필자)에서 시작되었다고 강조한다) 둘째, 고대사에 있어서 역사의 상한선을 가능한 한 끌어내리려 하며(이 점에서 일제하에서 구석기시대를 거론하지 못한 것이 이해되어야

할 것이다), 세째, 한국문화의 발전은 외문화(外文化)의 모방과 그 유입에 의한 것으로 세계사 발전에 비해서는 파행적(跛行的)으로 진전되어 왔으며, 네째, 외세의 침략이 강조되고 그 퇴치능력은 크게 평가되지 못했으며 따라서 외세에 대한 소위 사대주의를 크게 부각시켰고, 다섯째, 문헌고증적이고 실증주의적인 학풍에도 크게 관계가 있겠지만 연구대상이 정치사 중심으로 되어 사회·경제·문화발전의 규명은 거의 하지 않았고, 따라서 정체성을 강조하게 되었으며, 여섯째, 사회 내부의 어두운 면, 수치스러운 면, 예를 들면 당쟁 같은 것을 크게 부각시켜 강조하는 경향이 있었다고 말할 수 있을 것이다. 아마도 이 점은 역사연구를 통하여 그들의 침략과 지배를 합리화하려는 식민사학의 기본적인 서술태도였던 것으로 생각된다.

3. 韓國史의 他律性論

(1) 他律性理論

이제 우리는 식민사관에 대하여 살펴볼 차례다.

위에서 살펴본 바와 같이, 일제의 정책당국과 거기에 동원된 많은 관인학자들이 한국사에 대하여 왜곡된 태도를 가지고 한국사를 연구·서술한 목적은 무엇인가. 그것은 한국의 식민지화를 역사적으로 정당화하려는 데 있었다고 지적된다. 한국의 식민지화를 역사적인 견지에서 정당화하려 했던 관점——우리는 이것을 식민사관이라 부른다——을 요약하면 크게 타율성 이론과 정체성 이론으로 구분할 수 있다.

타율성 이론은 한마디로, 한국사의 전개과정이 한민족의 자주적인 역량에 의하여 자율적으로 이루어졌다고 하기보다는 외세의 간섭과 압력에 의하여 타율적으로 이루어졌다고 설명하는 것이다. 다시 말하면 한국의 수천년 역사는 북쪽의 중국·몽고·만주와 남쪽의 일본 등 이웃한 외세의 침략과 압제 속에서 비주체(非主體)적으로 전개되어 왔다는 것이다.

저들은 이러한 역사이론을 정당화하기 위하여 한국사에 보이는 타율적 요소들을 적출하여 그것을 역사주류로 서술하기에 정력적으로 노력하였다. 반면 한국사의 자주적인 모습은 애써 감추려고 하였다. 앞에서 지적한 바와 같이 대외투쟁사에 있어서 자주적인 문화의 역량 없이는 그 승리가 불가능한 사건들조차 거의 외면하거나 애써 과소평가하려 했을 뿐 아니라, 그 자주적 승리를 가능케 해준 사회경제적·문화적 능력에 대하여는 일언반구 언급할 여유를 갖지 못했던 것이다. 또 고대사에 있어서 한국인의 자주성과 깊이 관련 있다고 하는 단군에 대하여도, 『그 설이 황당(荒唐)하여 믿지 못할 것』[9]으로, 혹은 단군조선이 반도 고대사의 한 시기를 획하였다고 하는 것은 올바른 역사연구로서 이를 인정할 수가 없다』[10]고 주장하였던 것이다.

자주적인 모습을 부정하고 애써 타율적인 촛점에 맞추려고 한 한국사, 특히 고대사의 모습은 뻔한 것이었다. 한국사는 태고적부터 북쪽은 중국의 식민지로서, 남쪽은 일본의 영향 아래에서 시작되었던 것이다. 즉 북쪽은 기자·위만·한사군 등의 중국세력이 지배하였고 남녘은 신공(神功)왕후의 정벌을 전후하여 수세기간 일본의 지배하에 있었다고 하는, 소위 일본의 〈남선경영설(南鮮經營說)〉 내지는 〈임나일본부설(任那日本府說)〉을 안출해냈던 것이다. 이미 거론한 바 있는 『조선사의 길잡이』에서 그러할 뿐 아니라, 오다(小田省吾)도 전기한 책의 전기부분의 목차를 제1장 원시상태, 제2장 지나통치(支那統治) 이전의 북선(北鮮), 제3장 지나의 군현(郡縣), 제4장 고구려의 흥기(興起), 제5장 일본부(日本府) 설치 이전의 남선(南鮮), 제6장 일본의 세력수립(勢力樹立)으로 짜고서, 조선 상세사(朝鮮上世史)의 전기는 북의 지나, 남의 일본이 한국을 양분·통치하고 있었던 것처럼 주장하였다.

이러한 한국사 전개의 논리는 비단 고대사뿐 아니라 그 이후까지도 확대 적용하여 한국사에 있어서의 외세의 역할을 강조하고 그 외세에 의하여 타율적인 역사가 강요되어졌다고 주장하였다.

이 타율성 이론은 한국사의 일반적인 서술에서뿐 아니라 다음과 같은 특수한 관점에서도 더욱 강조되었다. 그것은 만선사관(滿鮮史觀), 반도적 성격론, 사대주의론 등으로 이는 일본의 한국사 연구학파와도 관계가 있는 것이다.

---

9) 林泰輔, 朝鮮史 1권 p.19.
10) 小田省吾, 朝鮮史大系 上世史 p.32.

(2) 滿鮮史觀

앞에서 우리는 만선사의 성립 배후에는 20세기초 일제의 만주·한국 경영에 발맞춰 만철(滿鐵) 동경지사 내의 만철지리역사조사실(滿鐵地理歷史調査室)을 중심으로 동양사 연구에 열을 올린 일군의 학자들이 있었다고 지적하였다. 따라서『만선사라는 것은 일본의 동양사학자가 일본의 대륙정책=만한 경영에 직접적·조직적으로 연결되어 생겨났던 것이다.』[11] 이들의 역사인식은 근대 서양사학의 실증주의적 방법에 기초하여 있었으므로 소위〈국학적〉전통을 가진〈일선동조론자〉들에게 비판적이었다. 사실〈일선동조론〉은 이들 동양사학자들에 의해서 먼저 비판받았다.

그러나 정작 한국사의 타율성 이론은 이들 동양사학자들의 만선사관에서 시작되었다 하여도 과언이 아니다. 만선사관은 만주사를 중국사에서 분리시켜 한국사와 더불어 한 체계 속에 묶는 것으로, 이는 중국이 만주에 대하여 영토상의 주권을 행사하지 못하도록 역사적인 논거를 제시하는 데 그 목적이 있었다.[12] 그러나 한국사의 입장에서 볼 때 만선사의 체계는 한국사의 독자성·자주성을 불가피하게 부정하게 되는 것이다. 만선사는 그 체계에서뿐만 아니라 한국사 연구의 방법론에서 보더라도 한국인의 자주적 활동을 부정한다고 지적된다. 첫째 만선사는 통일신라 이전 삼국시대에 고구려가 만주에서 활약하고 있었기 때문에 그 성립이 가능한 것인데, 만선사의 등장은 한국 고대사에 역점을 두게 한다는 의미에서, 한국사를 그후의 한민족 발전의 역사나 일제하의 민족운동과의 관련을 무시하도록 유도하기 위한 것이었다고 풀이된다. 둘째로는 만선사의 연구가 주로 지리연구에 치중했다는 것과 관련된다. 역사연구의 중요 대상을 지리적인 것에 둘 때 인간사회의 존재는 경시되게 마련이고, 그런 의미에서 역사지리 중심의 만선사 연구는 한국인이나 한국민족의 존재를 망각시켜버렸을 것이라고 한다. 이 점에 관한 하따다씨의 지적은 이렇다.

---

11) 旗田巍, 滿鮮史의 虛像, 日本人의 朝鮮觀 p. 188.
12) 李龍範, 韓國史의 他律性論批判(亞細亞 1969년 3월호).

거기(만선사—필자)서 조선사는 조선인·조선민족의 역사로서가 아니고 조선반도에서 일어난 역사로 되고, 결국 눈에 띄기 쉬운 외적의 침입, 외국 지배하의 조선이 조선사의 주된 연구대상이 된다. 거기서는 조선인의 민족적 저항은 망각되어지고 외압(外壓)만이 강조된다. 그 외압 가운데는 만주로부터, 혹은 만주를 경유해서 온 것이 많다. 그것이 만선사를 지탱해온 하나의 배경이 되고 있다.[13]

만선사의 가장 강력한 주창자는 이나바(稻葉岩吉)였다. 그는 중국사·만주사·한국사에 관한 많은 저서를 남겼고, 한국 고대사에 관한 한 앞에서 보았던 식민사학자들과 같은 입장을 취하고 있었다. 그는『조선민족사(朝鮮民族史)』에서 임나일본부설(任那日本府說)을 주장하여, 조선 해안부락에 왜인이 거주하였고(p.24), 구야한국(狗邪韓國; 金海)은 왜의 북안(北岸)에 있었으며, 낙동강 하류가 독로국(瀆盧國)과 왜와의 접계였고(p.25), 임나수부(任那首府)의 최초의 위치가 구야한국(狗邪韓國)이었던 가라(加羅)라고(p.26) 주장하였다.

3·1운동 후 이나바는 〈만선사관〉을 강력히 밀고 나갔다. 이 때 기다(喜田貞吉)에 의해서는 〈일선동조론〉이 더욱 세차게 주장되는 것이 또한 흥미로운 일이다. 이 두 이론은 상당한 거리를 갖고 있는 것이지만, 가령 단군 존재를 부인한다든가(朝鮮의 文化問題, 支那社會史研究 pp. 271~297 所收), 한국인의 민족운동을 무마·억제시키려는 데에는 일치하고 있었다. 그는 또「만선불가분(滿鮮不可分)의 사적(史的) 고찰」(支那社會史研究 pp. 299~314 所收)을 발표하였다. 이 글은 당시 백만이나 넘는 만주 이주 한국인의 사회문제를 다룬 것이다. 여기에서 그는 한국인의 이같은 이주가 일제의 악랄한 수탈 식민정책에 의한 것임에도 불구하고 여기에는 아랑곳없이 한국과 만주의 일체성만 강조, 한국인의 만주 이주를『조종(祖宗)의 고지(故地)에 환원하는 것』(同 p.314)이라고 주장하였던 것이다. 또한 그는 한국과 만주는 태고적부터 민족·영토·경제면에서 불가분의 관계를 유지해왔다고 주장함으로써 한국사의 독자적인 발전과 한국의 독자적인 지배영역의 존재를 부인하고, 나아가서는 저들의 만주지배의 합리화를 주장했던 것이다. 이 주장이 어떤 의미를 갖게 되는지 다시 하따다씨에 주목해보자.

---

13) 旗田巍, 滿鮮史의 虛像 p.190.

이나바 박사의 〈만선불가분론(滿鮮不可分論)〉은, 그 후에 만주사변이 일어나고, 만주국이 세워져서, 일본의 대륙침략이 급속도로 진전되는 시기에 이르면 일단 큰 의미를 갖게 된다. 그것은 조선과 만주, 그 위에 일본·중국을 가한 동아시아 전체의 역사의 구성을 시도함으로써 일본의 아시아 제압의 합리화를 기도하게 된다. 그 동아시아사의 구성 가운데서 〈만선불가분〉은 중요한 지위를 점했다. 조선사의 자주성의 부인, 조선사의 대륙사에의 환원이 중요한 논거로 되었다.[14]

그 뒤 이나바는 「만선사대계(滿鮮史大系)의 재인식」(1935년)을 발표하였다. 거기서 그는 조선에서 발생한 큰 역사적 사건은 모두 대륙정국의 반영이었다고 주장하였다. 이나바의 두 논문은 3·1운동 같은 한국인의 민족해방운동 발발 후에 다분히 이를 의식하고서 발표한 것이 주목된다. 그렇다면 이 주장은 한국사의 주체적 발전을 부정함으로써 당시의 민족운동에 찬물을 끼었으려는 것이 분명하다고 하겠다.

여하튼 만선사관에 의해 형성된 이러한 사고방식은 식민사관의 중요한 부분인 〈타율성 사관〉을 만들었고, 나아가 한국의 정치·경제·문화 등 일체가 외래세력의 압도적 영향하에 이룩되어 한국의 독자적인 것은 없다는 논리로 발전하며 한국인에는 자주성이 없다는 사고의 논거가 되었던 것이다.

(3) 半島的 性格論

위의 만선사관론자들과는 다른 입장에서 한국사의 타율성 이론을 주장한 경우가 보인다. 그 대표적인 것이 미지나(三品彰英)로, 그의 『조선사개설(朝鮮史槪說)』(弘文堂, 東京, 1940) 서설에는 「조선사의 타율성」(pp. 1~11)이라는 제목이 버젓이 걸려 있다. 그는 우선 한국사의 성격을 부수성(附隨性)·주변성(周邊性)·다린성(多隣性)으로 규정하고 이 같은 한국사의 최대 형성요인이 반도라고 하는 지리적 조건임을 지적하고 있다. 『아시아 대륙의 중심부에 가까이 부수된 이 반도는 정치적으로도 문화적으로도 반드시 대륙에서 일어난 변동의 여파를 입음과 동시에 또한 주변 위치 때문에 항상 그 본류로부터는

---

14) 旗田巍, 滿鮮史의 虛像 p. 194.

벗어나 있다』(p.2)고 부수성을 주와장하였다. 또 『이같이 주변적임과 동시에 다린적이었던 조선반도의 역사에 있어서는 이 두 개의 반대작용이, 혹은 동시에 혹은 단독으로 미쳐서 아주 복잡다기한 양상마저 나오게 하고, 동양사의 본류로부터는 벗어나 있으면서, 항상 1개 내지는 그 이상의 제세력의 여파가 폭주적(輻輳的)으로 미치고, 때로는 2개 이상의 세력의 항쟁하에 시달리고, 때로는 하나의 압도적 세력에 지배되었다든가 했다』고 그 주변성·다린성을 설명하면서 이러한 사실이 정치사에서와 마찬가지로 문화사에서도 보여진다고 하였다. 그리하여 그는 『발전이라고 하는 사적 관념(史的觀念)에 의해서 조선사를 이해하고 논하려 할 때 우리는 여기에 변증법적(辨證法的) 역사발진의 족적(足跡)이 심히 결핍하고 있음을 감득하지 않을 수 없다』고 하여 한국사의 변증법적 역사발전 자체를 부정하였던 것이다.

이렇게 변증법적 발전을 결하고 반도적 성격을 가진 한국은, 미지나에 의하면, 예부터 지나의 전례주의적·주지주의적 지배를 받아 이상적 번이(藩夷)로서 칭찬받게 되었고, 다음으로는 만몽(滿蒙)의 정복주의적·주의주의적(主意主義的) 침략을 받았으나, 그것은 『위대한 그러나 정치와 문화를 수반하지 않은 힘만의 정복이었던』 것이다.

반도적 성격은 대외투쟁 관계에서뿐만 아니라 외교관계·국내 정치권 형성·당벌성·문화면에서도 나타나, 소위 사대주의라고 하는 성격을 형성케 하였다고 주장한다. 그는 한국사를 소위 사대교린·외래문화수용의 역사로 보고, 특히 『사대주의라는 것은 절대적 존재라고 생각되는 국외세력에 복종하고, 그 권위 밑에 번속(藩屬)하고 의존주의에 의해서 국가를 유지하려는 것』으로 규정하였다.

외교관계에 있어서 사대주의가 기본이념이 되어 있었기 때문에, 만일 의존하고 있는 인방(隣邦) 세력에 변동이 생기면 그것이 국내 정치세력에 영향을 미쳐 정쟁(政爭)이 보이고 사적 전환의 중대 시기가 나타나는바, 한국사상에 나타난 친명파·종청파·친일파·친로파 등이 그것이었다고 지적한다. 따라서 한국사 전개에 대한 불가결한 요건으로 외세를 생각지 않을 수 없게 되고 한국사의 분립 항쟁이 그러했던 것처럼, 그 대립의 해소도 대부분 타율적으로 이뤄졌다고 하며, 이런 상황에서 한국사에 있어서의 변증법적 발전을 기대할 수 없다고 주장하였다. 이러한 타율적 요소는 문화창조면에서도 나타나,

한국의 문화는 〈종주국〉의 것을 모방한 것 외에는 없다는 식으로 강변(强辯)하게 되었던 것이다.

미지나의 반도적 성격론에 입각한 타율성 이론은 그 나름대로 정연한 논리를 갖고 있어서 어디서부터 그 이론을 반박해야 할지 얼핏 힘들게 느껴진다. 그러나 한 가지 분명한 사실은, 미지나는 한국사가 저렇게 외세에 곤욕을 치르지 않으면 안된 그 이유를 반도라고 하는 지정학적 환경 이론으로 돌려 설명하려 했다는 것이다. 이는 얼핏 보면, 그(三品 이외에도 보인다)의 역사이해가 합리적인 사고방식의 결과인 듯이 보이나 사실은 환경적 요인으로 시각을 돌리게 함으로써 한국사의 주인공으로서의 한민족의 역할을 무시하려는 것이다. 지정학적 요인을 강조할수록 역사주체로서의 한민족은 소외되는 것이다. 지리적 조건이 역사발전에 작용하는 하나의 요인이 됨을 우리는 부정하지 아니한다. 그러나 그것이 역사발전에 결정적 역할을 한다는 사실에는 동의할 수 없다. 미지나의 이러한 주장은 이기백(李基白) 교수의 지적[15]과 같이 한국의 자주성을 말살함으로써 일제의 침략을 정당화하려는 것이다.

타율성 사관론자들의 주장은 여기서 그친 것이 아니다. 한국사를 타율적인 것, 의타적인 것, 숙명론적인 것으로 강조하다 보니 이러한 성격들이 한국인의 일상적인 행동과 사고에도 영향을 미쳐 소위 사대주의라고 하는 고질적인 성격이 한국인의 생리로 화하였다고 주장한다. 이 병적인 생리는 한국인의 의식구조·행동양식 등 일상의 모든 것을 규제하는 고질화된 〈주의〉로 굳어졌다는 것이며, 이 사대주의는 한국인의 골수에 사무쳐 민족성으로 발전하였다고 주장하였다.[16]

이렇게 볼 때 식민사관에 있어 하나의 관념지주인 타율성론은 그것의 범주에 개념화시킬 수 있는 만선사관·반도적 성격론·사대주의론과 더불어 한국의 정치·경제·사회·문화의 모두가 외래세력에 의해 형성되었으며, 따라서 한국문화의 독자성, 한국인의 자주성조차도 부인하는 해괴한 이론이었음을 지적하였다.

한국사에서 자주성이 일단 부정되면 그러한 비주체적인 역사를 가진 한민족은 언제나 외세의 지배를 받는 것이 불가피한 것으로 강요

---

15) 李基白, 韓國史新論 pp. 1~5.

16) 事大主義論에 대하여는 李基白 교수의 「事大主義論의 問題點」亞細亞 1969년 3월호(民族과 歷史 所收)를 참고하기 바람.

된다. 그런 가운데에서 일제의 한국에 대한 역할이 강조될 수밖에 없었다. 즉 한국사를 통해서 볼 때 한국이 어차피 비주체적일 수밖에 없을 바에야 일본의 온정적(溫情的)인 지배를 받는 것이 한국으로서의 본연의 재출발을 가능케 하는 것이요, 처음으로 반도사적인 것을 지양(止揚)할 때가 아니겠느냐는 것이다. 우리는 미지나의 이 대목을 유의해보고, 이 내용이 얼마나 허위에 찬 것임을 숙고해보자.

　　최후에 일본이다.……즉 고대의 우리 조선 경영에 있어서 또 최근세의 그것에 있어서도 함께 보이는 것과 같이 그것은 정복주의도 아니요, 이기주의에서 나온 것도 아니다. 옛날에는 백제나 임나를 보호하고, 그로써 그들에게 국가를 수립시켰고 그것은 진실로 평화적 애호적 지배라고 말해야만 할 것, 몽고와 같이 의지적 정복적인 것도 아니고 지나와 같이 주지적 형식적인 것도 역시 아니었다. 이들에 대해서 아주 명목적으로 말한다면 일본의 그것은 주정주의적 애호주의적이고 피아의 구별을 넘어선 보다 좋은 공동세계의 건설을 염원한 것이었다. 이 정신은 금일에 이르러도 절대로 변치 않는 근본 정신이다. 일본과 조선과는 민족적으로 말해도 가장 근친할 뿐만 아니고……더욱 금일 이와 같이 위대하게 성장하고 우수한 역사세계를 건설했던 일본이 이 동포로서 저들을 안는(抱) 것은 그들을 그 고리(故里)에 불러들이는 것이다. 여기에 처음으로 본연의 조선으로서의 재출발이 있다. … 지금 그 역사를 볼 때 조선은 지나의 지(智)에 배우고, 북방의 의(意)에 복(服)하고, 최후에 일본의 정(情)에 안겨져, 여기에 처음으로 반도사적인 것을 지양할 때를 얻었던 것이다.[17]

4. 韓國史의 停滯性論

앞에서 언급한 한국사의 타율성론과 함께 식민사관의 관념지주가 되는 것이 정체성론이다. 이것은 한국이 왕조의 교체 등 사회적 변혁에도 불구하고 사회경제 구조에 아무런 발전을 가져오지 못했으며, 특히 근대사회로의 이행에 필요한 봉건사회를 거치지 못하고 전근대적인 단계에 머물러 있다고 설명되는 것이다.

20세기초까지 일본에서 한국사 연구자들은 주로 대외관계사·정치사·역사지리 고증에 관심을 가졌고 사회적·경제적 측면의 연구에는

17) 三品彰英, 朝鮮史槪說 pp. 6~7.

관심을 표시하지 않았다. 이 방면의 연구는 한 경제학자의 손에서 먼저 이루어졌다. 그는 일찌기 독일에 유학한 바 있는 후꾸다(福田德三)이었다. 그는 노일전쟁 전에 한국을 여행하였고, 여행 중의 견문이나 자료를 근거로 하여 「한국의 경제조직과 경제단위」(처음 『內外論叢』에 게재, 그후 『經濟學硏究』(1907)에 수록, 다시 改定, 『經濟學硏究』 前篇(1915)에 수록)를 발표하였다. 그의 논문요지는 이렇다.

근대사회의 성립을 위해서는 봉건제의 존재가 불가결하다는 전제에서서, 한국이 근대화에 늦어 혼미(昏迷)하고 있는 근원을 조선에 봉건제가 결여되었기 때문이라고 지적한다. 그리고 일본과 한국사를 비교하여, 19세기말 20세기초의 한국의 사회경제적 발전단계는 일본의 봉건제가 성립되었던 가마꾸라(鎌倉)시대보다 오랜 고대말 10세기 경의 후지와라(藤原)시대에 해당한다고 주장하였던 것이다.

사회경제사학에 의하면, 역사는 대체로 원시공산사회에서 고대 노예제 사회를 거쳐 중세 봉건사회, 그 다음 단계의 근대 자본주의 사회로 발전한다고 설명되어진다. 후꾸다의 주장대로 20세기초의 한국이 10세기말의 일본의 고대말에 해당되는 것이라면 아직까지 봉건제조차 성립되지 않았다는 뜻이 되고 그런 의미에서 한국은 확실히 정체된 사회경제 구조를 가진 것임에 틀림없다고 규정되어야 한다.

경제학자의 눈에 비친 이러한 한국의 모습은 일본의 한국사 연구자에게도 비친 것같이 지적된다. 가와이(河合弘民)가 병탄 후의 한국문화는 전적으로 아국(我國)에 있어서 후지와라시대와 동일의 상태이고, 한국사의 현상은 후지와라시대의 단계에 정체해 있다고 지적했을 뿐 아니라, 더구나 후꾸다의 논문을 읽지 않고 그 자신의 발상에 의하여 이렇게 지적할 수 있었다는 것이 주목된다. 1904년 야마지(山路愛人)도 한국을 여행하고서 당시 한국인의 모습 중에서 나라조(奈良朝)의 일본인의 모습을 상기하였다고 한 것을 보면 이 당시 이러한 느낌은 많은 일본인들이 갖고 있었던 것같이 지적된다.

우리가 주목하는 것은 3·1운동 직후 한국을 여행한, 당시 〈일선동조론자〉로 이름 높던 기다(喜田貞吉)가 그의 여행기 「경신선만여행일지(庚申鮮滿旅行日誌)」(『民族과 歷史』 6권 1호)에서 같은 점을 기록하고 있다는 점이다. 그는 당시 한국인의 풍습·생활에 해당하는 것에 헤이안조(平安朝 794~1185)의 일본인과의 비슷한 점을 찾아내고 있다

는 점이다. 이는 후꾸다의 「헤이안조론(平安朝論)」과 형태상으로는 일
치하지만, 후꾸다의 주장이 사회의 발전단계면을 중시한 것이라면 기
다는 한국인의 생활양식 그 자체 안에 헤이안시대 일본인의 생활을 발
견했다는 점이다. 하따다의 표현을 빌면 『이미 수백년 전에 일본인이
행했던 생활양식이 조선에서 현실적으로 존재하고 있는 것을 발견했
다』면 이것은 『역사의 진보에 수백년의 차가 있었다 해도 일본인과
조선인과는 본래 동양(同樣)의 생활양식을 가진 동조(同祖)·동원(同
源)의 민족이라고 하는 것이 확인되었던 것이다』라고 지적한다. 따라
서 기다의 『헤이안조론 즉 정체론은 일선동조론을 강하게 한 의미를
가졌던』 것이다. 정체론은 그 뒤 후꾸다의 것을 계승·발전시킨 구로
따(黑田巖)의 「조선경제조직과 봉건제도」(經濟學論考, 1923)가 발표되
었다. 한편 만선사의 입장에 섰던 이나바도 『조선문화사연구』(1925)에
서 한국에 봉건제도가 없었다는 것을 지적하는 동시에 한국사회의 진
전은 일본보다 약 600년 늦었다고 지적했다고 한다. 그의 봉건제 결
여론 역시 이론상 모순이 있는 것이지만 여하튼 만선사 계통에서도
정체론자가 있었다는 사실이 주목되어서 좋을 것이다. 문제는 당시
한국사 연구가 중에서 정체론에의 반대가 없었다는 점이다. 『만선사
의 입장에 서서 조선사의 주체적 발전을 생각지 않는 방향으로부터는
정체론에의 반대가 생길 가능성이 없었기 때문』[19]일 것이다.

그러면 왜 이 정체성론이 일제의 한국 침략을 정당화해주는 식민사
관이라 할 수 있는가. 정체성론은 한국사의 사회경제적 낙후성을 지
적하는 단순성에 그 목적이 있는 것이 아니고 그들의 논리는 이렇게
소위 정체된 한국사회를 근대화시키기 위한 일제의 역할을 강조하는
데로 그 저의를 엉뚱하게 비약시키기 때문이다. 후꾸다(福田德三)는
이렇게 전근대적인 사회발전 단계에 있는 한국을 두고, 일본이 어떤
역할을 할까에 대하여, 봉건적 교육과 경제단위의 발전을 결여한 한
국과 한국인에 대하여, 그 부패·쇠망의 극에 이르른 민족적 특성을
근저로부터 소멸시키고 일본에 동화시켜야 할 자연적 운명과 의무를
가진 유력 우세한 문화의 사명을 짊어져야 하는 것이라 하였다.

18) 旗田巍, 日本에 있어서 朝鮮史硏究의 傳統, 上揭書 p. 247.
19) 同上.

여기에서 우리는 저들의 주장이 사회 경제적 진실을 밝힌다는 차원에서 멀리 떠나 한국을 정체적인 사회로 규정함으로써 한국을 소위 근대화시키기 위한 일본의 한국침략을 정당화하는 데로 비약 발전하고 있었음을 간취할 수 있다. 이러한 이론은 구로다(黑田巖)에 이르면 한국은 역시 자력으로 근대화할 수 없는 낙오자이며, 일본은 한국을 근대화시켜 주는 담당자가 되어 주어야 한다는 데로 주장을 발전시켰던 것이다. 그 뒤의 모리야(森谷克己)의 「동양적 생활권」(1942)과 경성제대(京城帝大) 교수였던 시까따(四方博)의 「구래(舊來)의 조선사회의 역사적 성격에 대하여」(『朝鮮學報』 1~3호, 1951~1952)는 후구다와는 입장이 다르지만 조선사회의 정체성을 말하는 데서는 공통되고 있다. 시까따는 그의 논문의 목차(民族國家生成의 過程에 있어서 半島的 性格, 國是로서의 事大主義의 成長, 李朝社會의 停滯性의 意義, 貴族政權의 存續과 黨爭의 餘殃, 封建制의 缺如와 民生의 阻碍, 民間團體의 結成)가 보여주는 바와 같이 타율성·정체성론을 다같이 주장하고 있는 셈이다. 그는 근세조선 500년의 사회를 발전이라고는 거의 찾아볼 수 없었다고 규정하고 그러한 논리 위에서 일본 자본주의의 체구(體軀)를 통하여, 일본 자본주의의 혈맥을 영양으로 하여 한국 자본주의가 성립된 것처럼 주장하였던 것이다.

한국이 정체되어 전근대적인 상황에 놓여 있기 때문에, 한국을 근대화시키기 위해 일제의 역할과 사명이 강조되었고, 드디어는 일제의 한국침략과 그 지배를 정당화하는 데까지 비약·발전했던 것이다.

식민사관이라 하면, 앞에서 언급한 한국사의 타율성론과 정체성론 외에도 당파성론·문화론·민족성론(民族性論) 등 여러가지가 더 지적될 수 있으나 이것들은 앞의 양대 지주에 부수되는 이론에 불과하며, 다음 기회에 언급하겠다.

우리가 살핀 식민사관은 그 뒤 한국민의 정신교육에 지대한 영향을 미쳤다. 한국 민족성의 단점으로 거론되는 의타심·사대심이 강하고 자주독립심이 적으며, 당파분열심이 강하고 협동심이 적으며, 체념적이며, 의욕이 적다고 하는 등등의 지적들이 사실은 식민사관 주도하에 교묘하게 이루어진 일제의 식민교육과 깊이 관련되어 있음을 간파해야 할 것이다. <讀書生活 1976년 7월호>

新民族主義史觀論

李 基 白

1. 歷史的 背景

모든 역사적 사실들이 그러한 것과 마찬가지로 역사학(歷史學)도 일정한 시대와 사회 속에서 싹트고 자라난 역사적 소산인 것이다. 여기서 논하고자 하는 남창(南滄) 손진태(孫晉泰)의 신민족주의사관(新民族主義史觀)도 예외일 수는 없다.

신민족주의사관의 역사적 배경은 두가지 측면에서 생각할 수가 있다. 하나는 일제의 민족말살정책(民族抹殺政策)이라고 할 수 있는데, 말하자면 일본 군국주의의 단말마적인 강압 속에서 받은 민족의 시련을 정신적으로 극복해보고자 하는 노력의 소산이 신민족주의사관이었던 것이다. 이 점은 그 자신이

> 내가 신민족주의 조선사의 저술을 기도한 것은 소위 태평양전쟁이 발발하던 때부터이었다. 동학 수우(數友)로 더불어 때때로 밀회(密會)하여 이에 대한 이론을 토의하고 체계를 구상하였다.[1]

라고 한 데서 짐작이 간다. 이렇게 뿌리가 내려진 그의 이론이 꽃을 피운 것은 해방과 더불어였다. 그리고 그 구체적 산물이 『조선민족사

---

1) 孫晉泰, 朝鮮民族史概論 自序 p. 2.

개론(朝鮮民族史概論)』(1948)이었던 것이다. 〈해방 이후 미구(未久)〉
에 착수하였다는 이 책은 1948년 12월에 이르러서야 원시시대부터 신
라말까지에 이르는 상권이 출판되었을 뿐, 고려이후로 예정된 하권
은 끝내 완성되지 못하고 말았다. 다만 그 다음해인 1949년에 출판된
『국사대요(國史大要)』를 통하여 대체적인 윤곽을 짐작할 수 있게 되
었다. 여하튼 어쩌면 꽃망울로써 끝나고 말았을는지도 모르는 것이 민
족의 해방을 맞이하여 꽃을 피웠다고 해서 지나친 말은 아닐 것으로
믿는다.

둘째로 주목해야 할 것은 근대 역사학의 전통이다. 한국 근대 역사
학의 큰 조류(潮流)가 민족주의사학(民族主義史學)·사회경제사학(社
會經濟史學)·실증사학(實證史學)의 셋으로 나뉜다는 것은 이미 여러
학자들에 의해서 언급되어 온 바와 같다. 그런데 이 세 갈래의 흐름은
그저 평행선(平行線)만을 치달은 것이 아니라 때로는 서로 합류하는
경향을 나타내기도 하였다. 그러한 합류현상(合流現象)을 보여준 예
의 하나는 호암(湖岩) 문일평(文一平)의 한국사관일 것이다. 문일평
은 원래 민족주의사학에서 출발하였다. 그가 말한 〈조선심(朝鮮心)〉
은 위당(爲堂) 정인보(鄭寅普)의 〈조선(朝鮮)의 얼〉과 상통하는 것이
며, 또 〈조선사상(朝鮮思想)〉이란 것은 단재(丹齋) 신채호(申采浩)의
〈낭가사상(郎家思想)〉과 상통하는 것이다. 이들은 모두 지극히 관념
적인 것이며, 또 고유한 것에 집착하는 것이다. 이런 면에서 그는 분
명히 민족주의 사학자에 들어야 할 것이다. 그러나 그의 〈조선사상〉
의 내용은 민중적인 것이었으며, 보다 사회성을 띤 것이었다. 이런
점에서 그의 사관에는 사회경제사학의 영향이 깃들여 있는 것이다. 뿐
아니라 그가 학문의 방법으로서 소위 실증사가(實證史家)들의 그것을
받아들이려고 노력했다는 점도 이미 알려진 사실이다. 말하자면 문일
평은 민족주의사학을 기간으로 하고 여기에 사회경제사학이나 실증사
학을 받아들인 사가(史家)였다. 이같이 근대사학의 세 조류가 합류해
서 새로운 차원으로 비약하려는 싹이 돋아나던 시대에 신민족주의사
관도 등장한 것이다. 그러므로 신민족주의사관은 이러한 근대 역사학
의 전통 속에서 생각해야만 할 것으로 믿는다.

본고에서는 주로 후자의 관점에서 신민족주의사관을 논하고자 한
다. 필자는 일찌기 〈이론을 이끌어내기 위한 작업과정으로서의 실증

이 시도되어야 할 것〉임을 강조하고 그 대표적인 일례로써 신민족주의사관을 든 바가 있다. [2] 그 뒤 김용섭(金容燮)씨는 민족사학의 계보 속에서 손진태를 다루어 이를 비교적 상세히 소개하였다. [3]

이 김용섭 씨의 글이 나타남으로 해서 필자가 재차 이에 논급할 필요성은 크게 줄어들었다고 해서 좋을 것이다. 다만 앞에서 제시한 배경 속에서 이해한다면 몇 가지 새로이 이야기할 점도 있을 것 같고, 또 이렇게 되풀이함으로 해서 그 중요성이 강조되는 의미도 있을 듯하여 감히 붓을 들기로 하였다. 따라서 본고는 신민족주의사관의 내용 소개를 필요한 최소한도에 그치고, 신민족주의사관이 지니는 특징들을 정리하여 제시하는 데에 중점을 둘까 한다.

2. 獨創的 理論

손진태의 신민족주의사관에서 무엇보다도 먼저 주목해야 할 것은 그 이론의 독창성이라고 해야 할 것이다. 그는 스스로, 『내깐으로는 이 새로운 견지(見地)의 민족사를 개척하느라고 상당한 심력(心力)을 경주(傾注)하였고』[4]라고 말한 바와 같이, 그의 사관이 〈새로운 견지〉의 것임을 자부하고 있다. 그리고 이어, 『앞으로 좀더 변변한 민족사의 저술에 매진하여 보려고 자기(自期)하는 바이나, 지금 나의 바라는 바는 이 소저(小著)가 혹 조선민족사의 선구적 역할이나 하게 되었으면 하는 것뿐이다』[5]라고 하여 그의 『조선민족사개론』이 선구적인 것임을 겸손한 속에서도 내세우려 하고 있다.

그러면 손진태는 무슨 근거로 그의 신민족주의 사관이 새로운 것이요 또 선구적인 것이라고 자부하였던 것일까. 그는 그 책의 서설(緖説) 첫머리에서 과거의 역사학과 자신의 그것과를 비교하여 설명한 바가 있다. 그는 우선 종래의 왕실중심적이요 따라서 귀족적 지배계급적인

2) 李基白, 社會經濟史學과 實證史學의 問題, 文學과 知性 1971년 봄호 및 『民族과 歷史』 p.73.
3) 金容燮, 우리나라 近代歷史學의 發達, 文學과 知性 1971년 여름호, pp. 262~266.
4) 孫晋泰, 朝鮮民族史概論 p.2.
5) 同上.

사관(史觀)을 비판하고 이 구각(舊殼)을 파탈(破脫)해야 한다고 강조하고 있다. 그리고 이어 『용감하게 이 구각을 깨뜨린 선구자는 오직 백남운(白南雲)씨 한 사람이었다』고 하였다. 이러한 그 자신의 말에 의하여 판단한다면 그의 사관에 영향을 제일 많이 끼친 것은 사회경제사학이었다는 이야기가 된다. 그렇다고 그의 새로운 사관이 바로 그것의 계승이었다고 생각한다면 그것은 잘못이다. 이에 대하여 손진태는 다음과 같이 말하고 있다.

> 그러나 나의 견지로 보면 씨(白南雲)는 〈우리 자신〉의 일부분만을 발견하였고 〈우리 자신〉의 전체를 발견하지는 못했다. 그것이 씨의 의식적 결과인지 아닌지는 모르되, 씨는 피지배계급을 발견하기에 너무 열중한 나머지 〈민족의 발견〉에 극히 소홀하였다. 나는 이 소저에서 이 〈민족의 발견〉에 노력하였으며, 또 이 〈민족〉의 입지(立地)에서 우리 역사를 개론(槪論)하여 본 것이다.[6]

라 하여 그 스스로가 백남운과 다른 점을 분명히 지적하고 있다.

손진태가 이같이 〈민족〉의 입지를 말하였다면, 이것은 박은식(朴殷植)·신채호·정인보 등으로 대표되는 민족주의사학과 같은 계열에 속하는 것이 아니겠는가 하는 생각을 할 수가 있다. 손보기(孫寶基)씨에 의하면 손진태가 민세(民世) 안재홍(安在鴻)의 견해에 감탄하고 이를 흥미있게 받아들이는 일이 자주 있었다고 하는데,[7] 안재홍의 『신민족주의(新民族主義)와 신민주주의(新民主主義)』 같은 데에 찬의를 표하였을 것임은 짐작할 수가 있다. 그러나 손진태가 안재홍의 『조선상고사감(朝鮮上古史鑑)』에 나타난 것과 같은 한국사관에 동조했을 가능성이 없다는 것은 손진태의 『조선민족사개론』과 안재홍의 『조선상고사감』과를 대조해보면 쉽게 알 수 있는 일이다. 도시 손진태는 민족주의사가들에 대하여 가부간에 언급한 일이 없다. 이것은 동조를 뜻할 수도 있지 않느냐고 할 사람이 있을지 모르겠으나 필자는 무관심에서 말미암았을 가능성이 크다고 본다. 손진태는 민족을 말하되

---

6) 同上.
7) 金容燮, 우리나라 近代歷史學의 發達, 文學과 知性, 1971년 여름호, p. 262 참조.

〈조선심〉〈조선정신〉〈조선의 얼〉〈조선사상〉 등의 말을 한 적이 없다. 극단적으로 말하면 이를 무시해버린 듯한 느낌이다. 손진태가 육당(六堂) 최남선(崔南善)에 대하여 지극히 비판적이었음은 유명한 일이며, 그가 편수국장으로 있을 때에 최남선의 교과서를 금지하기까지 하였었다. 최남선은 물론 변절을 한 사람이었고 따라서 신채호나 정인보와 동일시할 수 없다는 것은 명백한 일이다. 그러나 손진태가 민족주의사가들의 관념적 사관에 동조하지 않았으리라는 것은 분명하다고 하겠다.

이같이 손진태는 기존의 사관들을 모두 거부하였다. 그리고 새로운 선구자로서 새 한국사관의 정립을 꾀하였다. 『나는 신민족주의자 입지(立地)에서 이 민족사를 썼다』[8]라고 한 신민족주의사관이 바로 그것인 것이다. 그리고 여기서 쓰인 민족은 추상적이기보다는 좀더 구체적인 성격을 지닌 것으로 파악되었다. 그리고 이 구체적인 민족적 사실(史實)을 공정히 파악하고 종합 비판하여 새로운 이론을 얻으려고 노력하였던 것이다. 다음과 같은 손진태 자신의 말에 귀를 기울여보기 바란다.

다음으로 수언(數言)할 것은 민족사의 방법론이다. 역사학은 오직 과거의 사실(史實)의 나열만으로써 되는 것도 아니요, 어떤 계급의 이익만을 중심으로 술작(述作)될 것도 아니요, 또 일국민이나 일민족만의 복리(福利)를 위해서 고구(攷究)될 바도 아니다. 모든 사실(史實)을 사실(史實) 그대로 공정하게 파악하여 그 복잡한 사실을 종합 비판하여 거기서 민족의 참된 행복의 길을 발견하고 겸하여 인류사회의 발전 향상과 평화를 재래(齎來)할 수 있는 이론과 방법을 터득(攄得)하는 것이 사학의 지고(至高) 목적일 것이다.[9]

그는 사학의 지고 목적을 사실의 비판 종합을 통하여 이론과 방법을 터득하는 데 있다고 갈파하였다. 그는 기존의 사관에 얽매이지 않는 자유인이었다. 그는 고증만으로 만족하지 않고 새로운 이론을 창조해내려는 산 역사가였다. 그러므로 신민족주의사관은 바로 손진태

---

8) 孫晋泰, 同上書, 自序 p. 1.
9) 同上 p. 2.

자신의 것이지 다른 어느 누구의 것도 아닌 것이다.

3. 一元論的 立場과 複數的 時代區分

종래의 한국사관은 일원론(一元論)에 의하여 지배되어왔다고 해도
지나친 말은 아니다. 민족주의사학에 있어서는 백암(白巖) 박은식(朴
殷植)의 민족의 〈혼〉, 단재 신채호의 낭가사상, 위당 정인보의 민족
의 〈얼〉, 호암 문일평의 〈조선심〉 혹은 〈조선사상〉과 같은 것은 모두
그러한 것이었다. 이들 여러 개념의 성격은 약간씩 차이가 있다고는
하지만, 그것이 한국사를 이해하는 중심적인 개념들이었고, 그 성쇠
(盛衰)가 곧 민족사의 성쇠를 뜻한다고 생각한 점에서 일치하고 있었
다. 사회경제사학, 특히 유물사관이 생산력의 발전을 토대로 한 역사
발전의 일원적인 법칙을 내세운 것은 다 아는 사실이다. 여기서 이
발전법칙은 움직일 수 없는 절대적인 진리이며, 그것은 씨족사회, 노
예사회, 봉건사회, 자본주의사회로 이어지는 일정한 단계를 거치는
것으로 생각되었다.

손진태는 이러한 과거의 사관들에 비판적이었지만 과거의 일원론에
대치되는 다른 일원론을 제시하고 있다. 그것이 〈민족의 입지(立地)〉
라는 것이었다. 이에 대해서 그는 다음과 같이 말하였다.

> 조선사에 있어 민족 문제는 그 연구의 핵심이 되는 것이며, 따라서 제일
> 의적 근본적인 중대성을 가지는 것이다. 조선사가 경과한 모든 민족투쟁·
> 계급투쟁·정치·문화 등 사실(史實)은 모두 민족의 입지에서 비판되고 가
> 치가 판단되어야 할 것이니, 민족은 실로 조선사의 근본적인 안목(眼目)이
> 되는 것이다. [10]

그리고 그 민족의 입지란 좀더 구체적으로는 민족 전체의 균등이라
는 사회적 성격의 것이었다. 뒤에서도 다시 언급되겠지만, 이것은 모
든 사실을 비판하는 그의 기본관점이 되고 있는 것이다.

이 기본관점에서 손진태의 시대구분이 시도되고 있는 것은 당연하

---

10) 同上 p. 4.

다고 하겠다. 그의 시대구분은 이미 『조선민족사개론』에 제시되고 있지만, 그 전체를 이해하는 데는 도리어 『국사대요』가 편리하다. 그는 『국사대요』의 서설(緖説) 「민족 역사의 대강」 중의 제3절 「사회의 발전과 왕조의 변혁」에서 다음과 같이 시대구분을 하였다.

> 씨족공동사회
>
> 　기원전 30세기～기원전 4(5)세기
>
> 　신석기시대, 공동생산, 재산공유
>
> 부족사회·부족국가·부족연맹왕국
>
> 　(北) 기원전 3(4)세기～1세기경
>
> 　(南) 기원전 2(3)세기～3세기경
>
> 　금석기병용, 계급과 재산 사유의 시작, 남북구족(南北九族)
>
> 귀족국가
>
> 　(北) 기원전 2세기경으로부터
>
> 　(南) 3세기경으로부터
>
> 　금속기시대, 왕국시대, 귀족정치시대

그는 이렇게 셋으로 구분하였으나, 어찌 보면 씨족공동사회와 귀족국가로 양대분한 듯한 느낌이며, 그 과도기적인 시기를 따로 여기에 독립시킨 듯이 보인다. 이것은 곧 균등사회와 불균등사회로 양분했다는 이야기도 된다. 그리고 이 시대구분이 그의 한국사 서술의 기간이 되어 있는 것이다.

이렇게 일원론적인 입장을 고수하고 있는 듯하면서도, 한편 그의 눈은 다원적인 관점에도 열려 있었다고 보이는 점이 있다. 같은 『국사대요』 서설의 제4절 「민족의 성장한 과정과 영토의 변천」에서 그는 다른 기준에 의한 시대구분을 다음과 같이 시도하였다.

> 민족형성배태기(氏族共同社會)
>
> 민족형성시초기(部族國家)
>
> 민족통일추진기(三國)
>
> 민족결정기(統一新羅)
>
> 민족의식왕성기(高麗)
>
> 민족의식침체기(李朝)
>
> 민족운동전개기(日帝)

즉 손진태는 여러 각도에서 한국사의 발전을 재어보려고 했음이 분명하다. 그는 같은 서설 제 5 절 「다른 민족과의 관계」에서는 대외관계에 따른 시대구분 대신에 민족별 대외투쟁 일람표를 제시하고 있다. 그러나, 만일 그로 하여금 더 생각할 여유를 가지게 하였던들 여기서도 반드시 대외관계에 의한 그 나름의 시대구분이 있었으리라고 상정되는 것이다.

물론 다원적 입장이라 하더라도 구체적 역사서술에 있어서는 어느 하나가 기간이 되어 엮어지게 마련이다. 그러므로 손진태가 개론(槪論)을 서술하는 데 있어서 민족의 균등이라는 하나를 표준으로 삼은 것은 현명하고 정당한 일이었다고 생각한다. 그러나 민족의 형성 발전이라는 또 다른 기준에 의한 시대구분을 시도한 이상은 이를 종합하여 보다 포괄적인 이론을 전개할 가능성이 있었던 셈이다. 그러나 그에게 있어서 이 가능성은 어디까지나 가능성으로서 그치고 말았다고 하겠다.

4. 現在的 關心

『조선민족사개론』을 들고 책가위를 펴면 먼저 책제(册題)가 나오는데 그 뒷면에 다음과 같이 적혀 있다.

　　단결(團結)하면 흥(興)하고 분열되면 망(亡)한다. 균등하면 단결하고 불균등하면 분열된다.

그리고 이어 황해도 은율(殷栗)에 있는 우리나라 최대의 고인돌 사진을 게재하고 이에 대한 설명을 다음과 같이 덧붙였다.

　　고인돌은 신석기시대에 우리 조상들이 건조한 씨족공동분묘(氏族共同墳墓)다. 유럽·아프리카·인도·남양(南洋)에 광포(廣布)되어 있으나 중국·몽고·서백리아(西伯利亞)·일본 등 우리 주위의 민족에게는 없고, 만주와 조선반도에 걸쳐서만 발견되는 고대 우리 조상들의 특수한 문화이다. 이것은 고대 우리 삼국의 지리적·문화적·혈연적 단일성을 증명하여줄 뿐 아니라 기중기(起重機)와 운반기(運搬器)가 없던 고대의 우리 조상들이 이러한 거석(巨石)을 자연석(自然石)에서 박취(剝取)하여 그것을 평원(平原)까지 운반하고 또 그것을 만년 불파(不破)하게 건립하였다는 것은 그들의 전 씨족적 단결과 합심에서만 성취할 수 있었던 인내와 노력의 결정이니, 우리 조상들은 그들이 남기신 이 고인돌을 통하여 우리에게 단일민족의 중대성과 단합과 인고와 노력의 필요를 묵언(默言)하고 있다. 그리고 또 어떻게 하면 단결할 수 있느냐 하는 것까지를 가리키고 있다.

위의 두 인용문은 무엇보다도 명백히 손진태의 신민족주의사관이 단순한 과거의 역사를 이해하는 하나의 관점에 그치는 것이 아니라, 보다 더 현실적인 관심과 직결되고 있음을 말하여주는 것이다. 그렇기 때문에 그가 제창한 신민족주의는 차라리 장차 도달하여야 할 민족의 목표였다고 생각된다. 그리고 그 지향(指向)해 나아가야 할 민족의 목표를 가지고 민족사의 과거를 비판하는 기준으로 삼고 있는 것이다. 그러면 그가 민족이 지향해야 할 목표로서 내세운 신민족주의는 어떤 내용의 것이었는가. 이에 대해서 그는 다음과 같이 설명하고 있다.

진정한 민족주의는 민족 전체의 균등한 행복을 위하는 것이 아니면 안 될 것이다. 민족 전체가 정치적으로 경제적으로 사회적으로 문화적으로 균등한 의무와 권리와 지위와 생활의 행복을 가질 수 있을 때에 비로소 완전한 민족국가의 이상이 실현될 것이요 민족의 친화(親和)와 단결이 비로소 완성될 것이다.[11]

이러한 안목으로 과거의 역사를 돌아다볼 때에 그가 신석기시대의 공동분묘라고 생각한 고인돌 같은 것이 그의 주목에 올랐을 것은 당연하다고 하겠다. 오늘날 고인돌은 청동기시대의 족장묘(族長墓)로 생각되고 있으며, 따라서 그의 해석은 촛점이 빗나가게 되었지만, 아마 손진태가 이 사실을 알았더라면 필시 많은 사람의 피땀을 강요하여 고인돌을 만든 족장들을 공격하였을 것임이 분명하다. 그리고 계급적 차별에 의한 지배층의 압박에 대하여도 그는 통렬한 공격을 가하였다. 가령 『국사대요』에서 고려 중엽의 만적란(萬積亂)을 위시한

---

11) 同上, 自序 p. 1.

천민란(賤民亂)을 서술한 「민중의 반란과 노예들의 해방운동」의 마지막에서 그는 다음과 같이 말하고 있다.

　동족을 노비로 하고 또 그 자손까지를 대대로 영구히 노비로 하여 그 인권을 짓밟고 동물처럼 부리고 매매하던 이 귀족정치의 제도가 얼마나 민족 내부에 반목(反目)과 싸움을 일으키고 민족 단결을 방해하여 민족의 발전과 민족의 생활을 좀먹었는지를 우리는 알아야 할 것이다.[12]

　한마디로 말하여 그는 〈민족 전체의 균등한 행복〉을 이상으로 하고 있다고 하겠다. 그러나 한편 대외적으로는 민족간의 친선을 또한 이상으로 하고 있다. 이에 대하여 역시 그 자신의 말을 들어보기로 하자.

　귀족 지배기의 역사는 내부적으로는 계급알력 또는 계급투쟁의 연속이요 대외적으로는 민족투쟁의 반복이었다. 이것도 귀족정치의 범(犯)한 역사적 죄과의 중대한 하나이었다. (中略) 이 사실(史實)의 근원을 연구하여 장래(將來)할 세계 민족 친선의 참다운 향로(向路)를 발견하는 것이 과학자의 사명이며 민족사 연구의 종극적(終極的) 목적일 것이다.[13]

　요컨대 그의 신민족주의사관은 민족의 균동한 행복과 민족간의 친선을 실현시켜야 한다는 강한 현대적 사명과 연결되고 있는 것이다. 이 점을 놓쳐버린다면 신민족주의사관을 올바로 이해할 수는 없는 일이다. 언뜻 볼 때에는 2천년에 걸치는 긴 시기를 귀족국가로 통밀어 시대구분해버린 것이 불합리하게도 비치지만, 이 같은 관점에서 본다면 충분한 의미가 있는 것이다. 약간의 차이에도 불구하고 민족의 불균등이란 점에서 꼭같은 특징을 지니고 있다고 볼 수 있을 것이기 때문이다. 그리고 그것은 한결같이 비판되고 청산되어야 할 것으로 파악되었던 것이다.

---

12) 孫晉泰, 國史大要 p. 172.
13) 同上, 朝鮮民族史槪論 p. 6.

5. 近代史學史上의 意義

손진태는 처음 민속학(民俗學)에서부터 출발한 학자였다. 그는 1930
년을 전후해서 『조선민담집(朝鮮民譚集)』『조선고가요집(朝鮮古歌謠
集)』『조선신가유편(朝鮮神歌遺篇)』등을 내었는데, 이것은 그가 직접
지방을 돌아다니며 채집한 것들이었다. 이 중에서 민담(民譚)을 체계
적으로 정리해본 것이 1927년에 『신민(新民)』지상에 실렸다가 해방
뒤에 단행본으로 간행된 『조선민족설화(朝鮮民族說話)의 연구』(1947)
였다. 그 뒤 그는 고인돌·민가·선왕당·솟대·장승·산신(山神)·혼
속(婚俗) 등등 민속에 관한 조사를 계속하여 그 성과를 발표하여 왔
던 것이며, 이러한 성과들을 모아놓은 것이 『조선민족문화(朝鮮民族
文化)의 연구』(1948)였다. 이러는 동안 자연히 민속의 역사적 측면에
관심을 가지게 되었고, 끝내는 일반사 특히 고대사로 그의 관심이 확
내되어갔던 것이다.

역사연구에 있어서 손진태는 그 방법이 과학적이어야 한다고 생각
하였다. 때로 과학적이란 말은 어떤 이론에 두들겨 맞추는 것으로 이
해되고 있으나, 손진태는 이를 일차적으로는 사실(史實)에 대한 객관
적 인식이란 뜻으로 사용하였다. 가령,

> 이 엄연한 역사적 사실을 무시하고는 조선역사를 과학적으로 이해할 수는
> 없다. [14]
> 사실(史實)은 사실 그대로 이것을 인식하여 거기에 비판을 가하는 것이
> 진정한 과학자로서의 취할 바 당연한 태도이다. [15]
> 역사과학(歷史科學)은 이에 대하여 엄정한 비판을 가할 의무를 가졌을 뿐
> 이요 이 사실을 무시 또는 간과(看過)할 권리는 갖지 못하였다. [16]
> 과학은 공정하여야 할 것이요 편협(偏狹)하여서는 안될 것이다. [17]

등등의 귀절들이 이를 말해주고 있다. 그리고 이 점에서 그의 사학은

---

14) 同上, p. 3.
15) 同上, p. 4.
16) 同上, p. 4.
17) 同上, p. 6.

실증사학(實證史學)과 일치하는 것이다. 그의 사학은 기본적으로 실증사학의 토대 위에 서 있다고 해서 좋다고 믿는다.

그러나 그의 과학적 방법은 단순히 사실을 사실로서 인식하는 데 그치는 그런 성질의 것이 아니었다. 위의 인용문에서도 나타나 있는 바와 같이 객관적으로 인식된 사실을 비판할 줄 알아야 한다는 것이 그의 생각이었다. 여기서 말하는 그의 비판은 소위 사료비판이 아니라 오히려 가치판단에 가까운 것이었다. 이러한 성질의 비판을 위하여 일정한 기준이 요망되며 또 그 기준은 일정한 이론 없이는 불가능한 일인 것이다. 그러므로 이론에 대한 추구는 손진태의 역사연구의 궁극적인 목표였다고도 할 수가 있다. 다음의 인용문들을 참조하여보면 이 점은 곧 알 수가 있다.

> 모든 사실(史實)을 사실 그대로 공정하게 파악하여 또 그 복잡한 사실을 종합 비판하여 거기서 민족의 참된 행복의 길을 발견하고, 겸하여 인류사회의 발전 향상과 평화를 재래(齎來)할 수 있는 이론과 방법을 터득(攄得)하는 것이 사학(史學)의 지고(至高) 목적일 것이다.[18]
>
> 조선사의 당면한 근본명제는 국내의 계급 알력과 정권 쟁탈을 청산하고 민족자존의 정신을 견지하면서 장래(將來)할 인류 평화의 이상사회(理想社會) 건설에 공헌할 이론을 발견하는 데 있어야 할 것이다.[19]
>
> 나는 민족 투쟁의 사실(史實)을 사실(事實) 그대로 취급하여 승리와 패배의 원인을 구명함과 동시에 그 본질의 파악에 노력하여 써 민족의 행복과 인류의 친선에 관한 일단의 이론을 발견하고자 노력하였다.[20]

이토록 그는 새 이론의 발견에 노력을 기울인 것이다. 이 점에서 그가 실증사학에 토대를 두고 있으면서도 그저 사실(史實)의 객관적 인식으로 만족하는 실증사가들과 갈라지는 점이 있다. 이러한 그의 이론에 대한 추구는 아무래도 사회경제사학의 영향에 힘입었다고 보아서 좋을 듯하다. 그가 계급의 존재를 얼마나 중요시하였나 하는 점만 보아도 이는 알 수 있다. 또 그가 백남운(白南雲)을 높이 평가한 점도 이런 의미에서 새로이 이해될 수 있는 일이다. 그러나 그는 백

18) 同上 p. 2.
19) 同上 p. 3.
20) 同上 p 6.

남운과 같이 기존의 어떤 이론을 일방적으로 한국사에 적용하려고 하지는 않았다. 그는 그 자신의 새 이론을 발견하려고 노력한 것이다. 여기에 손진태의 신민족주의사관의 진면목이 있다고 생각하지만, 이것은 그가 실증사학의 토대 위에서 자유로이 학문할 수 있었던 때문에 가능하였던 것이라고 생각된다.

그런데 그가 경주한 노력의 결과로 얻어진 이론은 민족을 주체로 하는 것이었다. 위에서도 언급한 바와 같이 그의 민족에 대한 이해는 종래의 민족주의사가들과 같이 관념적인 것이 아니었다. 아마 이러한 데에 원인이 있었겠지만 그는 민족주의사가들에 대하여 관심을 표명한 일이 없었다. 그럼에도 불구하고 그가 그의 이론을 민족을 주체로 하고 구성하였다는 것은 이들 민족주의사학의 영향이라고 보아서 좋을 것으로 믿는다.

이같이 살펴오고 보면 손진태의 신민족주의사관은 실증사학의 토대 위에서 사회경제사학과 민족주의사학과를 흡수하여 빚어진 이론이라고 보아서 좋을 것이다. 문일평과는 다른 면에서 근대사학의 세 조류(潮流)가 합류하는 현상을 여기서 찾아볼 수 있는 것이다. 그리고 이것은 다음 시대의 한국사학의 발전을 위한 새로운 정지작업을 하여 놓은 것이라고 해서 좋다. 그는 스스로 〈선구적 역할이나 하게 되었으면〉 하고 바랐지만, 그의 이러한 소원은 그대로 이루어진 것이라고 믿는다. 신민족주의사관이 근대사학사상(近代史學史上)에서 차지하는 의의는 이러한 데에 있는 것이다.

그러나 한편 신민족주의사관에는 몇 가지 제약이 있었다는 점도 아울러 지적해두어야 할 것이다. 첫째로는 그것이 여전히 일원론적인 테두리를 벗어나지 못하고 있었다는 점이다. 그의 시대구분은 하나가 아닌 둘이었고, 이 점에서 그는 다원적인 역사이해에 대한 실마리를 붙잡고 있었다. 그러면서도 민족의 균등이라는 거의 절대적인, 사실(史實) 비판의 기준이라기보다는 오히려 가치판단의 기준을 제시함으로써 일원론으로 되돌아간 느낌이다. 다음으로는 그가 지나치게 현재적 관심에 말미암는 사실(史實)의 가치판단을 강조함으로 해서, 사실의 역사적 의의에 대한 이해를 불가능하게 하였다는 점이다. 물론 그는 민족의 균등이라는 기준에 의해서 여기에 합치된 사실은 그 역사적 의의를 높이 평가하고 그렇지 않으면 낮추 평가하였다. 그러나 이런 현재적 가치판단의　기준에 비추어보면　낮추 평가되어야 할 것이더라도, 그 당시의 상황 속에서는 높이 평가되어야 할 것들이 있을 것임은 자명한 일이다.　사실들이 지니는 역사적 의의라는 것은 바로 그러한 것이어야 할 것이다. 그런데 신민족주의사관의 입장에서는 이것이 불가능하게 되어 있다. 이것은 결국 역사의 발전에 대한 인식을 또한 불가능하게 하였다고 생각한다. 따라서 도덕적인 반복사관(反復史觀)으로 되돌아갈 위험성을 내포하고 있는 셈이다.

위와 같은 한계성에도 불구하고, 신민족주의사관은 한국 근대 역사학의 전통을 비판적으로 계승 발전시켜서 새로운 독창적 이론을 발전하였다는 점에서 높이　평가되어 마땅하다고 믿는다.　그리고 현대의 한국사학은 바로 이 점을 신민족주의사관으로부터　계승하여 이를 더욱 발전시켜야 할 것이라고 믿는다.

<文學과 知性 9호, 1972. 가을>

民族史學論의 反省

〈民族史學〉을 중심으로

姜 萬 吉

1. 머 리 말

생각하기에 따라서는 어느 시기의 학문적(學問的) 성과에 대한 반성과 전망은 언제든지 할 수 있는 일이기도 하다. 그러나 해방후 30년간의 국사학(國史學)의 경우 그것에 대한 적절하고 효과적인 반성과 전망을 하기에는 아직 적당한 시기가 아니라 생각된다.

해방과 함께 민족과 학문이 모두 분단(分斷)되었고 그것은 아직 계속되고 있다. 분단이 이루어진 때부터 민족의 통일이 달성될 앞으로 어느 시기까지의 역사학(歷史學)은 〈분단시대 사학(分斷時代史學)〉으로서의 일정한 제약성을 벗어나지 못할 것이다. 그리고 우리가 아직 그 속에 살고 있는 이상 이 시대의 국사학에 대한 객관적이고도 적절한 반성과 전망을 하기는 대단히 어려운 일이라 하겠다.

그러나 반면 역사학 연구자는 스스로 시험관 속에 들어 있으면서도 그 실험의 과정과 결과를 객관(客觀)할 수 있는 안목(眼目)이 요청되며, 한편 그것을 위한 일종의 학문적 특권 같은 것도 누릴 수 있어야 한다고 생각된다. 따라서 우리는 분단시대 속에 살면서 그것을 객관(客觀)하고 그 이후를 전망하는 하나의 시각(視角)을 가지고자 하는 것이다.

해방후 30년간의 국사학의 업적은 관점에 따라 여러가지 측면에서 파악될 수 있겠으나 그것을 실증적(實證的) 측면과 사론적(史論的) 측면으로 대별하여 이해할 수도 있겠다. 그 가운데 특히 실증적인 면의 업적은 양적으로나 질적으로 상당한 수준에 오른 것이라 할 수 있다.

지난 30년 동안 학문내적인 혹은 학문외적인 어려움이 거듭되었음에도 불구하고 국사학 연구는 다른 어떤 연구분야의 추종을 불허할 만큼 그야말로 장족(長足)의 발전을 한 것이라 하겠다. 그러나 그것을 한정된 시간에 한 사람이 일일이 들어서 논평할 수는 없으며, 또 사실 그렇게 할 필요도 없을 것이다. 『역사학보(歷史學報)』가 최근 몇 년 동안 착실히 계속하고 있는 회고와 전망 특집이 그것을 대신해 줄 수도 있겠다.

다만 우리의 개괄적인 눈으로 잠깐 살펴보아도 특히 구석기시대의 발견과 청동기시대의 확정, 실학(實學)의 발굴과 개항전(開港前) 이조후기 사회에 대한 재인식, 그리고 시대구분론에 대한 관심 등이 두드러진 업적이라 생각된다.

실증적인 면의 업적에 비하여 사론면(史論面)의 그것은 그다지 높지 못한 것 같다. 일반적으로 사론적인 업적이 실증적인 그것을 바탕으로 하여 이루어지기 때문에 부득이한 것이라 말할 수도 있겠다. 그러나 여기에는 또다른 원인, 즉 학문외적인 원인도 작용하였다고 생각된다. 그리고 그것이 곧 〈분단시대 사학〉이 가지는 제약성의 하나라 할 수도 있겠다. 어떻든 사론면의 성과가 높지 못한 사실이 해방후 30년간의 국사학이 가지는 취약점(脆弱點)의 하나라 할 것이다. 이와 같은 문제와 관련하여 우리의 반성과 전망도 사론적인 면에 촛점을 두어 생각해보고자 한다.

전공하는 시대에 따라 관점을 달리할 수도 있겠지만, 우리의 생각으로는 지난 30년간의 국사학계가 사론적인 면에 있어서 당면하였던 가장 중요한 문제는 근대화론을 포함한 민족주의의 문제가 아니었던가 생각한다. 우리가 가정한 〈분단시대 사학〉이 이 근대화론과 민족주의론을 어떻게 이해하였는가 하는 문제가 곧 그것이 우리 근대사학사상(近代史學史上)에서 점유하는 위치를 평가하는 중요한 기준이 될 것이라 생각된다.

지난 30년간의 국사학이 민족주의의 문제를 어떻게 다루어 왔는가 하는 문제를 이해하기 위해서는 지금의 싯점에서는, 소위 〈민족사학(民族史學)〉이 이 시기에 어떻게 수용되어 왔는가 하는 문제를 되돌아 보는 것이 우리가 할 수 있는 효과적인 방법의 하나라 생각된다.

2. 民族史學論의 受容

해방전에 이루어진 우리 근대 사학사의 유산으로서 흔히 〈민족사학〉과 〈실증사학〉 그리고 〈사회경제사학〉 등을 든다. 해방후의 국사학이 이들 3계통의 유산을 모두 물려받고 그 잇점을 종합하여 새로운 연구 방법론 내지 사론을 수립하는 것이 바람직하다고 생각되어 왔지만 실질적으로는 그렇지 못한 것이라 보아진다.

〈실증사학〉의 경우 아직도 그 방법론을 고수하고 있는 연구자가 없는 것은 아니지만, 그것은 이제 하나의 학풍을 이룬다기보다 역사학 연구의 순수한 기초조건으로서의 그 본래의 기능에 한정되어가고 있는 것이라 하겠다.

〈사회경제사학〉의 경우도 그것을 단순한 사회사적 문제의 연구와 경제사적 문제의 연구라는 개념으로만 이해한다면 해방후에도 다른 분야에 못지 않는 연구작업이 이루어졌다고 볼 수 있다. 그러나 그것을 사관적(史觀的)인 면에서 생각해보면 전혀 계승되지 못하였다고 하는 것이 타당할 것이다. 이 점 역시 〈분단시대 사학〉이 가지는 특성의 하나라 할 것이다.

이렇게 생각해보면 해방후의 국사학계를 사관적인 면에서 주도해온 것은 역시 〈민족사학〉이었다고 보지 않을 수 없다. 해방 직후에는 소위 일제 〈식민사관(植民史學)〉과 〈실증사학〉 풍(風)의 영향 때문에 〈민족사학〉이 크게 부각되지 못하였다. 그러나 국사학계의 자리가 잡혀감에 따라 〈식민사학〉의 독소를 제거하는 문제, 민족주체사관을 수립하는 문제 등과 관련하여 〈민족사학〉이 국사학계의 주류를 이루어 갔던 것이다. 그리고 그것이 또 이 시기 국사학계의 특징의 하나이기도 하였다.

이 시기에 활약한 국사학자들, 특히 사학사적 관심이 많은 학자들은 스스로 해방전의 민족사학자들과 수학(修學) 계보상으로, 직접 혹은 간접으로 연결된다고 생각하거나 적어도 사관이나 학풍면에 있어서 민족사학을 계승하였다고 생각하고 있는 경우가 많은 것 같다. 〈실증사학〉적 학풍에서의 탈피와 〈식민사학〉의 극복, 〈사회경제사학〉의 배격을 과제로 한 해방후의 국사학계에서 〈민족사학〉의 전통이 강조되고 그 사관이 계승된 것은 당연하다 하겠다.

그러나 해방후 국사학계가 〈민족사학〉을 수용(受容)함에 있어서 그 연구방법론은 물론, 그것이 가지는 사학사적 성격과 시대적 한계성에 대한 충분한 분석과 비판이 앞섰어야 하였음을 지적하지 않을 수 없다.

〈민족사학〉은 해방전에 〈실증사학〉으로부터 비과학적이란 비판을 받았고 〈사회경제사학〉으로부터는 신비주의・국수주의란 비판을 받았다. 해방후의 국사학계에 있어서도 그것을 비판적인 눈으로 보는 입장이 없는 것은 아니었다. 즉 그 역사인식 태도가 지나치게 관념적이고 고유성을 강조하며 역사발전에 대한 인식이 결여된 한편 객관적인 타당성보다 주관적 신념이 더 중요시되고 있다는 점 등이 지적된 것이다. 그러나 해방후의 국사학계는 대체로 민족사학에 대한 비판적인 자세보다 그것을 긍정적으로 수용하려는 경향이 높아갔다. 그것은 독립운동의 일환으로서의 사학(史學), 이민족(民族異)의 침략 아래서 민족정신을 고취한 사학, 식민사학(植民史學)의 영향을 거부한 주체적 사학 등으로 평가되었던 것이다. 이와 같은 평가가 부당한 것은 아니지만 그것을 하나의 학문적 유산으로 계승하기 위해서는 한층 더 면밀한 분석이 필요하였다고 생각되는 것이다.

우리가 이미 알고 있는 것과 같이 민족(民族)이란 말은 시대에 따라 그 의미가 항상 변하였고 민족주의(民族主義)도 여러가지 유형과 단계를 가지고 있다. 그리고 같은 시대의 같은 유형의 민족주의도 대외적 기능과 대내적 기능이 서로 다르다.

그 동안 국사학계에 있어서도 〈민족사학〉에 대한 보다 심층적(深層的)인 분석이 전혀 없는 것은 아니지만, 일반적으로 그것은 〈독립운동의 일환으로서의 국사학〉〈주체적 사관에 입각한 국사학〉의 단계에 크게 벗어나지 못하고 있었다. 이와 같은 피상적(皮相的)인 민족사학론 때문에 그것이 전혀 빗나간 각도에서 이용되기도 하며 따라서 〈민족사학〉 부정론이 나오기도 하였다. 그리고 그 결과 사실 국사학의 진로가 벽에 부딪친 감도 없지 않은 것이다.

3. 民族史學論의 分析

민족과 민족주의는 대단히 복합적인 의미를 가지고 있어서 어떤 측면에서이건 섣불리 정의(定義)하기 어려움을 우리는 잘 알고 있다. 민족주의란 말은 본래 서양사회의 소산물인 근대 내셔널리즘에서 나온 것이지만, 또 이 근대 내셔널리즘을 우리는 대체로 국가주의(國家主義)와 국민주의(國民主義), 그리고 민족주의(民族主義)의 세 가지 개념을 함께 가진 것이라 이해하고 있다. 그리고 근대 내셔널리즘이 가진 이 세 가지 개념을 이해하는 데 있어서도 여러 가지 견해가 있음을 우리는 알고 있다.

국가주의와 국민주의는 근대국가 발달의 과정으로 이해되고 있으며, 이 경우 국가주의적 내셔널리즘이 먼저 나타나고 그것이 국민주의적 내셔널리즘으로 이행(移行)하는 것이라 생각되기도 하고, 반대로 국민주의적 내셔널리즘이 먼저 형성되었다가 제국주의(帝國主義) 발달과 연결되어 국가주의적 내셔널리즘으로 전환되는 것이라 이해하고 있기도 하다. 이 두 가지 성격의 근대 내셔널리즘을 역사적으로 담당한 주체세력을 바탕으로 하여 생각할 때 절대군주나 일부 귀족세력이 주체를 이루었던 국가주의적 내셔널리즘이 먼저 발달하였다가 시민계급이 주체를 이루는 국민주의적 내셔널리즘 시대로 이행하는 것으로 파악되기도 한다.

민족주의적 내셔널리즘은 근대국가의 발달과정보다 오히려 외침을 받은 민족에 있어서의 저항운동 과정에서 형성되는 내셔널리즘으로 이해되어 왔다. 따라서 우리 역사상에 있어서는 국민주의적 내지 국가주의적 내셔널리즘의 단계에 대해서는 깊이 고구(考究)되지 않았고 다만 민족주의적 단계의 내셔널리즘만이 독립운동 과정과 연결되어 강조되어 왔던 것이다.

한편 근대 내셔널리즘을 이해하는 데 있어서 국가주의적 내셔널리즘까지도 포함해서 근대국가 발달의 세 단계로 생각하는 이론도 있다. 처음에는 절대군주와 귀족이 그 주체를 이루는 국가주의적 내셔널리즘이 형성되고 다음에 시민계급 주체의 국민주의적 내셔널리즘으로 전환되었다가 다시 시민계급적 범주 밖에 있는 광범위한 사회계층까지도 그 주체세력 속에 포함되는 민족주의적 내셔널리즘으로 발달하는 것으로 체계화하는 것이다.

서양사회의 원산물인 근대 내셔널리즘의 발달과정 문제를 우리 역사에 적용시키는 일이 본래 서투른 일이겠지만, 지금 우리의 논점의 대상인 민족사학(民族史學)에 대한 이해를 한층 더 깊이하기 위하여 위에서 든 근대 내셔널리즘 발달의 세 단계를 우리 역사에 적용하여 하나의 가설(假說)을 세워보고자 한다.

우선 결론부터 앞세우면, 우리 역사상 19세기 후반기 즉 구한말(舊韓末)을 국가주의적 내셔널리즘 시대로, 20세기 전반기 독립운동 시기를 국민주의적 내셔널리즘 시대로, 그리고 20세기 후반기 해방후의 시대를 민족주의적 내셔널리즘 시대로 이해할 수 있지 않을까 생각하는 것이다.

근래 국사연구의 성과는 우리 역사상 근대 내셔널리즘 의식이 실학(實學)에서 처음 싹튼다고 논증하고 있다. 그리고 그것은 개항후 개화당(開化黨)과 독립협회(獨立協會) 운동, 애국계몽운동(愛國啓蒙運動), 더 나아가서 3·1운동 및 그 이후의 국내외 독립운동으로 연결되는 것이라 이해하고 있다.

실학자(實學者)들에게서 보이는 민족적 문화적 자각과 개화당이 기도한 청국(淸國)에 대한 종속적 위치로부터의 탈피와 근대적 정치개혁 등은 분명히 근대 내셔널리즘 의식의 발로라 하겠다. 그러나 그것은 아직 국왕(國王)의 전제적 지배를 인정하는 단계에서 벗어나지 못한 국가주의적 성격의 것이었다고 생각된다. 개화당운동(開化黨運動)은 물론 실학자들에게 있어서도 중세적 질서에서의 탈피와 청국으로부터의 종속적 관계의 단절은 요구되었지만 국민국가를 성립시키려는 데까지 그들의 의식이 아직 미치지 못하였던 것이라 생각된다.

독립협회(獨立協會) 운동에서는 〈주권재민(主權在民)〉을 바탕으로 하는 국민국가적 의식이 상당히 높아가고 있었던 사실이 밝혀지고 있다. 그러나 한편으로는 국가적 독립을 확고히 하고 그 존엄성을 높이기 위하여 오히려 전제황권(專制皇權)을 주장하는 일면도 있다. 이 운동에서 국민국가를 지향하는 의식이 성장하고 있었음을 충분히 이해하지만 엄격히 말해서 그것은 아직 제한군주제적(制限君主制的) 단계에 머물고 있었다고 생각된다.

20세기초에 발달한 애국계몽운동(愛國啓蒙運動)은 근대 내셔널리즘의 측면에서 보면 몇 가지 특징을 발견할 수 있다. 첫째, 그것은 이미 외세와 타협하고 그것에 굴복한 이조(李朝)의 국가권력에 대한 국민적 실망과 반발을 바탕으로 하여 발달한 것이라 할 수 있다. 둘째, 대체로 시민계급이라고 부를 수 있는 사회계층의 주도 아래 정치·경제·문화 등 각 분야에 걸쳐 발달한 이 운동은 외세에 대한 적극적인 저항운동을 전개하지 못한 제약성을 가지면서도 이조 왕권을 주체로 한 국권수호운동의 차원을 넘어서서 시민계급 주체의 국민국가를 수립하기 위한 기초를 닦은 운동이었다고 이해할 수 있다. 이 운동은 물론 한일합방(韓日合邦)으로 실패하였으나 그 취의(趣意)는 일제시대의 독립운동으로 연결되어 성격을 한층 더 분명히 한다.

본격적인 국민주의적 내셔널리즘 운동은 일제시대의 독립운동 과정에서 나타나는 것이라 생각된다. 당초에 시민계급의 주도 아래 발달한 독립운동은 제 1 차적인 목적이 국권을 회복하는 데 있었다. 그러나 그것이 달성된 후 어떤 성격의 국가를 세우려 하였는가 하는 점에까지 생각을 미쳐 보면 그것은 국권회복운동인 동시에 국민국가 수립운동이라 할 수 있는 것이다. 만주(滿洲)의 교포사회를 중심으로 이루어진 많은 독립운동기지에 있어서의 민정기관(民政機關) 조직이 가지는 성격과 상해 임시정부의 성격 등을 생각해보면 이 시기의 독립운동이 가지는 또 하나의 목적이 시민계급 주체의 국민국가 수립에 있은 것이라 이해할 수 있을 것이다.

3·1운동 이후에는 독립운동의 주체가 확대되어서 시민계급적 범주 밖에 있는 사회계층이 그 속에 포함되어 중요한 역할을 다하게 되고 따라서 우리가 지적한 국민주의적 내셔널리즘 운동에 변화를 가져오는 계기를 마련하게 된다.

이와 같은 우리의 가설(假說)을 바탕으로 하여 다시 〈민족사학〉의 문제를 생각해보면 그것은 독립운동의 일환으로서의 사학이요 민족정신을 강조한 사학인 동시에 우리가 말하는 시민계급 주체의 국민주의적 내셔널리즘 사학이었다 할 것이다. 그 역사의식 속에는 외침에 대한 저항과 국권회복을 위한 일체감으로 뭉쳤다고 생각하는 피상적인 의미에 있어서의 민족과 그것을 이끌어나가는 영웅은 있었지만 아직 그 민족 안의 문제가 제대로 보이지 않았고 따라서 시민계급적 범주 밖에 있는 민족구성원의 존재도 정확히 보이지 않았던 것이다.

신채호(申采浩)의 경우 3·1운동 이후에는 시민계급적 범주 밖에 있는 민족구성원의 존재가 보였고 또 그것의 역사적 기능을 어느 정도 올바르게 파악한 것이라 지적되고 있지만, 그것이 역사발전의 주체로서 이해되었는지는 의문이며 그의 이와 같은 역사의식이 이후의 민족사학자들에게 계승되지 못한 것이라 할 수 있다. 문일평(文一平)에 와서도 그의 민족관(民族觀)이 어느 정도 확대되었으나 그것은 〈민족사학〉의 내적 성과라기보다 바깥으로부터의 영향에서 온 것이라 할 것이다. 그러나 다음에서 논급될 국민주의적 내셔널리즘 사학의 단초(端初)가 이들에게서 이미 잡히기 시작한 것은 사실이다.

국민주의적 내셔널리즘으로서의 일제시대의 우리 내셔널리즘은 독립운동과 국민국가의 수립을 지향하면서 그것이 가진 긍정적인 기능을 충분히 다했다고 할 수 있다. 그러나 그 일차적인 목적이 이루어진 후에는 국민주의적 내셔널리즘이 흔히 가지는 반역사적(反歷史的) 성격을 드러낼 수 있는 것이기도 하였다. 우리가 지적한 국민주의적 내셔널리즘 사학으로서의 일제시대의 〈민족사학〉이 철저한 분석과 비판없이 해방후의 국사학계에 수용(受容)되어서는 안될 이유가 여기에도 있는 것이다.

그러면 해방후의, 그리고 앞으로의 우리 국사학계가 정립하여야 할 민족사학론은 어디에서 추출되어야 할 것인가 하는 문제가 남게 된다. 우리는 이제 근대 내셔널리즘의 세번째 단계라 지적한 민족주의적 내셔널리즘 사학이 그것을 해결할 수 있으리라 생각하며, 그것은 또 민족의 통일을 지향(志向)하는 20세기 후반기의 민족사학론이 될 것이라 전망하는 것이다.

4. 民族史學論의 展望

20세기 전반기의 우리 역사에 있어서 전체 민족적 염원과 지상과제(至上課題)는 국권회복이었다 할 수 있다. 그것을 달성하기 위하여 제시된 지도원리는 흔히 민족주의로 표현되었지만, 엄격히 말해서 우리가 지적한 국민주의적 내셔널리즘이었다. 그리고 국민주의적 내셔널리즘 사학으로서의 일제시대의 〈민족사학〉이 영웅주의적이며 시민계급적 범주 밖에 있는 민족구성원에 대한 이해가 철저하지 못하였던 시대적 제약성을 가지기는 하였지만 역사 연구활동을 독립운동의 일환으로 파악하였던 민족사학자들은 역사의식이 투철하고 올바른 시대정신 속에서 산 연구자들이었다 할 것이다. 그들은 망명생활(亡命生活)의 고난과 식민지치하(植民地治下)에서의 박해를 감내(堪耐)하면서 민족사(民族史)의 올바른 이론과 방향을 정립하였던 것이다.

20세기 전반기의 전체 민족적 염원이 국권의 회복이었다면 우리가 살고 있는 후반기의 그것을 역사적 안목에서 생각해보면 민족의 통일문제라 믿어진다. 따라서 20세기 전반기의 국권회복을 위한 사론(史論)으로서의 〈민족사학〉 즉 국민주의적 내셔널리즘 사학은 이미 전시대적(前時代的) 사론이 되었고 통일을 과제로 하는 민족사학론은 새로이 구성되어야 할 것이다.

일제시대의 〈민족사학〉이 독립운동의 일환이었고 그 때문에 그것을 시대정신에 충실한 국사학으로 평가하였다면, 분단시대(分斷時代)의 국사학은 궁극적으로 통일운동의 일환이 되어야 할 것이며, 그것을 위한 올바른 사론(史論)을 수립하는 것이 그 최고 차원의 목적이라는 이론이 성립할 수 있다. 이와 같은 생각을 바탕으로 하여 해방후 국사학의 사론적 측면의 성과를 되돌아보면 분단시대 사학으로서의 한계성이 한층 더 분명해지는 것이다.

역사학(歷史學)은 어느 분야의 학문보다 바른 시대정신을 먼저 파악하고 그것을 위한 이론을 정립할 수 있을 때 그 본래의 값어치가 드러나는 것이다. 그리고 생각에 따라서는 역사발전이란 각 시대마다의 역사담당 주체세력의 확대과정이라 생각할 수 있다. 이제 우리가 지적한 민족주의적 내셔널리즘이 그 전단계로서의 국민주의적 내셔널리즘과 어떻게 다른가 하는 점을 생각해보자.

국민은 정치적 경제적 통일체와 그것에 대한 공속감(共屬感)을 기초로 하여 성립된 것으로서 민족과 다름은 말할 나위가 없다. 정치적 경제적 통일성을 기할 수 있으면 하나의 민족이 둘 이상의 국민을 이룰 수 있고 반대로 둘 이상의 민족이 모여 하나의 국민을 이룰 수도

있다. 이것은 지극히 평범한 이론(理論)이지만 역사적 조건이 결코
두 개의 국민을 허용할 수 없는 특정민족의 경우에는 그야말로 민족
존망(存亡)의 문제와 직결되는 이론이 될 수 있다. 국민주의적 내셔
널리즘을 기초로 하여 민족의 문제를 다루는 허점이 여기에도 있는
것이라 하겠다.

민족은 단순한 정치적 경제적 통일체에 그치지 않고 그 밑바닥에
인종(人種)이나 국토(國土) 등 자연풍토적 조건과 언어(言語) 및 문
화적 전통 등 사회풍토적 조건을 깔고 형성된 공동체이다. 그것은 국
민보다 자연적이고 제 1차적인 집단이다. 그러므로 역사적 과정에서
나타난 민족 내부의 분열을 메꾸고 본래의 일체감을 되살리기 위해서
는 민족적 입장에 선 사상과 이론과 행동이 필요한 것이다. 따라서
변칙적으로 분열된 특정민족의 통일을 위한 이론은 국민주의적 내셔
널리즘 단계를 극복하고 민족주의적 내셔널리즘의 차원에서만 찾을
수 있는 것이다. 여기에 우리가 취택할 근대 내셔널리즘의 국사학적
과제가 있는 것이라 하겠다.

우리 역사상에서 국민주의적 내셔널리즘은 식민지 치하에서의 저항
운동 이론으로서의 그 긍정적인 의미만이 강조되어 왔다. 그러나 세계
사상에서의 그것은 우리가 잘 알다시피 민족이나 국민을 가탁(假託)
한 특수계층의 전유물(專有物)이 되어 반역사적(反歷史的) 작용을 거
듭해 왔다. 흔히 지적되는 바와 같이 대외적으로는 침략주의를 합리
화하는 이론이 되었고 대내적으로는 민족 안의 모순을 호도(糊塗)하는
역할을 다해왔던 것이다.

국민주의적 내셔널리즘이 가지는 이와 같은 성격 때문에 그것이 곧
근대 내셔널리즘의 전부라고 생각하는 관점에서는 그것의 긍정적인
기능을 인정하지 않으려 하며 따라서 민족사학론의 학문적 가치 자체
를 부인하려는 이론도 있다. 그러나 다시 생각해보면 오늘날의 세계
사조(世界思潮)에 있어서 아직 내셔널리즘의 작용력은 감퇴하지 않고
있다. 뿐만 아니라 특히 분단민족에게 있어서는 민족통일을 위한 지
도원리로서 재구성되어야 할 필요성이 더욱 절실해지고 있는 것이다.

앞에서 역사발전이란 곧 각 시대마다의 역사담당 주체세력의 확대
과정이라 말하였지만, 민족통일을 위한 지도원리로서의 근대 내셔널리
즘은 시민계급주체의 국민주의적 내셔널리즘이 아니라 그 주체세력이

민족구성원 전체로 확대된 민족주의적 내셔널리즘이 되어야 할 것이다.

국민주의적 내셔널리즘이 가진 민족 안의 모순을 호도하던 기능은 민족구성원 전체의 권익을 옹호하는 기능으로 승화되어야 할 것이며, 저항논리(抵抗論理)로서의 국수성(國粹性)과 배타성(排他性)은 진취적이고 개방적인 성격으로 전환되어야 할 것이다. 그리고 근대 내셔널리즘이 가지는 이와 같은 의미의 변화는 민족의 의미에도 또 민족사학의 의미에도 적용되어 국민주의적 〈민족사학〉이 아닌 민족주의적 〈민족사학〉으로 바뀌어야 할 것이며, 이것이야말로 우리 국사학계가 당면한 가장 중요한 과제요 방향의 하나라 할 것이다. 또 그 속에서 민족통일(民族統一)을 위한 진정한 지도원리가 추출될 수 있을 것이다.

<歷史學報 68집 ; 創作과 批評 39호, 1976. 봄>

解　題

鄭　昌　烈

　최근 우리나라 역사학계에서는 역사의식(歷史意識)·역사인식(歷史認識)·역사관(歷史觀)의 문제에 대한 관심이 크게 고조되어 있다. 거기에는 크게 보아 두 원인이 있다고 생각된다. 첫째는 1960년의 4·19 이후에 특히 고조되어 지금까지 계속되고 있는 바 식민주의사관(植民主義史觀) 극복이라는 사학사적(史學史的) 과제에 말미암는 것이다. 둘째는 아직까지도 근대민족으로서의 자기를 확립시키지 못하고 있는 민족적 현실의 타개에 기여하려고 하는 역사학의 실천적 과제에 말미암는 것이다. 특히 후자의 측면에서는 역사학계에 국한되지 않고 우리나라의 지성계 전반에 걸쳐서 역사의식·역사인식·역사관의 문제에 관심이 고조되고 있는 실정이다. 좁게 보아서는 사학사 또는 지성사에 있어서, 넓게 보아서는 민족사에 있어서 지금이 어떤 전환기(轉換期)에 해당되기 때문인 듯하다.

　새로운 역사의식·역사인식방법·역사관을 가다듬으려는 노력은 우선 지난날의 그것들을 더듬어서 각각 어떤 역사적 조건에서 어떻게 이루어졌고, 또 조건의 변화에 대응하여 어떻게 스스로를 변혁하여 왔는가 하는 것을 추적하는 모습으로 나타났다.

　그런 가운데서도 선진 자본주의 열강의 침략에 의한 식민지화 과정시대, 그리고 일본 제국주의에 의한 식민지지배시대의 역사의식·역사인식 방법·역사관에 대해서는 특히 관심이 집중되고 있다. 그 원인 역시 사학사적으로는 식민주의 사학(史學)을 극복하려는 과제, 민족사적으로는 역사발전 단계에 있어서의 그때와 지금의 동궤성(同軌性) 때문이 아닌가 생각된다.

　우리나라 역사학계에서 논의되고 있는 역사의식·역사인식·역사관의 문제들이 좀더 많은 관심 있는 분들과 넓은 마당에서 토의되고 깊이 생각되어질 수 있게 하기 위하여 이 책자가 편찬된 것으로 생각된다. 많은 분들이 이 책을 읽는 데 있어서 조그마한 길잡이가 되고자 각각의 논문마다에 간단한 해제를 하려고 한다.

1. 韓國史研究 百年

천관우(千寬宇) 선생의 이 글은 원래 『동아연감(東亞年鑑)』(東亞日報社, 1970)의 〈특집 I 근대화백년〉에 실렸으며, 그후 『한국사의 재발견(再發見)』(一潮閣, 1975)에 일부 보완되어 다시 실린 바 있었다. 여기에 실린 것은 그것을 약 두 배의 분량으로 늘여 다시 고쳐 쓴 것이다.

천관우 선생은 한국이 서양 근대문물과 접촉하기 시작한 이래의, 약 백년의 한국사연구를 대관하였다. 근대적인 한국사학이 어떠한 난관을 겪으면서 성립되었으며 오늘날의 한국사학에 있어서 〈체계의 재수립〉이 왜 절실한 문제인가 하는 것을 부각하였다. 독자들은 한국사연구의 근 100년 동안의 상황을 조감할 수 있을 것이다.

2. 三國史記에 있어서의 歷史敍述

『삼국사기』는 우리나라가 지금 갖고 있는 것으로서는 가장 오래된 역사서(歷史書)이다. 특히 삼국의 역사를 연구함에는 13세기 말의 『삼국유사』와 함께 가장 소중한 문헌이다. 그러나 『삼국사기』는 일제 관학자에 의해서는 그들의 의고주의(疑古主義) 때문에, 최남선(崔南善)·신채호(申采浩) 등에 의해서는 그들의 민족주의의식 때문에 기사를 날조하고 사실(史實)을 왜곡한 역사서로 단죄되었다.

그러한 단죄는 『삼국사기』 편찬 당시의 사료 제약이라는 조건과 시대적인 제약을 도외시한 평가라는 입장에서 이 논문은 씌어졌다. 원래는 『김재원박사 회갑기념논총(金載元博士回甲紀念論叢)』(乙酉文化社, 1969)에 실렸으며 『동아교섭사(東亞交涉史)의 연구』(서울大出版部, 1970)에 다시 실렸던 것을 이 책에 옮겨실은 것이다.

고병익(高柄翊) 교수는 김부식(金富軾)의 역사서술 태도가 조선초기에 지어진 역사서인 『삼국사략(三國史略)』 『고려사(高麗史)』 『동국통감(東國通鑑)』의 그것보다는 유교적 명분론, 유교적 합리론, 중국 중심 세계관의 측면이 약하며, 따라서 『삼국사기』가 상대적으로 보다 더 객관적이고 합리적이라고 한다. 그러나 『삼국사기』의 사학사적 위치가 좀더 뚜렷하게 설정되었으면 하는 아쉬움이 남는다. 고병익 교수는 역사사실의 평가에 있어서 당시의 객관적 조건 속에서 평가할 것을 강조하고 있다.

3. 高麗中期의 文化意識과 史學의 性格

이 논문은 앞의 논문과는 입장을 달리하여 쎄어진 것으로 원래는 『한국사연구(韓國史硏究)』9집(韓國史硏究會, 1973·3)에 실렸으며, 『한국고대사회연구(韓國古代社會硏究)』(金哲埈 著, 知識産業社, 1975)에 다시 실렸던 것을 여기에 옮겨 실은 것이다.

김철준(金哲埈) 교수는 고려시대의 문화의식의 흐름 속에서 『삼국사기』의 성격을 부각하였다. 중세국가의 기반이 대체로 일단락되는 10세기 말의 귀족계급의 문화의식은 전통의 유지·강화를 도모하는 범위 안에서 유교를 채택하려는 것이었다. 그후 중앙집권체제의 정비, 귀족사회와 기층사회(基層社會)의 괴리에 따라 지배계급의 이데올로기는 고대전통을 비판하되 국풍(國風)을 유지하는 면에서 중세 문화의식을 다듬으려는 한 갈래와 유교정치 이념에 몰전통적(沒傳統的)으로 매몰하는 문화의식의 한 갈래로 분열되었고 그 대립은 첨예화되었다.

전자에 대한 후자의 승리 뒤에 지어진 『삼국사기』는 따라서 유교적 정치이념을 강조하기 위한 이데올로기의 성격을 가지게 되었던바, 그 결과는 자기 전통문화의 왜소화·빈곤화였다. 이에 대한 반발로서 12세기 말에는 『동명왕편(東明王篇)』이, 13세기 말에는 『삼국유사』가 나타나게 되었다고 한다.

김철준 교수의 『삼국사기』에 대한 평가는 신채호의 입장을 계승한 것이다. 따라서 중세 봉건적 사고(思考)를 지양하고 근대민족으로서의 자기를 확립하기 위한 현재적 의의에서의 평가가 김철준 교수의 경우에도 두드러져 있으나 한국사상사 또는 한국사학사의 발전과정 속에서의 『삼국사기』의 역사적 위치의 설정은 상대적으로 불투명하다.

『삼국사기』에 대한 주요한 논저에는 이기백(李基白)「삼국사기」(韓國의 名著, 玄岩社, 1969), 이우성(李佑成)「삼국사기의 구성과 고려왕조의 정통의식(正統意識)」(震檀學報 38, 震檀學會, 1974), 하현강(河炫綱)「삼국사기와 삼국유사의 사관」(讀書生活 7월호, 1976) 등이 있다.

4. 三國遺事의 史學史的 意義

이 논문은『삼국유사』의 종합적 검토 심포지움에서 발표된 것으로 『진단학보(震檀學報)』36집(震檀學會, 1973)에 실렸다. 토론과정에서 제기되었던 질문에의 응답을 보충하여 『창작과비평』41호(1976. 가을)에 실렸던 것을 여기에 옮겨 실은 것이다.

이기백 교수는 우선 사학사 연구, 더욱 크게는 역사연구에서 역사사실의 역사적 의의와 현재적 의의를 뒤범벅하여 사람들을 혼란 속에 몰아넣지 말고 명확히 구별하여 보아야 한다고 강조한다.

『삼국유사』는 한국 고대사를 자주적 입장에서 인식하였기 때문에 그 사료(史料)로서의 가치와 오늘날과의 동궤적(同軌的) 역사의식의 측면에서 현재적 의의는 매우 크다. 그러나 역사적 의의 즉 역사인식·역사관의 제기적 발전과정의 위에서 볼 때『삼국유사』의 역사인식 방법은 당시의 사학계가 이룩해놓은 합리주의에의 접근이라는 전진적인 자세에 역행하는 복고적인 것이라고 하는 이기백 교수의 파악은 매우 개성적이며 시사적(示唆的)이다. 최남선으로 대표되는 낭만적인 민족주의사학에서의 평가(崔南善, 三國遺事解題, 啓明 18, 1927 ; 新訂三國遺事, 民衆書館, 1941에 다시 수록)와는 일정한 대조를 이루고 있다.

5. 三國遺事에 보이는 一然의 歷史認識에 대하여

이 논문은『경희사학(慶熙史學)』5집(1974. 11)에 실렸던 것을 여기에 옮겨 실은 것이다. 이기백 교수가『삼국유사』의 사학사적 위치를 복고적인 것으로 보고 있음에 반하여 김태영(金泰永) 교수는 그 위치를『삼국사기』보다 더 발전된 단계의 것으로 본다.

민중의 역사의식이 반영된 일연의 그것은 민족적 분노와 좌절을 극복하기 위하여 역사전통을 새로이 평가하는 과정에서 신이(神異)를 역사전개의 추진력으로 보는 새로운 역사인식 방법을 획득하게 되었다. 그러한 역사인식 방법은 보다 이지적(理智的)·민족적인 사대부층의 역사인식 방법과 상통되는 것으로 고려후기의 역사행정(歷史行程)의 당연한 귀결로서의 소산이라고 김태영 교수는 파악한다.

그러나『삼국유사는 전편의 서사(敍事)를 기본적으로 신이의 바탕 위에서 전개하고 있다』는 바, 자기 나라 역사의 추진력을 신이에서 찾고 있는 역사인식 방법의 사회적 성격 내지 그 역사적 위치의 설정 문제는 엄격하게 따져야 할 문제로 남게 된다.『삼국유사』의 이해를 위해서는 최남선「삼국유사 해제」, 김철준「고려시대 역사의식의 변천」(韓國文化史論, 金哲埈, 知識産業社, 1976), 민영규(閔泳珪)「삼국유사」(新東亞 1969·1, 別册附錄 韓國의 古典百選), 김동욱(金東旭)「삼국유사」(韓國의 名著, 玄岩社, 1969)를 아울러 읽어야 할 것이다.

6. 高麗中期의 民族敍事詩

문학작품의 분석을 통하여 그 시대의 역사상황을 이해하려고 한 새로운 시도이기도 한 이 논문은『성균관대 논문집(成均館大論文集)』7집(1963)에 실렸던 것을 여기에 옮겨 실은 것이다.

당시까지는 문학작품으로서의 이해에 그쳐 영웅서사시·역사서사시로만 이해되었던 이규보(李奎報)의『동명왕편(東明王篇)』과 이승휴(李承休)의『제왕운기(帝王韻紀)』에 역사학적 조명을 가함으로써 그 바탕에 민족의식이 깔려 있다는 것을 발굴함으로써 그 역사적 성격을 부각시킨 것이었다.

괴력난신(怪力亂神)을 말하지 않는다는 유가적(儒家的) 지성인인 이규보나 이승휴가 전근대적인 민족의식이나마 획득하게 되는 계기는 대중의 역사의식에의 귀의를 통한 전통과의 접합이라고 파악되고 있다. 이규보·이승휴는 그러한 접합에 의하여 자기 문화의 우월성에 대한 신념을 획득하고 그것에 의하여 유교에 매몰되지 않은 전통과 국풍(國風)을 유지하려는 역사의식을 갖게 되었다고 한다.

김철준 교수의 유교에 매몰되지 않고 국풍을 유지하려는 기층문화(基層文化), 김태영 교수의 안팎의 여러 모순과 압제에의 분노와 저항의식의 돌파구를 봉쇄당한 채 내적으로 심화된〈민중의(민족적) 역사의식〉, 이우성 교수의 생활습속 사고(思考)의 바탕에 연면히 흘러 내려오고 있는 〈대중의 역사의식〉 등의 개념은 상호간에 일정한 공통성을 갖고 있는 듯하다.

이우성 교수의 『동명왕편』에 대한 이상과 같은 파악에의 비판으로는 박창희(朴菖熙) 「이규보의 동명왕편시(東明王篇詩)」(歷史敎育 11·12合輯, 歷史敎育硏究會, 1969. 4), 하현강(河炫綱) 「고려시대의 역사계승의식」(梨花史學硏究 8, 1975. 2)이 있다. 두 분의 파악은 대체로 일치되는 바, 『동명왕편』을 꿰뚫는 이규보의 의식은 12세기말 경주 중심의 대규모 민란에서 제기된 신라 부흥의 소리를 배격하는 의미에서 고구려의 정통 계승국가로서의 고려의 절대성을 확인·강조하려는 국가의식이었다고 한다. 요컨대 민족의식이냐 국가의식이냐 하는 것으로 날카로운 대조를 이루고 있다.

7. 高麗時代의 歷史繼承意識

10세기 전반 고려의 통일에 의하여 고구려·백제·신라 계통의 합일이 이루어졌다. 전통적인 분립(分立)의식이 쉽게 가셔지지 않아 고려시대에는 고구려계승의식과 신라계승의식이 서로 착재(錯在)하고 있었다. 이러한 착재에 대하여는 이우성 교수가 「삼국사기의 구성과 고려왕조의 정통의식(正統意識)」(震檀學報 38, 1974. 10)을 발표한 바 있었다.

이우성 교수는 고려 건국에서 12세기 중엽 『삼국사기』의 출현까지는 고구려계승의식이 지배적이었고 그때부터 고려 말까지는 신라계승의식이 지배적이었으나 무신정권기에는 이규보의 『동명왕편』에서와 같이 약간의 다른 계승의식이 나타나기도 하였다는 요지인 듯하다.

이러한 파악에 대한 비판으로서 제시된 이 논문은 『이화사학연구(梨花史學硏究)』 8집(1975. 2)에 실렸던 것을 여기에 옮긴 것이다.

하현강(河炫綱) 교수는 고려의 역사계승의식을 보다 더 세분하면서 특히 그 변화·발전을 통하여 고려인의 한국사 자체에 대한 인식의 확대와 성장을 추적하는 데에 역점을 두었다. 그리하여 무신란 이후의 역사계승의식의 변화에 특히 주의를 기울인다. 무신정권 밑에서의 신라계통 세력의 몰락으로 말미암은 가치관·국가이념의 공백을 메꾸기 위하여 고구려 계승의식이 일원적으로 성립되었으며 그 표현이 『동명왕편』이라고 한다. 이는 다시 원(元) 지배하에서의 자주적 의식의 강화를 계기로 하여 같은 조상의 같은 후손으로서의 공통체(共通體)의식, 그 공통체는 다른 것과는 구별되는 독자적인 세계라는 역사적 자각으로 비약하였던바, 그 표현이 『삼국유사』와 『제왕운기』라고 한다.

8. 朝鮮前期의 歷史敍述

이 논문은 『창작과 비평』 41호(1976. 가을)에 실렸던 것을 여기에 옮긴 것이다. 정구복(鄭求福) 교수는 조선전기의 역사서술에 관하여 이미 「동국사략(東國史略)에 대한 사학사적 고찰」(歷史學報 68, 歷史學會, 1975. 12)과 「삼국사절요(三國史節要)에 대한 사학사적 고찰」(歷史敎育 18, 歷史敎育硏究會, 1975. 12)을 발표하였던바 이들을 종합하고 보충하여 쉽게 풀어쓴 것이 이 논문이다.

정구복 교수는 『동국사략』『삼국사절요』『동국통감』을 중심으로 하여 조선전기의 역사인식 방법을 특히 천착하고 있다. 특히 당시의 지배 이데올로기로서의 성리학(性理學)에 기본적으로 규정되는 바로서의 역사인식 방법의 구조를 밝히려고 하였다.

그 결과 밝혀진 조선전기의 역사인식 방법의 내용은 자국 고유의 역사정신을 발견하거나, 자국을 하나의 독자적 세계로 인식하거나, 자국의 역사에서 특수성·개별성을 찾으려는 노력을 결여한 범세계적인 보편으로서의 동아시아 세계관, 유교적 윤리에서의 역사포폄, 모화주의적(慕華主義的) 문화의식, 통치권력의 정당화, 역사인식의 경학(經學)에의 예속이라고 하는바, 우리는 여기에서 중세 봉건적 사관의 확립을 발견하게 된다.

그러나 조선초기의 특히 역사의식에 대하여서는 정구복 교수와는 다른 견해도 많이 있다. 앞에서 본 김태영 교수의 「삼국유사에 보이는 일연(一然)의 역사인식에 대하여」의 결언에서도 『사대부층에 의하여 수용되는 성리학은 전통유교에 비하여 보다 이지적이며 민족적인 경향으로 적어도 당분간은 활용되는 것이다』라고 하여 조선초기에 있어서의 민족의식의 강화에 대한 시사가 있고, 하현강 교수의 「고려시

대의 역사계승의식」의 맺는 말에서도 『이와 같이 하여 성장한 민족의
식은 뒤에 조선초기에 개화되는 민족문화의 밑거름이 되었다』는 파악
에서도 보이며, 한영우(韓永愚) 교수도 『정도전사상(鄭道傳思想)의 연
구』(韓國文化研究所, 1973)에서 조선전기 관학파 성리학의 민족의식을
강조하고 있는바, 이러한 의견의 대립은 앞으로의 더욱 활발한 연구
를 촉진하는 계기가 될 것이다.

9. 高麗史 解題

이 논문은 『고려사(高麗史)』(景仁文化社, 1972)에 그 해제로 씌어졌
던 것을 여기에 옮겨 실은 것이다. 이기백 교수는 『고려사』를 『삼국
사기』와의 연속선 위에서 파악하려고 한다. 우선 크게는 고려사회의
담당 주체이며 지배층인 귀족의 삼국시대에 대한 이해의 응결로서의
『삼국사기』, 조선사회의 담당주체이며 지배층인 사대부의 고려시대에
대한 이해의 응결로서의 『고려사』, 이렇게 대위시키고 있다.

두 역사서에 나타난 역사관·역사인식 방법은 유교에 바탕을 둔 도
덕적 정치사관, 사대적 명분론, 유교윤리에 의한 가치판단 등에 있어
서 공통되고 있으나 『고려사』 쪽이 유교적 합리주의 사관이 더욱 깊
어지고 있다고 한다. 고려사회와 조선사회의 역사경위(歷史境位)의
기본적 동질성까지를 시사하고 있는 듯하다. 독자들은 김상기(金庠基)
「고려사」(韓國의 名著, 玄岩社, 1969), 김철준 「고려사」(新東亞 1969. 1 別
册附錄, 韓國의 古典百選)도 아울러 읽으면 좋다.

10. 17세기의 反尊華的 道家史學의 성장

도가적(道家的) 입장에서의 한국사 서술에 대한 연구로는 첫삽을
대었다고 할 수 있는 이 논문은 『한국학보(韓國學報)』 1집(一志社, 19
75. 겨울)에 실렸던 것을 일부 수정하여 여기에 옮겨 실은 것이다.

성리학적 역사인식 방법이 17세기에 이르러서는 북벌존명의식(北伐
尊明意識)의 대두, 소화(小華)가 잠정적으로 중화(中華)를 담당하게
되었다는 소화의식(小華意識)의 강화 등에서 보이는 바와 같이 더욱
응고화하고 폐쇄화하는 정신적 상황 속에서 반존화의식(反尊華意識),

고유의 〈본성(本性)〉을 간직하기 위한 목적에서의 성리학 배격을 제
창하는 북애(北崖)의 문화의식·역사의식은 이색적이다. 한영우 교수
는 이러한 북애의 역사의식, 그리고 그에 바탕한 역사인식 방법의 사
학사적 위치를 추구하고 있다. 북애의 역사학은 유교사학(儒教史學)
이 자국 문화에 대한 자비(自卑)·천시(賤視)에서 재인식과 자부(自
負)에로 질적인 전환을 이룩하는 계기가 되었으며 나아가 한말(韓末)
의 민족주의사학을 태동시키는 배반(胚盤)이 되었다고 하였다. 북애
로 대표되는 도가사학의 사학사적 위치를 적극적으로 평가하였다. 자
국의 역사를 자주적 입장에서 이해하며 자주적인 문화세계를 지향하
려는 북애의 역사의식은 적극적으로 평가함이 마땅할 듯하다.

그러나 북애의 역사의식, 즉 역사의 실제에 있어서는 이미 자국의
문화로 된 성리학을 교육의 본성(本性)인 바로서의 동이문화(東夷文
化)가 아니라고 하여 배타적으로 제외하려는 관념적·환상적 역사의
식에 대한 엄격한 평가와 그것을 참작한 사학적 위치 설정이 아쉽다.
『규원사화(揆園史話)』를 새로운 종교의식이라는 면에서 주목한 연구
로는 정진홍(鄭鎭弘)「규원사화의 신화」(文學과 知性 23, 一潮閣, 1976.
봄)이 있어 참고가 된다.

11. 17·8세기의 史書와 古代史認識

이 논문은 원래 『한국사연구』 10집(韓國史研究會, 1974. 9)에 발표되
었던 것을 여기에 옮겨 실은 것이다. 17·8세기에는 『동사찬요(東史
纂要)』『여사제강(麗史提綱)』『휘찬여사(彙纂麗史)』『동국통감제강
(東國通鑑提綱)』『동사회강(東史會綱)』『동사강목(東史綱目)』 등의
역사서가 지어졌다. 특히 『여사제강』 이후의 사서에서는 전에는 볼 수
없었던 강목체(綱目體) 서술체재와 정통론(正統論)의 사론이 전개되
고 있는바 이만열(李萬烈) 교수는 이러한 현상을 크게 주목하여 그 사
학적 의의를 묻고 있다. 대의명분이나 사상성을 강조하는 경향이 대
두하게 된 계기를 사학사 내부에서 찾을 때, 그것은 1644년 청(淸)의
중국대륙 점령으로 말미암은 한국인의 중화관(中華觀)의 변화였다.
변화의 내용은 오랑캐가 중국의 지배자가 됨으로써 중국은 이제 중화
가 될 수 없다는 생각이며 그로 인한 중국중심 세계관에서의 이탈이

었다. 이러한 변화에 바탕되어 한국사의 서술에도 정통론이 전개되기에 이르렀으며 그 결과 한국사의 파악에 체계가 생기게 되었고 자주성의 강조가 뒤따르게 되었다고 한다.

존화사대의식의 절정으로서의 존명주의(尊明主義)의 소산이 정통론 사론이라는 말이 되는 셈인데, 이익(李瀷)의 정통론 사론에서는 존명주의의 허구성이 철저하게 매도되고 있다는 점, 보다 더 강화된 소화의식(小華意識)에 바탕되어 서술된 한국사상(韓國史像)에 주체성과 자주성이 뒤따르기는 어렵지 않을까 하는 점 등이 의문점으로 부각되는 듯하다.

12. 李朝後期 近畿學派에 있어서의 正統論의 展開

이익의 사론, 안정복의 『동사강목』에 나타나는 정통론과 정약용(丁若鏞)의 화이론(華夷論)의 사학사적 의의를 물어본 것이 이 논문이다. 원래 『역사학보』 31집(歷史學會, 1966. 8)에 실렸던 것을 여기에 옮긴 것이다.

이우성 교수는 정통론의 전개에 의한 새로운 한국사상(韓國史像)의 시도, 화이론의 내적인 구조의 변질에 의한 현실성에 입각한 역사 이해의 시도 등을 강조하였다. 그러나 한국사의 이해에 정통론이 전개되기에 이른 사상(思想) 내재적 계기의 해명이 있으면 더욱 설득력이 있을 것 같다. 정약용의 경우에 나타나는 화이론의 변질이 〈종족 위주〉에서 〈문명의 수준 위주〉에로라는 지적은 매우 시사적인 것이지만 문명의 내용이 더 명시되었으면 하는 아쉬움이 남는다.

13. 星湖의 새로운 史論

이익은 역사서를 지은 것은 없으나 여러 편의 사론(史論)을 쓴 것이 있는바, 그것을 통하여 이익의 역사인식 방법·역사관에 접근한 것이 이 논문이다. 원래 『백산학보(白山學報)』 8집(白山學會, 1970. 6)에 실렸던 것을 여기에 옮겨 실었다.

이익이 비판하고 부정하려는 것은 중세 봉건적 사관이었던바 송찬식(宋贊植) 교수는 그러한 비판·부정의 소산으로서의 이익의 새로운 역사관을 주목한다. 그 새로운 역사관의 내용은, 역사인식이 경학(經學)의 종속에서 해방됨으로써 역사학의 독립, 역사운동의 계기로서의 〈시세(時勢)〉인식, 화이론(華夷論)의 부정에 의한 자국사의 독자성 인식 등이라고 한다. 따라서 그 사학사적 위치는 중세사관에서 벗어나서 근대사관으로 옮겨가는 도중의 과도기적인 사관으로 설정되었다.

역사창조에 있어서의 인간의 자율성, 인간의 의지와는 관계 없는 역사 자체의 객관적 법칙 등에 대한 인식의 각도에서도 이익의 새로운 사관이 분석되었으면 하는 아쉬움이 남는다.

14. 實學派의 史學理論

안정복(安鼎福)의 『동사강목』, 이긍익(李肯翊)의 『연려실기술(燃藜室記述)』, 한치윤(韓致奫)의 『해동역사(海東繹史)』를 통하여 실학파 사학의 성격을 밝히려고 한 이 논문은 처음 『연세논총(延世論叢)』 7집(延世大, 1970. 5)에 실렸던 것을 여기에 옮겨 실은 것이다.

황원구(黃元九) 교수는 실학파 사학의 특징을 실증적 방법, 한국사의 체계화, 왕실 중심에서 문화전반으로의 역사서술 대상의 확장 등으로 파악하고 그 사학사적 위치를 중세사학과 근대사학의 교량으로 설정하였다. 실학파 사학에 대한 연구에는 황원구 「한치윤의 사학사상(史學思想)」(人文科學 7, 人文科學研究所, 1962. 6), 김철준 「동사강목」(韓國의 名著, 玄岩社, 1969), 이우성 「동사강목」(新東亞 1969. 1 別册附錄, 韓國의 古典百選), 권오돈(權五惇) 「연려실기술」(韓國의 名著, 玄岩社, 1969), 황원구 「해동역사」(韓國의 名著, 玄岩社, 1969), 한영우 「실학자들의 사관」(讀書生浩 7, 1976. 6) 등이 있다.

15. 開化思想家・愛國啓蒙思想家의 史觀

이 논문은 『독서생활』 7월호(1976. 6, 韓國史의 史觀)에 실렸던 것을 여기에 옮겨 실은 것이다. 김태영 교수는 개화사상가・애국계몽사상가의 현실 비판의식, 개혁의 지향 그리고 그 바탕으로서의 역사의식을 추적한다. 양자에는 근대 미화(美化)의 역사의식이 깔려 있으나 역사운동의 기반으로서의 인민대중의 능동적인 역량에 대한 인식이

셜여되어 있으며, 특히 후자에는 근대국민국가의식·민족주의이념이
자각화되고 있으며 또 역사기술의 대상으로서 민속(民俗)이나 인민의
생활이 포함되기에 이르렀다고 한다. 이 분야에 대한 논고로는 김영
호(金泳鎬)「유길준의 개화사상」(創作과 批評 11, 1968. 가을)·「서유견
문(西遊見聞)」(韓國의 名著, 玄岩社, 1969)과 노수자(盧秀子)「백당 현채
연구(白堂玄采研究)」(梨大史苑 8, 1969), 홍이섭(洪以燮)「황현(黃玹)의
역사의식」(淑大史論 4, 1969), 윤병석(尹炳奭)「매천야록(梅泉野錄)」(韓
國의 名著, 玄岩社, 1969), 천관우(千寬宇)「장지연(張志淵)과 그 사상」
(白山學報 3, 白山學會, 1967. 12), 정만득(鄭萬得)「개화기 역사의식의
유형」(東西文化 4, 啓明大學 東西文化研究所, 1970), 조동일(趙東一)「개
화기의 우국가사(憂國歌辭)」(開化期의 憂國文學, 新丘文化社, 1974) 등이
있다.

16. 우리나라 近代 歷史學의 成立

17. 우리나라 近代 歷史學의 發達

　위의 논문은 원래 『한국현대사(韓國現代史)』6권(新丘文化社, 1970)
에 집필했던 것을 개고(改稿)하여 『지성(知性)』5호(1972. 3)에 발표
한 것을, 아래의 논문은『문학과 지성』4호(1971. 여름)에 실렸던 것을
여기에 옮겨 실은 것이다.
　김용섭(金容燮) 교수는 한국 근대 역사학의 내포(內包)의 한계를
명시한다. 즉 역사의식의 있어서는 반봉건(反封建)·반침략(反侵略)
의식의 확립, 역사방법론에 있어서는 민족·민중을 역사의 중심주체
로 한 서술, 역사의 발전적 전개에 대한 인식, 실증적·비판적 서술
의 확립이 충족되어야 한다는 것이다. 이러한 입장에서 볼 때 광무
(光武)연간의 한국사학은 방법론에 결함이 있고 박은식(朴殷植)의 한
국사학은 역사의식에 결함이 있으며 신채호(申采浩)의 한국사학에 이
러서야 근대 역사학의 확립이 이루어졌다고 한다.
　이렇게 확립된 근대 역사학은 1930·40년대에 이르러서는 특히 안
재홍(安在鴻)·손진태(孫晉泰)의 경우에 두드러지듯이 이른바 사회경
제사학(社會經濟史學)을 비판적으로 수용하여 신민족주의(新民族主

義) 역사학의 방향으로 발전하여 갔다고 한다. 특히 김용섭 교수는 식민주의 사학의 타율성 이론·정체성 이론을 극복함에는 많이 미흡한 한계는 있으나마 오늘날의 한국사학이 발전적으로 계승해야 할 사학은 바로 그 신민족주의사학임을 강력하게 시사하고 있다.

민족주의사학·신민족주의사학의 문제에 대한 주요한 논저에는 홍이섭 『한국사의 방법』(探求新書, 1968), 이기백 『민족과 역사』(一潮閣, 1971), 김철준 『한국문화사론(韓國文化史論)』(知識産業社, 1976), 홍이섭 「박은식(朴殷植)」(韓國史의 方法, 探求新書, 1968), 강만길 「한국통사(韓國痛史)」(韓國의 名著, 玄岩社, 1969), 천관우 「한국실학사상사(韓國實學思想史)」(韓國文化大史系 Ⅵ, 高大民族文化研究所, 1970), 이기백 「한국근대사학의 발전」(韓國近代史論選, 李基白 編著, 三星文化文庫, 1973 : 歷史란 무엇인가, 李基白·車河淳 編, 文學과 知性社, 1976에 다시 실림)과 「호암 문일평(湖岩文一平)과 그의 사학(史學)」(湖岩史論選, 李基白 編, 探求新書, 1975), 차하순(車河淳) 「역사를 통해서 본 민족」(歷史와 知性, 車河淳 著, 探求新書, 1973)과 「민족문화와 보편문화」(歷史의 理解, 車河淳 著, 探求新書, 1974), 길현모 「민족과 문화」(月刊中央, 1973. 1 : 歷史란 무엇인가, 李基白·車河淳 編, 文學과 知性社, 1976에 다시 실림) 등이 있다.

18. 丹齋 申采浩의 民族主義

안병직(安秉直) 교수의 이 논문은 원래 『창작과 비평』 29호(1973. 가을)에 실렸고 안병직 『3·1운동』(春秋文庫, 한국일보사, 1975)에 다시 실렸던 것을 여기에 옮겨 실은 것이다.

안병직 교수는 신채호의 민족주의적 역사의식을 주로 추적하였으나 그의 역사관에 대하여서도 크게 주목하였다. 신채호는 역사발전의 추진 주체를 민족, 특히 민중이라고 파악하였다. 민중은 계급적 측면도 띠고 있었으나 보다 더 민족운동의 중심 주체로서의 사회적 인간집단이었다. 이들이 폭력적 중심조직을 이루는 직접혁명이 민족혁명이며 그 소산으로서의 국가의 형태는 근로계층과 애국적 자본가층의 연합국가일 것으로 상정되고 있는 민족주의가 신채호의 역사의식의 핵을 이루고 있다고 한다.

신채호의 역사관에 대한 안병직 교수의 파악은 매우 개성적이다.

신채호는 민족을 천부적인 형성물로만 보지 않고 역사는 그 속의 개별적인 인간의 주관적인 희망이나 행동과는 관계없이 그 자신의 객관적인 발전법칙을 갖고 있다는 것을 인식하였으며 그것에 바탕되어 역사운동의 중심주체로서의 민중을 발견하게 되었다고 한다. 신채호의 사관에 대한 이러한 파악은 한국 근대사학의 발전을 체계적으로 이해함에 있어서 하나의 기준을 제시하였다고 보여진다. 신채호의 사학에 대한 주요한 논문으로는 홍이섭 「단재 신채호(丹齋申采浩)」(思想界, 1962. 4), 이기백 「민족주의사학의 문제」(思想界, 1963. 2), 홍이섭 「단재사학의 주변」(나라사랑 3, 1971), 김철준 「단재사학의 위치」(나라사랑 3, 1971), 김영호 「단재 신채호의 사관」(讀書生活 7, 1976.6), 신일철(申一澈) 「신채호의 자강론적(自强論的) 국사상」(韓國思想 10, 韓國思想研究會, 1972. 5)과 「신채호의 민족사적 역사이론」(省谷論叢 5, 1974), 가지무라(梶村秀樹) 「신채호의 역사학」(思想 537, 1969. 3), 최영희(崔永禧) 「조선상고사」(韓國의 名著, 玄岩社, 1969) 등이 있다.

19. 日帝官學者들의 植民史觀

에도(江戶)시대(1603~1867) 이래 조선총독부시대까지에 걸친 일본인들의 한국사 연구를 구체적인 예를 들면서 제시한 이 논문은 원래 『독서생활』 7월호(1976. 6, 特輯 Ⅱ 韓國史의 史觀)에 실렸던 것을 여기에 옮겨 실은 것이다. 이만열(李萬烈) 교수는 타율성론과 정체성론의 구조를 주로 천착함으로써 일인들의 한국사 연구의 성격을 한국에 대한 일제의 침략과 지배를 정당화하는 것이라고 규정하였다. 전체적으로 이론(異論)의 여지가 없는 논파이다.

그러나 식민주의사학의 범주를 『일제 정책당국자에 의해 기획되고 일본인 관인학자(官人學者)들에 의해 서술되어진』 한국사로 한정하는 것에 대하여서는 의문이 남는다. 기획의 유무는 물론이고 서술자의 국적 여하가 식민주의사학·민족주의사학의 구별을 가름하는 기준이 될 수는 없을 것이다.

일제의 식민사학에 대한 주요한 논문으로는 김용섭 「일제관학자들의 한국사관」(思想界 1963. 2, 뒤에 韓國史의 反省, 歷史學會編, 新丘文化社, 1969에 다시 실림)과 「일본·한국에 있어서의 한국사서술」(歷史學報 31,

歷史學會, 1966. 8), 김용덕(金龍德)「일인(日人)의 한국사관 비판」(靑脈, 1965. 3 : 歷史란 무엇인가, 李基白・車河淳 編, 文學과 知性社, 1976에 다시 실림), 이기백「한국사의 새로운 이해」(韓國史新論, 李基白 著, 一潮閣, 1967의 序章, 뒤에 民族과 歷史, 李基白 著, 一潮閣, 1971에 植民主義的 韓國史觀批判으로 다시 실림), 이용범(李龍範)「한국사의 타율성이론 비판」(亞細亞, 1969. 3), 김영호「한국사 정체성론의 극복의 방향」(亞細亞, 1963. 3) 등이 있고 특히 이기백『민족과 역사』(一潮閣, 1971)에서는 일제의 식민사관이, 당파성・민족성・모방성・사대주의 등의 문제를 중심으로 하여 철저히 비판되고 있다.

20. 新民族主義史觀論

이 논문은『문학과 지성』9호(1972. 가을)에 실렸던 것을 여기에 옮겨 실은 것이다.

이기백 교수는 특히 오늘날의 한국사학이 어떠한 것이어야 하는가에 대한 강한 물음을 던지고 있다. 이러한 물음에서 볼 때 가장 주목에 떠오른 것이 손진태의 신민족주의사학이었다. 그 사학의 내용을 검토한 결과 신민족주의사학은 손진태에 의하여 한국 근대 역사학의 전통인 민족주의사학・실증사학・사회경제사학이 비판적으로 종합 계승 발전되어 새로운 독창적 사학으로 성립된 것이라고 한다. 따라서 오늘의 우리가 계승 발전시켜야 할 것도 바로 그 신민족주의사학이라고 강하게 시사한다. 그러한 방향은 오늘의 한국 사학계에서 대체로 수긍되고 있는 듯하다. 그리고 이기백・김용섭 두 교수의 경우에도 대체로 같은 방향인 것 같다. 그러나 신민족주의사학과 이른바 사회경제사학의 상호관계에 대하여서 이기백 교수는 그 이질성과 상호배격적인 측면을 비교적 강조하고 김용섭 교수는 신민족주의사학이 사회경제사학을 일정하게 수용 소화하는 측면을 비교적 주목하고 있는 듯하다. 이기백 교수의 신민족주의사학에 대한 적극적 평가는「신민족주의사관과 식민주의사관」(文學과 知性 13, 1973. 가을),「한국 근대 역사학의 발전」(近代韓國史論選, 李基白 編, 三星文化文庫, 1973의 해설 ; 歷史란 무엇인가, 李基白・車河淳 編, 文學과 知性社, 1976에 다시 실림)에서도 일관되고 있다.

21. 民族史學論의 反省

최근 우리 나라 역사학계에 있어서의 민족사학론의 폐쇄화・국수주의화의 경향, 그것에 자극받은 민족사학 부정론의 대두를 강하게 의식하고서 씌어진 이 논문은 원래『역사학보』 68집 (歷史學會, 1975. 12)에 실렸다가『창작과 비평』39호 (1976. 봄)에 평이하게 고쳐 써서 실렸던바, 앞의 것을 여기에 옮겨 실은 것이다.

강만길 교수는 오늘의 민족사학이 어떠한 내용의 민족주의를 그 바탕으로 하여야 할 것인가 하는 문제의식에서 출발한다. 그리하여 한국 근대사에서 민족주의가 어떻게 전개되었는가를 추적한다. 크게 보아 19세기 후반기에는 〈국가주의〉적 성격으로, 20세기 전반기 독립운동시기에는 시민계급 주체의 국민국가를 수립하려던 〈국민주의〉적 성격으로 전개되었다. 20세기 후반기 〈분단시대〉인 지금에는 민중이 중심이 되는 통일민족국가의 수립을 목표로 하는 〈민족주의〉적 성격의 내셔널리즘이 당위적인 것이며, 따라서 오늘의 민족사학은 그 바탕에 민족주의적 내셔널리즘을 깔고 있어야 한다고 한다.

오늘의 한국사학이 어떻게 자기를 정립시켜야 할 것이냐 하는 문제는 우리 나라 역사학계의 공통된 관심이다. 그러한 관심에 바탕된 한국 사학사의 연구에서 귀중한 제시들이 획득되었다. 특히 일제시대의 한국사학에 대해서는 오늘의 한국사학과 시대적으로 직결되기도 하여 많은 관심이 기울여졌다. 그러나 몇 가지 문제에 있어서는 불투명하게 그냥 간과되어버린 것도 있는 것 같다.

한국인에 의한 한국사학에는 민족주의사학・사회경제사학・실증사학의 세 조류가 있고 일본인의 한국사학은 식민주의사학이라는 범주 설정이 묵인되어 있는 것 같다. 어느 특정시대의 역사학의 성격은 그 외면적 특징에 의해서가 아니라 당해 시대의 역사적 조건, 사회적 조건 속에서 그 역사학의 성격을 가름하고 유별하여야 할 것이다.

일제시대의 한국사학의 성격은 두 가지 측면에서 보아야 할 것 같다. 첫째는 역사의식의 측면이다. 일제시대 한국사의 기본문제는 민족문제였다. 따라서 일제시대의 한국사학에는 서술자의 주관적인 자각이 있든 없든 민족문제에 대한 입장이 객관적으로 개재하게 된다. 즉 일제시대의 한국사학에는 기본적으로 두 유형이 있다. 하나는 한국사의 추진 주체, 한국사가 그 위에서 전개되어 온 바로서의 기본적인 마당(場), 한국 주민의 고유한 이익의 영역, 그 영역을 지키는 실천주체로서의 사회적 인간집단 등의 문제에 있어서 한국민족이 튼튼하게 설정되어 있는 한국사학이고, 다른 하나는 그렇지 않은 한국사학이다.

둘째는 역사인식의 측면이다. 일제시대 한국사의 또 하나의 주요 문제는 봉건체제를 청산하고 근대사회를 이룩하는 문제였다. 따라서 일제시대의 한국사학에는 중세적 역사인식을 청산하고 근대적 역사인식을 확립하는 것이 기본과제로 부과되었다. 전자에서 후자에로의 이행에 있어서 우선 필수적인 것은 역사창조·역사운동에 있어서의 인간의 자율성, 인간을 초월하는 추상적인 그 무엇에 종속되지 않는 인간의 주체적 능동력에 대한 인식의 확립이라고 보여진다. 다음 전자를 청산하고 후자를 확립함에 있어서 필수적인 것은 인간을 둘러싸고 있는 바 객관적 소여(所與)로서의 사회경제 구성은 그 자신의 독립된 발전법칙을 갖고 있다는 것에 대한 인식의 확립이라고 보여진다. 그 다음 전자에서 후자에로의 이행에 있어서 필수적인 것이 실증적 방법 비판적 서술에 대한 인식의 확립이라고 생각된다.

위에서 든 두 측면은 실제에 있어서는 분리되지 않은 유기적인 전일체(全一體)이다. 즉 진정한 민족사학은 동시에 근대사학이며 진정한 근대사학은 동시에 민족사학이라고 여겨진다. 역사의식·역사인식의 측면에서 위에서 제시한 바의 요건을 갖춘 한국사학이 한국 근대 민족사학의 확립이라고 여겨지며 실제에 있어서도 그러한 방향으로 즉 박은식에서 신채호에로 거기서 다시 신민족주의사학과 1930년대의 이른바 사회경제사학에로 일제시대의 한국사학이 움직여온 것이 아닌가 여겨진다. 위에서 든 바의 방향으로의 발전에 편입되는 한국사학은 민족사학이며 동시에 근대사학이고 거기에 편입되지 않는 한국사학은 식민주의사학이며 동시에 전근대사학이 아닌가 여겨진다.

다시 말하면 일제시대의 한국사학은 크게 민족사학과 식민주의사학으로 나누어져야 할 것이라고 생각되며 그렇게 함으로써 오늘의 우리가 비판적으로 계승 발전시켜야 할 한국사학의 방향도 보다 합리적으로 가름될 수 있는 것이 아닌가 여겨진다.

參考 論著 目錄

姜萬吉：民族史學論의 反省, 歷史學報 68, 1975. 12(創作과批評 39, 1976. 봄호)

　　　實學論의 現在와 展望, 創作과批評 34, 1974. 겨울호.

　　　韓國史의 觀點, 敎養 5, 高大敎養學部, 1968.

　　　韓國痛史, 韓國의 名著, 玄岩社, 1969.

高柄翊：三國史記에 있어서의 歷史敍述, 金載元博士回甲紀念論叢, 1969(東亞 交涉史의 硏究, 서울大出版部, 1970)

權五惇：燃藜室記述, 韓國의 名著, 玄岩社, 1969.

吉玄謨：民族과 文化, 月刊中央 1973. 1월호(歷史란 무엇인가, 李基白·車河 淳 編, 文學과 知性社, 1976)

金大商：日帝殘滓勢力의 淨化問題, 創作과 批評 35, 1975. 봄호

金東旭：三國遺事, 韓國의 名著, 玄岩社, 1969.

金庠基：高麗史, 韓國의 名著, 玄岩社, 1969.

金成俊：舊韓末의 國史敎育에 대하여, 大東文化硏究 8, 1971. 12.

金煐泰：三國遺事의 體裁와 그 性格, 東國大論文集 13, 1974.

金泳鎬：丹齋 申采浩의 史觀, 讀書生活 1976. 7월호.

　　　西遊見聞, 韓國의 名著, 玄岩社, 1969.

　　　兪吉濬의 開化思想, 創作과批評 11, 1968. 가을호.

　　　韓國史 停滯性論의 克服의 方向, 亞細亞 1969. 3.

金龍德：日人의 韓國史觀批判, 靑脈, 1965. 3(歷史란 무엇인가, 李基白·車 河淳 編, 文學과 知性社, 1976)

　　　韓國史의 探求, 啓蒙社, 1967(乙酉文庫 61, 乙酉文化社, 1971)

金容燮：우리나라 近代 歷史學의 成立, 新文化百年(韓國現代史 6, 新丘文化 社, 1970 ; 知性 5, 1972)

　　　우리나라 近代 歷史學의 發達(1), 文學과 知性 4, 1971. 여름호.

　　　우리나라 近代 歷史學의 發達(2), 文學과 知性 9, 1972. 가을호.

　　　日本·韓國에 있어서의 韓國史敍述, 歷史學報 31, 1966. 8.

　　　日帝官學者들의 韓國史觀, 思想界, 1963. 2(韓國史의 反省, 歷史學會 編, 新丘文化社, 1969)

金貞培：韓國 考古學의 오늘과 내일, 文學과 知性 23, 1976. 봄호.

　　　韓國古代史의 過去와 現在, 文學과 知性 12, 1973. 여름호.

金哲埈：高麗史, 新東亞 1969. 1월호　別册附錄, 韓國의 古典百選.

　　　　高麗時代 歷史意識의 變遷, 韓國文化史論, 知識産業社, 1976.

　　　　高麗中期의 文化意識과 史學의 性格, 韓國史硏究 9, 1973(韓國古代社
　　　　　會硏究, 知識産業社, 1976)

　　　　羅末麗初의 社會轉換과 中世知性, 創作과批評 12, 1968. 겨울호.

　　　　단재사학의 위치, 나라사랑 3, 1969(韓國文化史論, 知識産業社, 1976).

　　　　東史綱目, 韓國의 名著, 玄岩社, 1969.

　　　　修山 李種徽의 史學, 東方學志 15, 1974.

　　　　李齊賢의 史學에 대하여, 東方學志 8, 1967.

　　　　韓國文化史論, 知識産業社, 1976.

　　　　韓國史學의 몇 가지 問題, 文學과 知性 1, 1970(韓國文化史論, 知識
　　　　　産業社, 1976)

　　　　韓國의 歷史學, 韓國學, 東亞文化硏究所 編, 玄岩社 刊, 1972.

　　　　洪以燮史學의 性格, 나라사랑 18, 1975(韓國文化史論, 知識産業社,
　　　　　1976)

金泰永：開化思想家 및 愛國啓蒙家의 史觀, 讀書生活, 1976. 7월호.

　　　　三國遺事에 보이는 一然의 歷史認識에 대하여, 慶熙史學 5, 1974.

盧秀子：白堂玄采硏究, 梨大史苑 8, 1969.

讀書新聞社 編：韓國史의 再照明, 讀書新聞社, 1975.

文一平：湖岩史論選, 李基白 編, 探求堂, 1975.

閔泳珪：三國遺事, 新東亞 1969. 1월호 別册附錄, 韓國의 古典百選.

朴容淑：玄采의 東國史略考, 丁仲煥博士還曆紀念論文集, 1974.

朴菖熙：李奎報의 東明王篇詩, 歷史敎育 11・12合輯, 1969. 4.

白樂晴：歷史小說과 歷史意識, 創作과批評 5, 1966. 여름호.

卞媛林：安鼎福의 歷史認識, 史叢 17・18 합집, 1973.

邊太燮：韓國學의 올바른 座標, 月刊中央 1974. 1월호.

宋建鎬：開港史論, 文學과 知性 23, 1976. 봄호.

　　　　三・一運動後의 民心史, 創作과批評 36, 1975. 여름호.

宋贊植：星湖의 새로운 史論, 白山學報 8, 1970.

申奭鎬：朝鮮王朝實錄의 史觀, 讀書生活 1976. 7월호.

愼鏞廈：日本植民地統治期의 時代區分問題, 創作과批評 7, 1967. 가을호.

申一澈：朴殷植의 國魂으로서의 國史槪念, 韓國思想 11, 1974.

　　　　申采浩의 民族史的 歷史理論, 省谷論叢 5, 1974.

　　　　申采浩의 自强論的 國史像, 韓國思想 10, 1972. 5.

申采浩：朝鮮史論, 廣韓書林, 1946.

安秉直：丹齋 申采浩의 民族主義, 創作과批評 29, 1973. 가을호.

歷史學會：韓國史의 反省, 新丘文化社, 1969.

尹炳奭：梅泉野錄, 韓國의 名著, 玄岩社, 1969.

李基白：高麗史 解題, 高麗史, 景仁文化社, 1972.

民族과 歷史, 一潮閣, 1971.

民族史學의 問題, 思想界 1963.2.

三國史記, 韓國의 名著, 玄岩社, 1969.

三國遺事의 史學史的 意義, 震檀學報 36, 1973.

新民族主義史觀과 植民主義史觀, 文學과 知性 13, 1973. 가을호.

新民族主義史觀論, 文學과 知性 9, 1972. 가을호.

韓國近代史論選, 三星文化財團, 1973, 李基白 編.

韓國近代史學의 發展, 近代韓國史論選, 李基白 編, 三星文化文庫, 19
　　73(歷史란 무엇인가, 文學과 知性社, 1976에 다시 실림)

韓國史의 普遍性과 特殊性, 梨花史學研究 6·7 합집, 1973.

韓國史의 새로운 理解, 韓國史新論, 一潮閣, 1967.

現代韓國史學의 方向, 文學과 知性 18, 1974. 겨울호.

湖岩 文一平과 그의 史學, 湖岩史論選, 李基白 編, 探求堂, 1975.

李萬烈：十七·八世紀의 史書와 古代史認識, 韓國史研究 10, 1974.9.

日帝官學者들의 植民史觀, 讀書生活 1976. 7월호.

李龍範：韓國史의 他律性論批判, 亞細亞 1969.3.

李佑成：高麗中期의 民族敍事詩, 成均館大論文集 7, 1963.

南北國時代와 崔致遠, 創作과 批評 38, 1975. 겨울호.

東史綱目, 新東亞 1969.1월호 別册附錄, 韓國의 古典百選.

三國史記의 構成과 高麗王朝의 正統意識, 震檀學報 38, 1974.

李朝後期 近畿學派에 있어서의 正統論의 展開, 歷史學報 31, 1966.

李佑成·姜萬吉·鄭昌烈·宋建鎬·朴泰洵·白樂晴：民族의 歷史, 그 反省과
　　展望(座談), 創作과 批評 41, 1976. 가을호.

李元淳：鮮初史書의 歷史認識, 韓國民族思想史大系 中世篇, 亞細亞學術研究
　　會 刊, 1974.

韓國歷史教育史研究, 研究論叢 1, 1972.

李離和：北伐論의 思想史的 檢討, 創作과批評 38, 1975. 겨울호.

李仁浩：民族的 自意識과 歷史解釋, 文學과 知性 23, 1976. 봄호.

李泰鎭：朝鮮 性理學의 歷史的 機能, 創作과批評 33, 1974. 가을호.

全海宗：中華主義·事大交隣·忠君愛國, 文學과 知性 18, 1974. 겨울호.

韓國史를 어떻게 보는가, 新東亞, 1966. 8월호(韓國史의 反省, 歷史
　　學會 編, 新丘文化社, 1969)

鄭求福：東國史略에 대한 史學史的 考察, 歷史學報 68, 1975.12.

三國史節要에 대한 史學史的 考察, 歷史教育 18, 1975.12.

朝鮮前期의 歷史敍述, 創作과批評 41, 1976. 가을호.

鄭萬得：開化期歷史意識의 類型, 東西文化 4, 啓明大東西文化研究所, 1970.

鄭奭鍾：星湖 李瀷, 創作과批評 14, 1969. 여름호.

鄭鎭弘：揆園史話의 神話，文學과 知性 23，1976. 봄호.

趙東一：開化期의 憂國歌辭，開化期의 憂國文學，新丘文化社，1974.

車河淳：啓蒙思想의 系譜，文學과 知性 14，1973. 겨울호.

　　　　民族文化와 普遍文化，歷史의 理解，車河淳 著，探求堂，1974.

　　　　歷史를 통해서 본 民族，歷史와 知性，車河淳 著，探求堂，1973.

千寬宇：張志淵과 그 思想，白山學報 3，1967.12.

　　　　韓國民族主義의 構造，新東亞，1973. 9월호.

　　　　韓國史研究 百年，1970年 東亞年鑑(韓國史의 再發見，一潮閣，1974)

　　　　韓國史를 어떻게 볼 것인가，知性，1972.3(韓國史學의 反省〔改題〕，

　　　　　　韓國史의 再發見，一潮閣，1974)

　　　　韓國史의 再發見，一潮閣，1974.

　　　　韓國實學思想史，韓國文化史大系 Ⅵ，高大民族文化研究所，1970.

崔南善：三國遺事 解題，啓明 18，1927(新訂三國遺事，民衆書舘，1941)

崔永禧：朝鮮上古史，韓國의 名著，玄岩社，1969.

河炫綱：高麗時代의 歷史繼承意識，梨花史學研究 8，1975.

　　　　三國史記와 三國遺事의 史觀，讀書生活，1976. 7월호.

韓國經濟史學會：韓國史時代區分論，乙酉文化社，1970.

韓永愚：17世紀의 反尊華的 道家史學의 成長，韓國學報 1，1975，一志社.

　　　　實學者들의 史觀，讀書生活 1976. 7월호.

　　　　鄭道傳思想의 研究，韓國文化研究所，1973.

韓㳓劤：星湖의 史論，韓國文化叢書 16 李朝後期의 社會와 思想.

　　　　星湖李瀷研究의 一端，社會科學 1，1957.

洪以燮：단재사학의 주변，나라사랑 3，1971.

　　　　丹齋 申采浩，思想界 1962. 4.

　　　　植民地的 史觀의 克服，亞細亞 1969. 3.

　　　　李肯翊의 歷史敍述의 精神，韓國史의 方法，探求堂，1968.

　　　　韓國史의 方法，探求新書，探求堂，1968.

　　　　黃玹의 歷史意識，淑大史論 4，1969.

黃元九：實學派의 史學理論，延世論叢 7，1970.

　　　　韓致奫의 史學思想，人文科學 7，人文科學研究所，1962.2.

　　　　海東繹史，韓國의 名著，玄岩社，1969.

編 輯 後 記

요즈음, 우리 지식대중의 우리 역사에 대한 관심과 인식이 현저하게 높아져가고 있다. 국사학 연구에 종사하는 사람으로서는 이와 같은 경향이 그 원인을 어디에 두고 있는가를 깊이 생각하여야 할 일이지만, 한편 이 관심을 올바른 방향으로 이끌어야 할 중대한 책임도 함께 가진다. 지식대중이 올바른 역사의식을 가지지 못할 때 국사 연구자들의 학문적 양심은 설 땅을 잃게 될 것이다.

지식대중이 올바른 역사의식을 가지게 하는 방법이 여러 가지 있겠지만 그 가장 효과적인 것의 하나가 우리의 史學史를 체계화하여 그들에게 제공하는 일이라 생각된다. 사학사를 체계화하는 일은 지식인 일반의 역사의식을 바로잡기 이전에 우리 역사학계의 건전한 방향을 정립하는 데 불가결한 일인데도 해방후 30년이 지난 지금까지 우리 사학사를 체계있게 정리한 책 한권이 없는 것은 안타까운 일이다.

다행히 최근 몇년 동안 학계의 관심이 이 부문에 기울여져서 사학사 정리의 바탕이 될 만한 史論的인 글이 많이 나왔으므로 우선 이 글들을 함께 엮어 당분간 사학사에 대신하고, 그것을 통하여 역사의식을 높이는 일에도 도움이 되게 하자는 생각을 가지게 되었다. 이 책은 곧 그러한 意圖의 所產이다.

글의 선정은 될 수 있으면 시대별로 편수가 고르게 하려 애썼고, 가능한 한 많은 글을 싣기로 한 결과 두 권으로 엮게 되었다. 특히 각 대학의 강의가 史籍解題에서 史學史로 옮겨가고 있으므로 그것에 참고가 되었으면 하는 바람도 있다. 글의 轉載를 허락해주신 필자 여러분께 감사드린다.

1976년 10월

編 者 씀

索　　引

창비신서 16
한국의 역사인식(下)

초판 1쇄 발행 / 1976년 11월 10일
초판 28쇄 발행 / 2014년 10월 20일

지은이 / 이우성 · 강만길
펴낸이 / 강일우
펴낸곳 / (주)창비
등록 / 1986년 8월 5일 제85호
주소 / 413-120 경기도 파주시 회동길 184
전화 / 031-955-3333
팩시밀리 / 영업 031-955-3399 편집 031-955-3400
홈페이지 / www.changbi.com
전자우편 / human@changbi.com

ⓒ (주)창비 1976
ISBN 978-89-364-1016-2 33300